叢書・現代社会学①

金子 勇 著

社会分析

●方法と展望

ミネルヴァ書房

刊行のことば

人間の共同生活の科学である社会学の課題は、対象とする共同生活における連帯、凝集性、統合、関係などを一定の手続きに基づいて調査し、その内実を理解することにある。数年から十数年かけてまとめた研究成果は、江湖の批判や賛同を求めるために、ジェンダー、世代、階層、コミュニティなどの社会分析の基本軸に着眼しつつ執筆され、社会学的想像力と創造力に溢れる作品として刊行される。

「叢書・現代社会学」は、二一世紀初頭の日本社会学が到達した水準を維持し、それぞれで研鑽を積み上げた専門家が、得意なテーマを絞り、包括的な視点での書き下ろし作品を通して、現代社会と社会学が抱える諸問題に答えようとする意図をもつ。

この狙いを達成するには、一六〇年の社会学史のなかで培われてきた研究の軸となる基礎概念や基本的方法を身につけ、顕在機能と潜在機能、格差と平等、土着と流動、開放と閉鎖、包摂と排除などの視点を駆使しながら、文献や調査資料などのデータ分析からのロジカルシンキングを行うことである。これには、事例を集める、事実を確認する、定義する、指標化する、観察する、解釈する、概念を作る、推論する、原因やメカニズムを追求する、分析する、比較する、結論を下すといった科学的で普遍的な論証のための過程が含まれる。

学界の最先端の水準を維持したうえで、分かりやすく読み応えのある叢書をという目標のもと、企画会議を繰り返し、試行錯誤のなかで斬新なシリーズを誕生させることができた。叢書全体で、現代社会の抱える諸問題と真剣に格闘しつつ、社会学という学問の全体像を明らかにし、次世代による更なる探求への発展につなげたいと願っている。

その意味で、日本社会学界の今後にもささやかな貢献ができると確信する。幅広い読者の支援をお願いする次第である。

二〇〇九年九月

金子勇・盛山和夫・佐藤俊樹・三隅一人

はじめに

現代社会学の祖を、かりにコント、トックビル、マルクス、ヴェーバー、パーソンズとすれば、コントが強調した社会秩序を維持するには、ヴェーバーのいう合理性による思考を重ね、マルクスが必然と見た対立を緩和し、パーソンズがくり返し主張した共有価値を担い、トックビルが見抜いた平等な関係を新しく創造するという課題に到達する。

このような歴史を持つ社会学のなかで、私は研究するテーマとして「都市化とコミュニティ」、「高齢化と地域福祉」、「少子化と格差縮減」を選び、関連づけながら、それぞれをほぼ一〇年ずつ研究してきた。この三〇年間、実証的社会学研究と社会分析とは同義だと考えて、都市社会学、福祉社会学、家族社会学、人口社会学、社会変動論などの分野などで、オリジナルな観察を基にした社会的事実を収集し、分析を通して普遍的な命題や法則を求めようと心がけてきた。具体的には、社会秩序の維持、社会の合理性と非合理性についての社会的ジレンマ関連の把握、対立の緩和と止揚、共有価値の創造と共生、ジェンダー間や世代間、それにコミュニティ間における、平等で公正な関係の創造などの主題を模索してきた。

観察事実の収集には、第一に量的調査方法があった。一九八六年から開始した日本全国の一一都市の調査（小樽、久留米、札幌、千歳、宜野湾、諏訪、富良野二回、白老、伊達、鹿児島の各市民五〇〇人を対象）では、層化二段無作為抽出法により、調査票を用いた訪問面接法を行ってきた。調査後に収集したデータを速やかに集計分析して、報告書を書き、いくつかのテーマに分けて論文として発表し、数冊の著書に収めることができた。これには、学部学生ならびに大学院生の参加、対象都市の市長をはじめとする自治体の理解、訪問面接を受けた市民の協力があったからである。

並行して、質的調査を第二の方法とした。一〇人から三〇人程度のインタビュー調査と参与観察調査の併用を柱とするこの方法は、一一都市における計量的調査の際に行い、特に二回目の富良野調査では、意図的にこの方法だけの調査を試みた。

両者の方法ともまずはオリジナルな第一次資料を収集する狙いで使用したが、関連する行政資料、企業資料、団体資料をはじめ、調査の準備期間や実査の際に自治体や調査対象者から提供していただいた貴重な資料も活用しようと努めてきた。

「科学のみが寄与できる事柄とは、経験的実在［そのもの］でもなければ、経験的実在の模写でもなく、ただ経験的実在を思考により妥当な仕方で秩序づける、概念と判断である」（Weber 1904=1998：158）を座右の銘として、ささやかな実証的研究を行ってきた。収集したデータに関して、社会学史を踏まえた論理的な思考による秩序づけが、研究の目的であった。

このような自らの経験に基づいて書き下ろした本書では、第Ⅰ部で実証的研究としての社会分析に必要なパラダイムに加え、主要な概念と方法を明らかにした。社会分析の定義から時代認識と社会診断の基準の提示まで、幅広い内容をまとめている。特にこの二〇年間、現代社会論としての「少子化する高齢社会」研究において依拠してきた高田保馬の人口史観を、現代社会学にどのように応用できるかも課題の一つとした。

第Ⅱ部では、問題意識と合致するデータの質や精度に応じた社会分析を提示して、読者が想定されている社会分析の素材になるように努力した。データの源泉は、社会学専門書と社会科学系の隣接分野の文献、現代日本の歴史的事実、地球温暖化を浮き彫りにする気象データをはじめとする二次資料、児童虐待の行政資料と地域福祉文献、社会問題となった現代医療と福祉にまたがる諸事実、都市社会学文献と第一次資料としてのソーシャル・キャピタル・データの組み合わせなどである。なお、より一層の理解に寄与したいという願いから、各章の冒頭に「大要」をつけ、末尾には「社会貢献」として発表した新聞や雑誌などのエッセイを書き直して掲げた。

一一都市で収集したオリジナル調査データ分析を再現しなかったのは、それらを活用した報告書や著書がすでに刊行されているからである。そして社会学の量的質的データベースは今日でも拡散傾向にあるから、調査票によって収集されたデータを計量的に分析する手法が、すべての社会分析の筆頭に置かれるわけでもない。コミュニティ、高齢化、少子化などをテーマとした私の都市調査とその結果に関心をお持ちであれば、著者略歴に掲載した著書に直接触れていただければと願う。

社会学文献で親しんだ内外の碩学も、日本で直接間接にご指導いただいた先生方も、時代の推移と年齢に応じてその方法もテーマも変えてこられた。そこから学ぶことはたくさんあるが、それらを活かしながら、今後は人口史観と環境史観とを総合する地平に何が生まれるかに取り組んでみたい。

そのためにも、これまで三〇年間の経験を踏まえ、複数の調査方法を用いて収集したデータの質の相違に配慮した社会分析の方法と展望をまとめる機会は貴重であった。出版事情が厳しい時代に、単著と編著合計で十冊目となる本書にも暖かいご配慮をいただいたミネルヴァ書房杉田啓三社長、企画全体を取りしきり、本書の編集実務に細かなアドバイスをいただいた編集部田引勝二氏には心からお礼を申し上げる。本書が次世代に何らかの社会学的メッセージを持つところがあるならば、たいへんうれしい。

二〇〇九年五月五日

金子　勇

社会分析——方法と展望

目次

第3章　文献研究から学説を応用する……63
――高田保馬人口史観を中心に――

目　次

コラム　初出一覧（ただし、加筆修正したうえで再録した）

フランスに学ぶ少子化対策…『西日本新聞』「潮流」二〇〇六年一二月一九日。

日本一長寿の条件…地方自治判例研究会『判例地方自治』No.246、ぎょうせい、二〇〇四年。

高田保馬の社会学復権を…『西日本新聞』「文化」二〇〇三年二月一五日。

郵政民営化…『朝日新聞』「私の視点」二〇〇四年一二月二日。

「ゴアの方舟」から離脱を…『北海道新聞』二〇〇八年八月一九日夕刊。

少子化社会―私の提言…『こども未来』二〇〇八年七月号。

経済的負担、社会全体で…『讀賣新聞』インタビュー、二〇〇六年二月一四日。

少子高齢化時代の優等生と最強都市…『西日本新聞』「潮流」二〇〇七年一〇月二日。

第Ⅰ部　方法と先行研究

第1章　社会分析の視点と方法

本章では、デカルトの四規則に準拠することが、実証的な社会分析にも有効であると説く。社会分析での追究課題は、人間の共同生活におけるすべてに関連する全称命題としての真理ではなく、ジェンダーや世代それに階層やコミュニティの特性に左右される特称命題である。

社会学への思いが深い人に時おり見られる基本概念のもてあそびは避けて、操作概念化する努力をしたい。多くの異なる対象に向けて同時に思惟を分散させずに、もっとも単純で容易な対象を設定する。そのあとで、自らの操作概念を用いて収集した「観察された事実」を、多方面から考察することが真理への最短距離である。知識の持つ時代制約性を理解して、比較の手法を試みるなかに、専門社会学の復権がある。

1　社会分析する思索

デカルトの方法　周知のように、デカルトは『方法序説』で論理学の四規則を掲げている。それは真理を見出すための思索であり、(1)明証性（速断と偏見を避け、疑う余地がない）、(2)分割性（問題をできるだけ多くの部分に分ける）、(3)順序正しい総合性（単純なものから複雑なものへ順序正しく考察する)、(4)枚挙性(見落としをしないようにすべてを見直す)が挙げられた(Descartes 1637=1997：28-29)。この規則はいろいろな批判にさらされながらも、時代を超えて四〇〇年近く科学者集団に受け入れられてきた。

また逝去後五〇年経過して発見された遺稿『精神指導の規則』で、デカルトは学問や研究の規則として、以下の一三にわたる論点を提示した(Descartes 1701=1974)。

〈規則第一〉　研究の目的は、現れ出るすべての事物について確固たる真実なる判断を下すように精神を導くことにある(同右：9)。まずは、①類似点と相違点を拾い上げる。なぜなら、一つの真理は他の真理の発見を助けるからである。学問は相互に結合しているので、分離しないで一度に学ぶことが肝要である。同時に研究面でも、②普遍的真理探究を心がけるが、戦略としては、全称命題を求めつつも、特称命題を一つずつ片づけることになる。

〈規則第二〉　われわれの精神が、確実であり何も疑いがないという認識を獲得しうるような対象にのみ、携わるべきである(同右：12)。具体的には、概念の弄びや歴史事実の解釈などに深入りしないことが望まれる。それらは、①時間の空費を戒めることでもある。さらに②事物の認識に到達するのは、経験(データ解析)と演繹(論理的思索)だから、理性的に演繹される帰結から真理を探究する姿勢が肝心であるといわれる。

〈規則第三〉　示された対象について、明晰かつ明白に直観し、確実に演繹しうることを求める(同右：17)。学問における多数決は無益無意味である。なぜなら、問題が困難な場合、それについて真理を発見する人は常に少数だからである。そのためには、事物の真理について下す判断に、いかなる臆測

表1－1　絶対性と相対性

絶対性：	独立的，原因，単純，普遍，単一，類似，垂直
相対性：	依存的，結果，複合，個別，複数，不同，傾斜

も加えてはならない。

〈規則第四〉　事物の真理を探求するには方法が必要である（同右：23）。この場合の方法とは、確実で容易な規則を指す。それによって、精神の努力を無駄にせず、次第に知識を増しつつ、可能な限り事物の真の認識に到達するような規則が望ましい。これには一定の秩序を持つ計量的関係による数学的論理が役に立つことが多い。なぜなら、それはもっとも単純で容易なものから始められるからである。『方法序説』の第三規則である「順序正しい総合性」もここに帰着する。

〈規則第五〉　方法は複雑な全体を一旦は単純化して、そこから部分を再度複合させて複雑な全体に迫る（同右：33）ことになり、ここにも(3)「順序正しい総合性」が登場する。確かに、〈複雑な対象→単純な方法→単純な対象→単純認識→複合認識〉は成立する。単純性は、①方法面では繰り返しの容易さをあらわし、②対象面では認識の複合への道を明示するので、これを梃子にした学問や研究にはメリットが大きい。

〈規則第六〉　対象を単純化して、標準とされるものとどれくらい隔たっているかを観察する（同右：35）。何を先にし、どういう順序で考察するか。ここでは、対象や成果の普遍性は個別性よりも一層単純な本質を持つので、したがって普遍性に依拠した絶対性には真理がある（同右：35）としておく。この場合の絶対性と相対性は一連の対比を可能にする（同右：36）。表1－1はそのまとめであり、対象を一定の秩序のなかで探求する際には、絶対性と相対性のうちどちらで見ていくかを熟慮したいが、多くの場合はコントが主張した相対性（le relatif）の視点が社会分析には有効である。

〈規則第七〉　知識を完成するためには、関係ある事柄をすべて連続的な思惟の運動によって通覧し、それらを十分な秩序正しい枚挙によって総括する（同右：43）。これも『方法序説』の「枚挙性」をいいかえたものである。枚挙性は帰納的方法でもあり、与えられた問題に関係あるすべての事柄の細心で正確な探求にはこの原則が欠かせない。デカルトは、「たとえごく小さな事柄でも見落とすことがあれば、直ちに連鎖は破れ、結論の確実性は全く消失する」（同右：44）とのべている。

〈規則第八〉　悟性で直観できないならば、そこに停まるしかない（同右：49）。カント風にいえば、理性と感性の中間にある科学的志向の主体が分からないというのなら、その先の追究は控えたほうがよい。他にも研究すべき課題は多く、人生は短いからである。

〈規則第九〉　精神のすべての力を極めて些細で容易な事物に向け、真理の判明を直観するまでそこにとどまる（同右：58）。これも「順序正しい総合性」に関連する。多くの異なる対象に同時に思惟を分散させないで、もっとも単純で容易なものの考察に全力を尽くすことが真理への最短距離である。これは自然科学だけではなく、社会科学でも同じであろう。

〈規則第十〉　精神が推理力を得るために、すでに他人の見出した事柄を探求することに習熟したい（同右：62）。過去の良質な事例研究を精読する必然性がここにある。まさしく「古人の書物は読むべきである」（同右：17）。ただし、これは他人の説を簡単に受け入れることではなく、それを素材にして自らも工夫して新しい論点を発見することに結びつく。

〈規則第十一〉　単純な諸命題から思惟を通して要素相互の関係を反省し、多くの命題を同時に把握したい（同右：67）。これには精神の直観の二条件として、命題が明晰に理解されること、および全体が継時的ではなく、同時に理解されることが求められる。

〈規則第十二〉 事物の認識には悟性、想像力、感性、記憶すべてを用いる（同右：71）。これは正論だが、凡人には困難なことでもある。しかし、記憶力では抜群だが感性に劣るといったように、部分的に優れた人も多い。真理の確実な認識に到達するために、人間に開かれた途は、明白な直観と必然的な演繹（同右：87）が基本になる。もっとも多くの場合、どのような思想に自らの精神を向けるべきかを知らず、しかも自分のいまだ知らぬ新たな存在を探求しようとして、入口で立ち止まってしまう人もいる（同右：89-90）。

〈規則第十三〉 問題をもっとも単純なものに帰着させ、枚挙によってできる限り小なる部分に分割する（同右：94）。これは「分割性」と「枚挙性」であり、「同一の主体の中に無限の異なる次元が存在する」（同右：115）から、正しい思考の順序によって、未知の対象を具体的方法と既知の概念で明示することになる。

デカルトの「知恵の実践的性格」をしっかり把握することは、「社会分析」にとっても大きな意義をもつので、ここに紹介した二冊の翻訳をぜひ精読してほしい。

では次に、社会学史を振り返って、真摯な「社会分析」にとって学習しておきたい概念や理論を要約しておこう。

コントの「プラン」 一つは社会学の祖であるコントの「社会再組織に必要な科学的作業のプラン」（1822=1980）であり、もう一つは『実証精神論』（1844=1980）である。あわせて同じく清水幾太郎による最高のコント入門（1978）も参照したい。

社会学では、観察された事実の収集（les faits observés）からその実証的な研究が始まる。コントによれば、この実証性（le positif）は、⑴現実性（le réel）⑵有効性（l'utile）⑶建設性（l'organique）⑷確実性（le certain）⑸正確性（le précis）⑹相対性（le relatif）に分けられる（Comte 1844=1980：177–181）。今日の専門社会学の実証性にもこれら六種類の属性があることはもちろんだが、社会学のよさはおそらく相対性（le relatif）にあり、対象とする事例の実証的研究に特化した社会分析でもこの原則が踏襲される。

まずは「事実はその通りだ」として、実際に物事を細かく見ていく。実証性の要件としては、最初に「現実性」があげられる。これには、自分で調べに行き、事実を発掘し、観察し、分類することが含まれる。もちろん確かに現実性を帯びてはいても、誤った事実が取り上げられたり、二番目の原則である「有効性」の点で疑わしい場合もある。誰にとっておよび何のためにという問いかけが、「有効性」を決定する。なぜなら、特定の事実や社会現象が、個人が属する階層や集団や地域社会によって逆の評価を受けることは珍しくないからである。しかし、学問は多数決ではないから、まずは正確に現実を見据えることになる。

三番目は、「建設性」が指摘される。対象とする要因間に因果や相関といった意味のある結びつきの有無を点検し、その言説が新しい命題や法則などを創りあげるのに貢献できるかどうかがこの基準になる。

四番目には、「確実性」が挙げられている。個人としては論理的調和を、人類としては精神的合体を作り上げようとするものである。

五番目は、「正確性」であり、コントは曖昧さに対するものだとしている。

このような議論の中で、六番目に「相対性」がくる。一般的にいえば社会現象は、絶対的（l'absolu）な結論を引き出せるほど簡単な構図をもっていないから、全称命題作成は困難なのである。これを社会学の限界や制約と見なす人もいるが、必ずしもそうとは思われない。なぜなら、社会的事実は人間に外在しており、世の中の動きに影響を受け、評価が定まらない場合も多いからである。

しかも実証的精神は、過去との結合を絶えず確かめるのと同じように、連綿として続いてきた常識との結合を絶えず確かめる。学問は過去との断絶のうえで、予見などはしないのである。また、常識とは「民衆の智慧」である（清水 前掲書：97）。コントは常識を raison publique, raison commune, notion populaire, sagesse spontanée, bon sens vulgaire などで表現しており、総じて「民衆の智慧」は奥行きが深いことは柳田國男らの民俗学の成果からも納得できる。対象事例の実証的研究に特化した社会分析もまた科学的手法には依存するが、観察された事実の分析から民衆知も含めた学問知を獲得する狙いを同時に持つ。

「観察された事実」の収集から

ここで民衆知と学問知を簡単に整理しておこう。

まず対比的には、

民衆知……民衆が持つ常識、知識、慣習、習慣

学問知……学問の世界で作り上げられてきた知識

となる。確かに境界に位置する知も多く、健康づくりや病気予防などは融合している場合も少なくない。道徳や規則や法律という個人に外在して拘束する社会的事実ですら、それは同様である。

民衆知でも学問知でも、社会分析における観察を基本とする。これには、

(1)社会調査の実行

量的調査……調査票使用で数百人規模の大量観察

質的調査……精緻なインタビューの少数事例観察

(2)統計記録の整理活用と二次分析

政府統計、自治体統計、企業調査結果、新聞記事、インターネット情報

(3)先行研究の要約と追跡

無駄なエネルギーを回避し、テーマに直行できる最短コース

テーマに関連する研究史や学説史からの展望

などが含まれる。独自の社会調査での狙いはオリジナルなデータ収集にあるが、二次的資料の再分析も重要であり、先行研究の学習による成果も捨てがたい魅力がある。

それらを受けた学問知の継承と発展には、

(1)学説研究の推進…………テーマを軸にした各国における研究の現状

一つの国でのテーマ追究の方法と成果の探求

(2)学説から彫琢された理論……観察された事実への一般理論の応用

理論創造のための組み合わせ

(3)学説が育まれた時代背景への分析（知識の社会性への配慮）

から構成される。まずは日本での事例研究の良書を精読することである。それから類似のテーマを外国

研究にも求め、その理論化の方法と成果を学び、学説が育まれた時代やその場所にも配慮したい。たとえば、コントの時代におけるパリの現状や、リンド夫妻が調査した当時のミドルタウンについても資料を集めると、研究成果の理解に厚みができる。

2　社会分析調査の理論

マートンの中範囲理論

このような特徴を持つ社会学では、比較研究の重要性が指摘できる。標準的には、マートンが主張した中範囲の社会学理論に立脚して、対象となる社会的事実を選択する。それを操作的に指標化して、複数の都市社会や下位概念としての都市コミュニティ、それに家族や個人を通してみた階層などで観察を行う。それが長期にわたれば、定点観察にも結びつき、社会変動の実態にも接近できる。

これらを一般化すれば、〈観察→観察結果→関連情報収集→比較整理→社会分析→統合→仮説組み換え→仮説検証〉として図式化できる。

対象とする事例の実証的研究に特化した社会分析では、「経験的調査は社会学の諸理論や諸概念を創始し（initiate）し、再方式化（reformulate）し、再焦点化（refocus）し、明確化（clarify）する」（Merton 1957=1961：9）が、いつの時代でも箴言となる。それが量的調査であっても質的調査であっても、マートンが指摘した創始、再方式化、再焦点化、明確化は、社会調査とデータ分析に不可欠な過程である。それらの反復確認が、社会学における事実命題確証のための最上の方法になる。

「歴史的変動を分析するには、変化するのは何であるかを正確に発見し、いかにそれが変化し、どのくらいの速度で、また何故に変化するかを発見しなければならない」(Gerth & Mills 1953=1970：404)。このくり返されてきた言明が社会分析の出発点であり、研究成果を出した後で最終的に点検する際の基準でもある。すなわち社会分析は、(1)対象となる社会現象の特定化、(2)社会現象の初発から終末までの全過程の追究、そして(3)社会現象の変動速度と、(4)社会現象が生起した原因を把握するところから始まる。さらに、(5)社会現象が変動する方向、(6)社会現象の発生規模、(7)生起した社会現象の持続期間、(8)社会現象の激しさ、などの分析項目の追加でより精密化できる。

また、周知の「水準変動」と「構造変動」に加えて、「均衡変動」という概念を用いて、マクロ社会レベルでの社会分析の見取り図も考えておきたい。「均衡変動」とは合わせ重ねられる変動が安定して起きている現象を指す。たとえば日本社会でも、少子化が強まると同時に、国際化も進行しているし、情報化が高齢化適応に有効なツールを提供する。これらを総合化する必然性を「均衡変動」概念は含んでいる。

時代の推移は万物流転でもあるから、対象とする社会現象の分析は一定の観点からの仕分けが不可欠になる。すなわち、誰もがすでに経験済みの社会現象を観察して、誰もが及びもつかない問題解決策を考えることが、特定の社会分析の大きな狙いである。そのためには社会学的機能主義が有効であり、その根幹をなす正・逆機能と顕在・潜在機能の組み合わせに精通しておきたい。

機能分析

ここでいう正機能とは、一定の体系の適応ないし調整を促す観察結果であり、逆機能とは、この体系の適応ないし調整を減ずる観察結果である(Merton 前掲書)。さらに追加をすれ

表１－２　機能の組み合わせ

	正機能	逆機能
顕在機能	顕在・正	顕在・逆
潜在機能	潜在・正	潜在・逆

ば、社会的機能とは、観察しうる客観的諸結果を指すものであって、主観的意向（ねらい、動機、目的）を指すものではない（同右：20）。

顕在的機能とは、一定の体系の適応ないし調整に貢献する客観的結果であって、しかもこの体系の参与者によって意図され認知されたもの（同右：46）とされるが、この適応ないし調整部分は正機能としての意味が強い。

これに対して、潜在的機能は意図されず、認知されないもの（同右：46）であり、逆機能の概念は、構造的平面におけるひずみ、圧迫、緊張の概念を含む（同右：48）とされた。これらを組み合わせると、表1-2を得る。

たとえば、流布するCO^2地球温暖化論の機能分析を行えば、表1-3が得られる。機能分析を理解したら、表1-4のような社会分析の軸と基礎概念を学習することになる。テーマに応じたこれらのいくつかの軸を、実際の社会分析では使用することになる。

表1-3　CO_2地球温暖化論の機能分析

	正機能	逆機能
顕在機能	意識面での環境への配慮。 優しい環境商品の販売。 環境が商品の高値をもたらす。	大気汚染による光化学スモッグで喘息患者が増える。 優しい環境商品が環境負荷を高める。
潜在機能	環境配慮技術が革新される。 環境ビジネスで創業が増える。 ビジネス雇用が拡大する。 温暖化研究費や対策費の増額。	二酸化硫黄，二酸化窒素，カドミムなどによる環境破壊が進む。 石炭石油など化石燃料の煤煙。 熱帯雨林地区の焼畑農業の噴煙。 火山活動による火山灰。 砂漠の砂塵などによる寒冷化の促進。 食料減産による飢餓危機。

表1-4　社会分析の10軸

1．	ジェンダー (gender)	：	男・女
2．	世代 (generation)	：	若年者・中年者・高齢者
3．	コミュニティ (community)	：	都市的（urban）・村落的（rural）
4．	態度 (attitude)	：	洗練された（urbane）・質朴な（rustic）
5．	階層 (stratification)	：	高（high）・中（middle）・低（low）
6．	財産 (wealth)	：	裕福（haves）・貧困（have-nots）
7．	役割 (role)	：	地位（status）・権力（power）・威信（prestige）
8．	機能 (function)	：	顕在性（manifest）・潜在性（latent） 正機能（function）・逆機能（dysfunction）
9．	移動性 (mobility)	：	土着（native）・来住（new comer）
10.	構造 (structure)	：	開放的（open）・閉鎖的（close）

社会分析の位置

この二〇年間に日本社会への社会学の発信力が低下したとすれば、古典読解だけしか行わない学説史家が増えると同時に、自らが生きる時代への関心を持たず理論不在のままの狭い範囲の現状調査の実施が増え、さらに肉体論や言説分析など非社会的なテーマに隆盛の兆しが見えるところに原因がある。しかしたとえば大手広告代理店では、現代社会が抱える課題を一三のサブテーマに分けて、社会学者に任せず内部の研究所で資料収集や独自の議論を開始している。

(1) 「病気になれない」社会
(2) 「食」の崩壊
(3) 日常化する「こころ」のトラブル
(4) 「高齢化社会」に向き合う
(5) 「少子化社会」に立ち向かう
(6) 「子ども」の発育・成長が危ない
(7) 「犯罪リスク」への不安
(8) よりよい「都市生活」づくり
(9) 「学び」の再構築
(10) 「労働」を問い直す
(11) 「地方再生」に取り組む
(12) 「グローバル化」する世界
(13) 持続可能な「地球環境」

表1-5　基本的な社会学概念

社会構造	：同一の集合体における社会的位置間の知識，パワー，報酬，権利の分布
社会的ネットワーク	：同一の集合体における役割関係の統合
社会的組織	：社会構造と社会的ネットワーク
社会的信念	：共有された知識態度
社会的規範	：保有者の行為についての共有された態度
社会的期待	：役割保有者の相互作用についての共有された態度（規範と互換的使用）
社会的価値	：望ましさについての共有された態度
社会的機能	：パフォーマンスないしアウトプット
機能的	：パフォーマンスないしアウトプットの増加
逆機能的	：パフォーマンスないしアウトプットの減少

日本社会学会会員三七〇〇人のうち、これらの問いかけに専門家として発言できる比率はどれくらいであろうか。また二〇〇七年二月に総務省で発足した「コミュニティ研究会」の有識者一二人のうち、社会学者はわずかに一名のようである。これは一九六九年の自治省「コミュニティ研究会」や、その後の総理府国民生活審議会の「コミュニティ小委員会」での社会学者の活躍と比べると、隔世の感を禁じえない。

さて、社会分析の際の便宜を考えて、以下に基本的な社会学概念を一括して整理する（表1-5）。これらの定義はもちろん最大公約数ではあるが、とりあえずでもこの内容で理解しておこう。

また、階層については、成層化（報酬の分布）を軸とはするが、地位の非一貫性で明らかなように、集権化（権力の分布）も複雑性（知識の分布）それに規範的平等（権利の分布）も階層の要素になる点に留意したい。

研究としての社会分析では、はっきりとした目的をもち、その達成のため対象を正確に再現し、再構成し直す力量が求められる。分析対象の構成要素を列挙し、どこまでが既知で、どこまでが未知かを識別するところが研究の出発点である。期待される社会学的創造力は、複数の既知の問題や命題を新しく分割して組み合わせる試みから生まれやすい。

問題を見直す　自己の方法をどのように創っていくかが社会分析の基本になる。デカルトの分割性を工夫すると、これには次のものがある。

(1)単なる組み合わせ（非分割結合）
(2)分割したあとでの組み合わせ（分割結合）
(3)飛躍する組み合わせ（等価変換思考）

このうちよく用いられる分割結合は、社会の法則性を自分が操作できるような構成概念と指標（言語、数式、音楽記号、図式など）に写し取り、社会への適用のために再配置することである。それには、具体的な資料に基づく現実の正確な認識が前提になり、分割して共通項を取り出すあるいは捨て去り、異質性や共通性を媒介にして新しく組み合わせるという一連の作業になる。

組み合わせの方法は、①正と負、②先と後、③連続と不連続、④自分の目と他人の目、⑤大きな変化と小さな変化、⑥無秩序なものと秩序あるもの、⑦一つのものと多くのもの、⑧無意識なものと意識的なもの、⑨絶対的なものと相対的なもの、⑩有限と無限、などに整理できる。これらからテーマに応じて、複数の項目を活用する。

第三の等価変換思考とは、異なった対象の一方もしくは双方に、適切な観点を導入して、問題の分解と抽象を行って、両者の相関関係に等価的な対応を作りだす試みである。たとえばある時期の鉄道とトラック輸送、宅配便とゆうパック、産科医師と助産師、万年筆とワープロ、パソコンメールとケータイ

表1-6　パターン変数

	前近代	→ 近代化 →	近代
Ⅰ 欲求充足と規律	感情性 (affectivity)	……	感情中立性 (affective neutrality)
Ⅱ 私的関心と集合的関心	集合体指向 (collectivity)	……	自我指向 (self-orientation)
Ⅲ 価値指向基準	個別主義 (particularism)	……	普遍主義 (universalism)
Ⅳ 社会的客体の様相	帰属性 (ascription)	……	業績性 (achievement)
Ⅴ 客体の関心領域	無限定性 (diffuseness)	……	限定性 (specificity)

（出典）Parsons（1951=1974）.

メールのような対応関係が、その事例になる。

またパーソンズが体系化したパターン変数は、今日でも社会変動の説明には有効な側面を持っている（表1-6）。特に前近代から近代化の過程を経て、最終的に近代に向かう一連の変動の分析には役に立つ。すなわち感情中立性、自我指向、普遍主義、業績性、限定性という軸が近代化の達成度合を測定する用具になった。

しかし、感情性（温情主義）、集合体志向（会社のためなら）、個別主義（国益より社益）、帰属性（社員であることの優先）、無限定主義（経営家族主義）などは封建的な特徴ではなく、イギリスのビッグビジネスでさえも到達目標になるという研究成果もある（Dore 1973=1993）。このような相対性はコント以来の社会学の宿命であり、社会学の幅の広さにもなってきた。

入門教科書的にいえば、「人間の共同生活の科学」が社会学である。ただしこの定義に依拠して、研究対象として選んだ領域が社会学にふさわしいかどうかは二次的な意味しかなく、多くはその方法が論理的な手続きから構成されていることに科学としての社会学の根幹を見出す。同時に、研究成果が理論的命題（普遍化された言明）をどの程度索出するのかが重要である。社会学でのそれは、全称命題（すべての、wholly）ではなく、特称命題（限定が加わる、partly）として作成されることは既述した。

多くの場合、社会学の理論は次のような性質を持つ。

(1)社会システムの構造と機能の分析

(2)人間行動の説明と予見

(3)政策的応用による制度創造と社会計画

前提となる人間像が「ホモ・エコノミクス」ではなく、「ホモ・ソシオロジクス」で明らかなように、人間の意識や行動は非合理性を持つ。ただ一方では、大量観察の結果から統計学的な傾向を把握できるし、そこからある程度の説明と予見も可能である。一定の傾向の分析ができれば、実際的な問題にも応用して診断を下しやすい。「傾向と対策」の社会学が誕生するゆえんである。最近では批判と政策を加えて、この延長線上に公共社会学が提唱されるに至っている。

この積極的提唱者であるビュロウォイがアメリカ社会学会会長の就任演説で表1-7と表1-8のような整理を示したが、内容が不十分なものであったために、直後から疑問や批判が相次ぎ、結局彼が主張した公共社会学は、アメリカでも日本でも各方面に浸透したとは思われない。これに触れて私は、専門社会学を四象限の一つに位置づけるのではなく、あくまでも専門社会学の進化拡大を踏まえて政策社会学、批判社会学、公共社会学の各方面に学問的な貢献が可能と見てきた（金子 2007：206-208）。

表1－7　専門社会学の解剖

専門 仮説，理論，概念，問題，難問をはっきりさせる調査計画に導かれる調査研究	政策 社会学的な調査研究，人類が抱える主題投資，議会の行動指示の擁護
批判 調査計画の内部や諸計画の間にある規律に関しての批判的な論議	公共 社会学が持つ公共的イメージに関心があり，簡単なやり方で発見されたものを提示し，社会学の基礎を教え，教科書を書くこと

（出典）Burawoy, M., 2005 : 271.

表1－8　細かく類型化された社会学的知識

	学術的なもの	学術性を超出したもの
道具的	専門社会学	政策社会学
知識	理論的/経験的	具体性
真実	一致	実用性
正当性	科学的規範	効用性
説明責任	貴族	顧客
政治	専門的自己利益	政策的介入
病理	自己言及	卑屈
反省的	批判社会学	公共社会学
知識	根本的	相互交流的
真実	規範性	合意
正当性	道徳的視点	関連性
説明責任	批判的知識人	設計された公共性
政治	内部討論	公共的対話
病理	独断	一時的流行

（出典）Burawoy, M., *ibid*.: 276.

3　社会分析の準拠点

現実状況への知的コミットメント

なぜなら、社会学は現実状況への知的コミットメントの学問として位置づけられるからである。共同生活に非合理性も包み込んだ個人が、各方面での分業を前提として全体社会システムを形成する。社会学者はそのシステムを具体的な家族や地域社会や企業それに社会運動などの領域で観察し、元来は反社会的（asocial）な個人が集合した現実を踏まえて、より一般化された社会理論を創造しようとする。その達成には、どのレベルのシステムで観察された、どのような社会的事実を基盤にしたら可能か。「変化は実在する」はもちろん正しいが、新しい発想からの社会変動分析の方法はどこに準拠点をおくか。これらが専門社会学として共有されないと、批判社会学や政策社会学を提唱するにしても、「思いつき」レベルに終始する議論にしかならない。

ビュロウォイによる公共社会学の分類における専門性を深め、先行研究やドグマを批判し、政策形成に有効な素材を提供するには、「正直な好奇心」から選択された事例分析を蓄積して、観察の精度を高めて作品化し、江湖の批判を待つしかない。

その際には、以下のような研究推進の七基準に配慮しておきたい。それらはすべて社会変動の結果であり、場面を変えればその要因にもなりうる。これらはいずれもが社会体制レベルや全体社会システムレベルの変動や高度に抽象化されたパラダイムではないが、中範囲の社会変動の事例として社会学では認知しておきたい。

期待される公共社会学でこのような事例にすら関心が無くなったら、国民や政府やマスコミがもつ社会学への評価は大きく裏切られるし、その結果は非社会性の烙印を押されたり、社会学不要論や「反社会学」キャンペーンに利用されるだけである。

(1)自己への関心と社会への無関心
(2)社会の成熟と制度の老衰
(3)多様性の容認と統合の推進
(4)ジェンダーとジェネレーションの併存性
(5)包括的抑圧と包括の中の排除
(6)差異への敏感さと社会的公平性の低下
(7)自治体サービス間の格差肥大

自己への関心と社会への無関心

まず、(1)自己への関心と社会への無関心とは、社会的背景抜きに個人の主観性や間主観性を重視した内面探求の継続が、個人を支える社会システムへの関心を稀薄化させることを意味する。その結果、社会学を標榜しながらも、経済、政治、行政、福祉、犯罪、災害、教育などの領域で発生するさまざまな社会問題にさえも関心を持たなくなる。

一九七〇年代の隆盛期の日本社会学に社会的期待が集まったのは、国策としてのモデルコミュニティ事業に都市社会学者が深く関与したり、地域開発や社会開発政策の論理を農村社会学者が提供していたからである。つまり、マクロ社会学の視線における政策的展開が有効だった時代に、マスコミからおよび政府や自治体から都市社会学などの連字符社会学への期待もあり、多くの大学で社会学は通年の講義科目に昇格した。

(1)から(7)まではとりあえず、戦後日本における高度経済成長という社会変動がもたらした国民レベルにおける豊かさの帰結であると見ておこう。しかし、この豊かさを維持するために、合理的に考えた結果、シングル生活を続けたり、結婚しても子どもを持たずに生きる人々が増加すると、少子化が進み、自動的に高齢化も急進し、社会は変動する。「少子化する高齢社会」による高額療養制度を含む医療保険制度の崩壊は、非合理的結果の典型である。合理性が高齢社会に不可欠な医療制度を摩滅させる。合理性が非合理的な結果を招き寄せるというこの社会的ジレンマが、中範囲の社会変動事例に含まれていることを知っておきたい。

不幸なことは、現在の社会学者の多くがこのメカニズムを内包するマクロ社会変動への関心に乏しく、自己実現や自己同一性それに主観性や会話分析など非社会的論題を好む傾向が九〇年代から顕著になったことである。「主観主義」や「カテゴリー化」からどのような政策が生み出されるのだろうか。

社会の成熟と制度の老衰

(2)社会の成熟と制度の老衰とは、太平洋戦争が終わってすでに六〇年を超えているのに、「第三の開国」とされたその時代の枠組みが依然として継続しているという事実に象徴される。成熟の先には老衰が待っている。たとえば、憲法、法律、学制、税制、選挙制度などがそれに該当する。このうち憲法では第九条ばかりが議論される傾向が六〇年間続いており、第二五条の「生存権」にしても、第四四条の「議員および選挙人の資格」にしても、第八九条「公の財産の支出または利用の制限」にしても、制定当時とは著しく事情が変わっているのに、無関心が蔓延している。

特に第八九条「公金その他の公の財産は、宗教上の組織若しくは団体の使用、便益若しくは維持のため、又は公の支配に属しない慈善、教育、若しくは博愛の事業に対し、これを支出し、又はその利用に供してはならない」という内容は、長い間に空文化してきたと考えられる。なぜなら、確固とした宗教団体を母体にした政党は存在するし、慈善に分類できる機能をもつボランティア団体やＮＰＯへの補助は日常的になされているからである。

さらに、私学への膨大な経常費補助は、社会的な要請として増額すら求められている。問題は「支配に属しない」の解釈にあるが、六〇年前の私学と今日の私学とでは雲泥の差があるのだから、老衰した第八九条などはもっと「改正」の議論が出ても不思議ではない。なお、民法の多くは明治期に起源をもっていることからしても、制度の老衰化が進んでいると見なさざるをえない。

多様性の容認と統合の推進

(3)多様性の容認と統合の推進も両立しがたい。都市学者のジェコブスが都市の再生の有力手段として、多様性を指摘してからまもなく五〇年になる。「都市の多様性はそれ自体さらに多様性を増すことを可能にし、それをさらに増進させる」(Jacobs 1961=1977：167)。彼女は実際の都市で多様性を生じさせるには、地区内部の多くの場所が二つ以上の複合機能をもつこと、ブロックは短いこと、歴史ある建物と新しい建物との融合が必要なこと、住宅や住民の十分な密集、の四点を挙げている。これらがあれば、多様性を通した都市の社会変動が創出され、再生に十分な条件が得られるという。

しかしそれは容易ではない。多様性という非統一性により、調和がなくなり、部分間における特性乱立になってしまう。そうなれば、全体としての統合は弱まるし、凝集性や連帯性も低下してしまう。今日のＥＵで依然として統合が問題になるのは、加盟国間にある人口数や経済力や軍事力などの相違で、統合ではなく分裂の危険性を帯びているからである（Roehner 2004）。したがって、学問レベルでも政治レベルでも単一的な多様性だけではなく、多様性そのものがいくつか集合して形成される複合的統一性が模索されてきた。この動きは、単一宗教や単一エスニシティを優先せずに、差異を認め合う共生社会の追求であり、多文化の許容とも異なる。

仮に多様性を容認すると、社会統合の推進は最大公約数的な目標達成しかありえない。世界的に見ても日本でも、社会統合が困難なのは最大公約数そのものの合意ができにくいこと、そのためのリーダーシップが不在であること、の両者を原因とする。

ジェンダーとジェネレーション

(4)ジェンダーとジェネレーションの併存性は、社会システムの構成員が老若男女であると考えれば、容易に了解できるはずである。一九九九年六月施行の「男女共同参画社会基本法」に象徴的なように、そしてこれを錦の御旗にするイデオロギーでは、社会システムを男女の枠組みとしてのジェンダーのみで理解しようとする特徴を持っている。特に「基本法」第十条「国民は、職域、学校、地域、家庭その他の社会のあらゆる分野」という表現に、エイジズムが濃厚に認められる。なぜなら、「少子化する高齢社会」では「職域」を喪失する高齢者が増加することへの配慮が皆無だからである。このような、働くことを最優先として、働けない高齢者への差別を内包するイデオロギーが先導した法律に、「二十一世紀の我が国社会を決定する最重要課題」を論じる機能があるのだろうか。

包括的抑圧と包括のなかの排除

(5)包括的抑圧と包括のなかの排除はマジョリティとマイノリティとの共生問題に象徴される。包括的抑圧とは、自由な分業に勤《いそ》しむ個人すべてが社会システム全

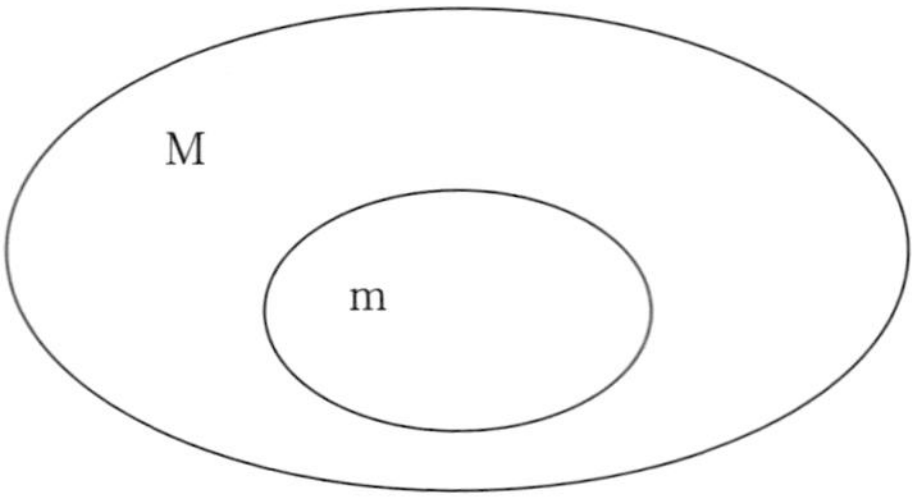

図1-1　抑圧移譲のマジョリティMとマイノリティmとの関連

体からは自由を剝奪されていることを表現する用語である。この裏面に「自由からの逃走」があるのはいうまでもない。

不幸なことに人類は常に「抑圧」の対象を必要としてきたように思われる。その象徴的表現が、丸山眞男が「超国家主義の論理と心理」を解明した際に用いた「抑圧移譲の法則」ともいうべき「抑圧の移譲による精神的均衡の保持」（傍点原文、丸山 1964：25）である。「上からの圧迫感を下への恣意の発揮によって順次に移譲して行く事によって全体のバランスが維持されている体系である」（同右：25）。天皇制国家ならば、天皇を頂点として、その親近序列に沿って、無限の抑圧移譲が発生する。それは客観的には社会的地位の高低によって、主観的には親しさの程度によって、ともに抑圧の下位移譲が生み出される。

一つの国民国家のなかで、エスニシティ要因を巻き込むと、民族差別ともなりうるし、異なった宗教間でも同じ構図が発生する。

また、「包括の中の排除」とは全体におけるマジョリティ（M）とは対立するマイノリティ（m）を表す。図1-1でそれを具体化した。（M）は（m）と同化しないし、むしろ「排除」のほうに作用する。「抑圧」の最終段階はそこから下がない状態であるから、包括の体系からの排除しかありえない（金子 2007）。ここにエスニシティ要因や宗教要因が絡むと、当該社会システム外への排除に結びつく。

差異への敏感さと社会的公平性の低下

(4)とも関連が深い(6)差異への敏感さと社会的公平性の低下において、一番分かりやすい日本での事例は、保育所の入所者率とそこへの税金支出であろう。この事実は保育料関連のいくつかの資料（次頁図1-2と図1-3）が公表されるまで誰も気がつかなかった。図1-2のような情報を二〇〇七年七月時点ですら、全国一八二七の自治体がすべて公開しているのではないことに注意しておきたい。

まして、図1-3の情報は政府も公開していないし、多くの自治体でも未公開のままである。なぜなら、少子化対策のうちの「待機児童ゼロ作戦」を政府が熱心に進めてきた結果、保育所に乳児を入れた母親と在宅で子育てしている専業主婦との間に非常に大きい社会的不公平性が発生したのであるから。まさしく「都市生活には、まさに差異と無関心の両方が深く根を張っている」（Young 1999=2007：425-426）ために、都市においてはこのような差異の事実に無関心な市民やマスコミが多くなった。無関心が蔓延すれば、ますます社会的不公平性が強くなり、結果的に差異が拡大するという循環構造がここには存在する。

不公平な保育料格差

図1-2から札幌市における〇歳児保育該当率が七・五％であることが分かる。その〇歳児の親は保育料として月額平均で一万九八五九円を保育料として納入している。ところが、国税と市税からの保育経費はその一〇倍を超える二〇万六七八八円が投入されているのである（図1-3）。加えて、在宅で主に専業主婦が子育てしている九二・五％の乳児には、税金からはまったく保育経費が支出されていないのである。

これは差異というより社会的不公平の典型であろう。この事実が長い間札幌市民にはもちろん、国民

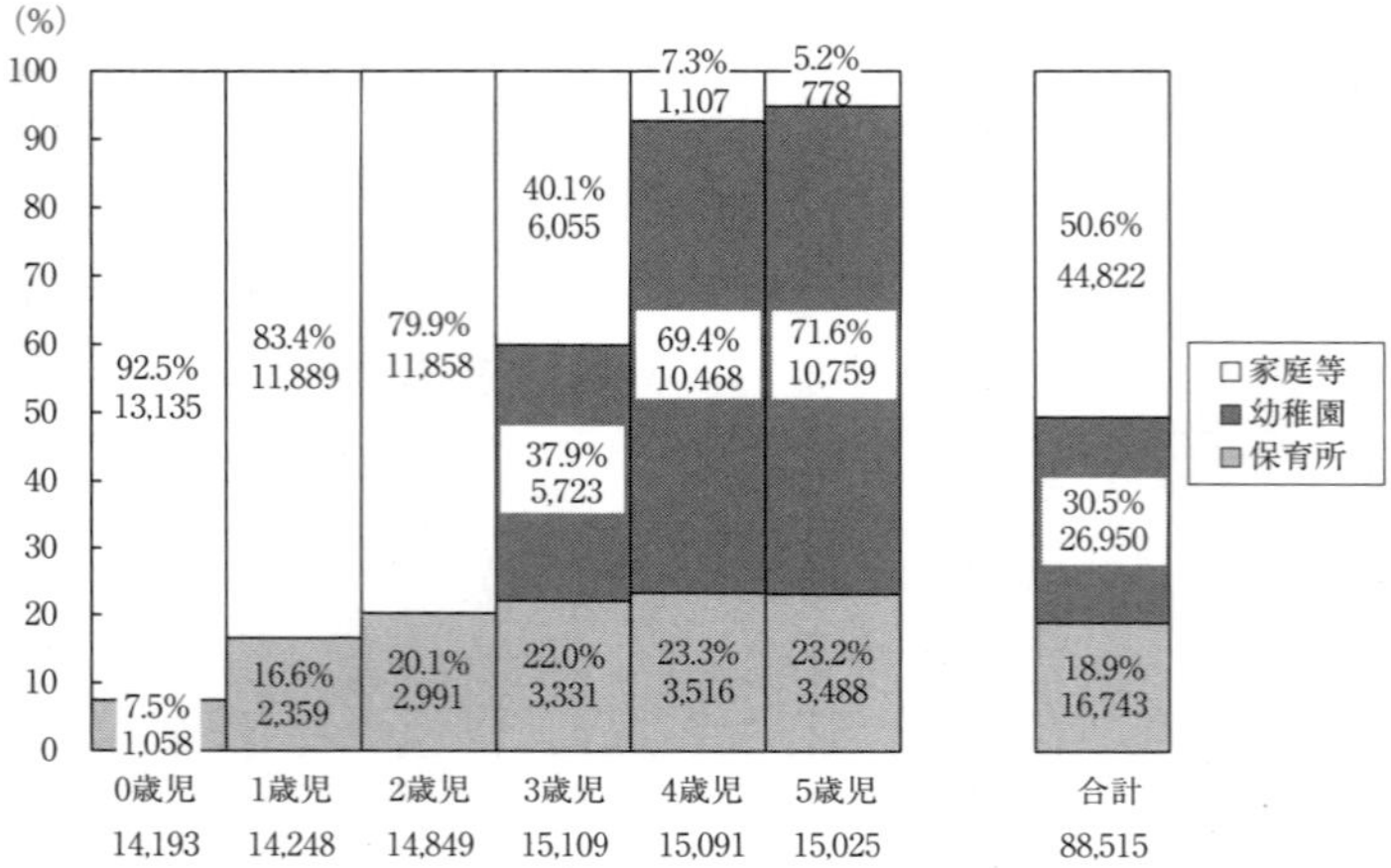

図1－2　札幌市における就学前の子どもの居場所

（資料）就学前児童数：「住民基本台帳」（平成18年5月1日現在）
　　　　保育所入所児童数：札幌市子ども未来局作成（平成18年5月1日現在）
　　　　幼稚園在園児童数：「学校基本調査」（平成18年5月1日現在）
（備考）数字は人数.
（出典）札幌市社会福祉審議会 2007.

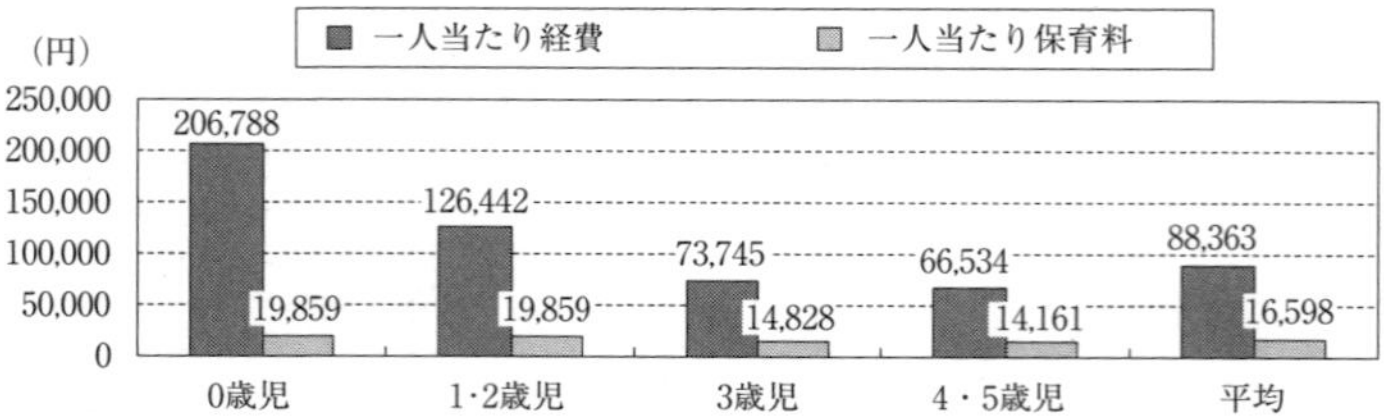

図1－3　平成19年度予算　児童1人当たりの経費および保育料（月額）

（資料）札幌市子ども未来局作成.
（備考）経費は国庫補助事業を除く.
（出典）図1－2に同じ.

にもマスコミ経由で周知されたことはない。札幌市でやっと公開できたのは二〇〇六年四月からであった。それは二万円程度の負担と二〇万円にも達する受益の格差があまりにも大きすぎたからである。

五歳児までの合計した平均的保育料が一万六六五九八円であるのに対して、国税と市税合計で支出された平均的な保育経費が八万八三六三円である事実に無関心な市民はどれくらいいるだろうか。札幌市はこの重要な情報を二〇〇六年四月から公開したが、厚生労働省による全国データの公開は進んでいない。白書などで公開されなければ、社会的無関心は続き、結果としての差異が強まることは必然である。

自治体間の格差肥大

(7)自治体間の格差肥大も福祉関連の情報が有効である。終生、社会学にこだわり続けた昭和最高の知識人の一人である清水幾太郎は、七〇歳直前の一九七五年に次のような感想を記している。「かつて美しい夢であった福祉国家は、それが少し実現しかけてみると、どうやら、政府が一種の無料デパートになるということのように思われる。（中略）実は何一つ資源を持たない政府が、国民に対する無料奉仕の義務だけを負わされているような有様である」（清水 1993：298）。しかし、高度成長の終焉直後に発表されたこの「福祉＝無料デパート」論は、長い間黙殺されてきた。

むしろ逆に、保育所保育料の徴収基準に象徴されるように、政令指定都市を筆頭に各自治体は、国を超えた基準の福祉サービスを競って拡充してきた。たとえば、二〇〇六年度予算レベルでいえば、政令指定都市では国の徴収基準よりも三割程度低い「軽減率」を適用している（表1-9）。しかし相対的には豊かな財政だと思われている政令指定都市間ですら、歴然とした保育料格差がある。

具体的には、国の基準からの「軽減率」が最高の四〇・一％である名古屋市が一番低い保育料になっ

表1-9　保育料の政令指定都市別軽減率比較（2006年度予算）

都市名	軽減率
名古屋市	① 40.1%
広島市	② 37.3%
札幌市	③ 37.0%
静岡市	④ 36.6%
横浜市	⑤ 34.9%
川崎市	⑥ 33.6%
さいたま市	⑦ 33.5%
大阪市	⑧ 32.7%
堺　市	⑨ 31.0%
福岡市	⑩ 30.8%
仙台市	⑪ 30.3%
京都市	⑫ 29.5%
千葉市	⑬ 28.1%
神戸市	⑭ 22.1%
北九州市	⑮ 19.7%

（備考）丸の中の数字は，軽減率の高い方から数えた順番.
（出典）図1-2に同じ.

ていて、札幌市で三七・〇%、福岡市でも三〇・八%も国より低く設定されている。北九州市は政令指定都市では「軽減率」が一番低く、一九・七%に止まっている。この格差はそれぞれの自治体の事情によるが、三歳未満児の国定月額保育料の最高が八万円であるのに対して、たとえば札幌市では五万九五〇〇円になっている。念のために指摘しておけば、全国の大半の自治体では国の基準通りに最高が八万円の保育料を保護者から徴収しているのであり、政令指定都市間での「軽減率」の格差とともに、県庁所在都市や一般の中規模都市それに小都市や町村間でも保育料の格差は認められる。

また、『毎日新聞』によれば、二四時間体制で往診、訪問看護を行う「在宅療養支援診療所」の格差が全国的に拡大している。これは終末期ケアや慢性疾患療養への対応が期待

表１-10　都道府県別在宅療養支援診療所数とゼロ自治体率

都道府県	支援診療所数	ゼロ自治体率	都道府県	支援診療所数	ゼロ自治体率
北海道	195	72.2	滋賀	55	38.5
青森	73	57.5	京都	258	15.4
岩手	73	57.1	大阪	1,359	0.0
宮城	89	41.7	兵庫	607	4.9
山形	64	60.0	奈良	80	46.2
福島	149	55.0	和歌山	128	30.0
茨城	135	27.3	鳥取	51	42.1
栃木	100	22.6	島根	103	38.1
群馬	149	55.0	岡山	253	14.8
埼玉	345	27.1	広島	453	13.0
千葉	185	41.1	山口	109	27.3
東京	1,087	21.0	徳島	126	20.8
神奈川	523	18.2	香川	103	11.8
新潟	91	48.6	愛媛	158	5.0
富山	29	46.7	高知	30	65.7
石川	100	42.1	福岡	657	13.6
福井	41	23.5	佐賀	122	13.0
山梨	32	60.7	長崎	276	17.4
長野	209	30.9	熊本	180	35.4
岐阜	133	31.0	大分	157	16.7
静岡	235	31.0	宮崎	87	46.7
愛知	430	20.6	鹿児島	212	24.5
三重	117	44.8	沖縄	46	61.0
			全国	10,249	36.5

（出典）『毎日新聞』2007/8/4.

され、二〇〇六年四月から導入されてきたが、二〇〇七年四月一日現在で全自治体一八二七のうちの三六％の自治体に空白が存在していた（表1-10）。全国では一万カ所を超えたが、反面で都市部偏在が鮮明になっている。

最多は大阪府の一三五九カ所であり、東京都一〇八七カ所、福岡県六五七カ所がこれに次いでいる。一方少ないのは、富山県の二九カ所を筆頭として、高知県三〇カ所、山梨県三二カ所になった。同時に、北海道の一九五カ所のうち札幌市に七二カ所（三七％）が集中しており、大阪府に占める大阪市の五七六カ所は四二％にのぼり、都市における在宅での医療が困難な事態が浮き彫りになった。

以上のような分野でも、一〇年前に比べると明らかな変化がおきていることへの着眼が、専門領域を問わず現代社会学一般では、あまりにも乏しかったことに反省を促したい。ミクロ社会学ではこのような一〇年前と比べた公共的側面の事例である福祉介護の側面の変化ですら無関心であり、他方でのマクロ社会学でも社会体制や社会システムの大転換しか視野にないような抽象的議論が行われてきた。わずか二〇年前まで用いられていた「国家独占資本主義」論に基づく日本的パラダイムは、その後に発生した中華人民共和国における数十倍の「地域不均等発展」の存在を黙殺してきた。そのような体質では、ミクロマクロのどちらにしても、専門性から演繹される政策社会学と公共社会学とは無縁であることを銘記しておきたい。

コラム　フランスに学ぶ少子化対策

この八年近く専門としてきた日本の少子社会研究の延長線上で、フランスにこだわっている。先進二二カ国のうち、フランスだけが合計特殊出生率の一貫した反転に成功したからである。フランスの合計特殊出生率が最低の一・六五を示したのは一九九四年だったが、二〇〇五年には一・九四にまで戻した。同年に日本は一・二六であった事実を念頭に置いて、フランス人の子育て意識や家族関係に関心を持ち、高い出生率を支える子育て家族支援制度を研究している。

二〇〇五年に日本の内閣府が実施した調査では、日本とフランスの間には多くの項目で相違が明らかになったが、「少子化の責任主体は誰か」への回答には違いが認められなかった。両国ともに「国民一人ひとり」に少子化の責任があるとするのは約五割、「国」の責任が三割、「誰にもなし」一割——が内訳である。

それ以外の「結婚したら子どもは持つべきか」との質問では、フランスよりも日本に「持つべき」が目立った。しかし「持つべき」とは裏腹に、日本の合計特殊出生率は減少中である。逆に「持つべき」と「そうは思わない」が拮抗《きっこう》するフランスでは出生率が伸びた。このように両国の国民性にはかなり違いがあり、両国間には子どもの産み方にも顕著な差が見られる。結婚関係以外の出生率（婚外子率）はフランスの四四％程度に比べて、日本では二％に届かない。

一般にフランスの出生率の底上げに寄与しているのは、離婚再婚を繰り返す「再構成家族」の出生率の高さ、三人目からの子育てへの経済的支援の手厚さ、加えて全体で七％を超える北アフリカ系、ヨーロッパ系、旧インドシナ系移民の示す高い出生率などである。これらはすべてフランス的な個別事情だが、日本の少子化傾向を反転させる原動力のヒントとして、日本でも応用可能な三点を指摘しておきたい。

一つには、フランスで制度化された「公認保育ママ」が持つ「近い、安い、安心」という保育機能である。子育て経験があり、一定の公的資格を持つ女性が、自宅で他人の子どもを預かり保育を行うこの制度は、日本の専業主婦の子どもにも幅広い保育の機会を提供することになるから、少子化克服策の一環として積極的な導入議論を開始したい。

第二には、移民も含めたフランス人全体への政府の手厚い家族支援のうち、権利として勝ち取られてきた子育て関連休暇制度を積極的に検討したい。出産休暇だけでなく、出産時では父親休暇も保障され、養子縁組しても養子休暇がある。子どもの病気の際や学校などに親が付き添う際の休暇などもある。これらのうち、何をどうすれば、日本でも育児休暇制度が広げられるかを論点にしたい。

第三には、フランス全体の手厚い家族給付を引き受ける「全国家族手当基金」（ＣＮＡＦ）の機能が大きいので、日本で長らく私が提唱してきた「子育て基金」（人口一億二七〇〇万人で一三兆円）の有効性を主張したい。なぜなら、企業六割、政府二割、その他寄付など二割の内訳をもつＣＮＡＦの財源は、人口六二〇〇万人のフランスでは約七兆円になり、「子育て基金」と規模が類似していたからである。ただし消費税一九・六％に見るように、フランスの租税や社会保障費面での高負担が、国民が受け取る潤沢な家族給付の前提にあるのは当然である。

国民性や社会制度が非常に異なるので、単純なフランス模倣は不可能だが、差し当たりこれらの三点を軸にした現地での子育て支援や家族関係調査から、日本でも有効な少子化克服策を模索することには、一定の意義があると考えている。

第2章　社会学の発想力

社会学の使命は、時代の大きな流れを正確にそして包括的に理解することである。バーズアイビューの観点から、中核となる複数の時代潮流を総合的に認識しようとする。同時に、常識とは時代の多数派民衆の関心であり知恵であるから、価値観の変容にも目配りが欠かせない。

思考方法としてのシステム分析によって、研究対象の設定を行い、調査を実行しつつ、問題の具体的な解明に努め、何のために何をどうするのかと考える。

絶対性が君臨する自然科学とは異なり、社会科学での絶対性は確認しづらいし、社会現象の多くは重層しているから、おのずと評価基準も相対性を帯びざるをえない。目的を示し、対象を設定し、方法を明言して、収集した雑然とした素材を的確に組み合わせ、課題を追究する。

1　時代認識の科学

時代の大きな流れを知る　社会学に志して以来、基本的に私は、マクロ社会学の立場から、時代の大きな流れを正確に見つめることで、その包括的な理解を心がけてきた。換言すれば、時代の大きな流れ（key currents of the times）を把握できるかどうかが、社会学者の試金石だと信じてきた。その意味でバーズアイビューを最優先にした。ただし、中核となる時代潮流（key currents）と複数にしているのは、部分的な社会認識に終わりたくないからである。学祖コントにあやかり、時代診断を含むマクロ社会学に志向して、いくつかの時代の潮流をつかむ努力をしてきた。ともかくも「建設的理論のみが、社会全体を新組織への道に導くことによって、危機を終息させる」（Comte 前掲論文：60）と考え、都市化、高齢化、少子化、地球温暖化、地域福祉の研究において微力を尽くして現在に至っている。

たとえば近年、エルウェルは四人の理論家を取り上げてマクロ社会学を論じている。社会学的想像力を筆頭とするミルズの一連の著作、マルサスとマルクスまでも包摂する文化人類学者ハリスの唯物論、ウォーラーステインの世界システム論、地位の非一貫性でも著名な不平等の研究者であるレンスキーの生態学的進化論がそれである（Elwell 2006）。

帰納法と演繹法の両者を理論と観察によって用いつつ、社会の本質（social reality）の理論構築をするというエスウェルの図式は、日本のマクロ社会学でも有効である（*ibid.*：104）。

バーズアイビュー　このような動向を参照しながら、過去三〇年間ほぼ一〇年ごとに、都市化、高齢化、少子化の研究をライフワークにしてきた私は、情報化と国際化にも関心を寄せてきた（金子・長谷川 1993）。

もちろん「都市高齢社会」（1993）と「少子化する高齢社会」（2006a）を主軸とするが、狙いは時代の基本的な潮流の理解にあるから、それらも含めた。その意味で実証的な観点からの調査対象を、マジョリティ（M）とマイノリティ（m）の両方で理解してきた。たとえば、前掲図1-1（二六頁）で示したように、マジョリティとしての市民とマイノリティとしての高齢市民がそのMm関係になるし、子どもを産み育てた市民とその経験がない市民も同じＭｍ文脈にある。要はＭだけｍだけに偏らず、両者を含む全体を見通す試みを行うことである。

二〇〇五年に、富良野でＬモードによる地域福祉支援の全数調査をした。この調査対象は一人暮らし高齢者というマイノリティであるが、Ｌモード電話機はもちろん情報化の一つの道具であるから、ここでは高齢化と情報化をコミュニティの現場で同時に理解するという目的であった。情報化が地域福祉に応用できれば、高齢者支援の有力な道具になるという方向性が、富良野調査から確認できたと考えている（金子 2006b）。

また、地球温暖化（global warming）の研究は、その対象が地球であり、世界規模でもあるので、国際化の応用研究として位置づけられる（本書第5章）。

バーズアイビューを英語の文脈で一般的に表現すれば、general situation, whole situation, overall situation, main issue, broad perspective, broad viewpoint, big picture, wider standpoint などが該当する。使う人によって表現には好みがあるが、全体社会の観点からの時代像の把握にはこれらの使用が有効である。

重要なことは、時代の大きな流れのうち、その一つの潮流（a current）を自分なりにしっかり見据えることにある。それは都市高齢社会、情報化、国際化、地域福祉、さらに地球温暖化や少子化する高齢社会でもいい。要するに、狙いとしては、将来的な大型画面を作り、そのなかで、当面の自分自身の重要な潮流（key current）は何かを、研究の出発点では確認しておきたい。

変化する価値判断基準

なぜなら時代の動きのなかで、ある社会的事実がどのように評価されてきたのかを考えたいからである。たとえば、離婚という一つの観察された事実についてのべると、一九八〇年代の前半までは夫婦が別れることの社会的評価は悪いものであった。その理由として、離婚は長い間社会解体の指標であったことがあげられる。当時までの「社会病理学」には、離婚がマイナス現象として章や節で独立して取り上げられていた。たとえば大藪（1982）にそれは象徴される。

しかし一九八〇年代の後半から現在に至るまで、離婚の評価は逆転し、むしろ個人の自由という観点からは、そのプラス面が重視されるに至った。少なくとも嫌な人と一緒に暮らすことを義務付けるよりは、一人で生きるか、もしくは別の人を探すのは決して悪いことではないと見なされるようになった。つまり、離婚が個人の自由の指標になり、社会的評価もプラスに変わった。私の三〇年間を超える社会学の教育研究で、最も劇的に変わった評価は離婚に対する態度である。このように一世代の間ですら、一つの現象に対して、評価が変化する。時代の推移の中で、常識（la notion populaire）が逆転する。しかも権力的に強制されたのではなく、自然に変わった。

このような事例は他にもある。たとえば日本近代化の象徴の一つは重化学工業化であり、明治以来一〇〇年間の日本の工業都市では、ひたすらそれを謳いあげてきた歴史をもっている。具体的にいえば、工場の煙突からの五色の煙を繁栄の印として市歌に織り込んだ都市はたくさんあった。それが、高度成長を経て公害問題が顕在化した一九八〇年代以降、煙突の煙は忌むべき五色と見なされるようになった。

八幡市歌と北九州市歌

その事例として、明治時代から八幡製鉄の町であった八幡市の市歌と、一九六三年に合併してからの北九州市の市歌とを比較してみよう。まずは八幡市の市歌である。

天の時を得、地の利を占めつ、人の心の和さえ加わり
たちまち開けし文化の都
八幡八幡われらの八幡市
市の発展は、われらの任務

焔延々、波濤を焦がし、煙もうもう天に漲《みなぎ》る
天下の壮観、我が製鉄所
八幡八幡われらの八幡市
市の進展は、われらの責務

高き理想を帆柱山に、深き希望を洞海湾に
愛市の真心神こそ知るらめ
八幡八幡われらの八幡市
市の隆昌は、われらの歓喜

次に北九州市の市歌である。

山脈《やまなみ》に　朝の陽《ひ》映えて
玄海の　波打つところ
希望もて　ひらけしまちに
たくましき　市民のいぶき
ああ　わが市　北九州

くれないに　熔炉は燃えて
紺碧の　大空高く
美《うるわ》しき　若戸の橋に
天《あま》かける　理想はきよし
ああ　わが市　北九州

海遠く　幸《さち》を求めて
伸びゆくは　若き力ぞ
大いなる　光の下《もと》に
躍進の　未来をめざさん
ああ　わが市　北九州

日本の近代化過程が市歌にも見事に反映されている。「煙もうもう天に漲る、天下の壮観」の時代から「熔炉は燃えて　紺碧の　大空高く」の時代への推移なのである。それが時代変化であり、その意味で、常識とは時代の多数派民衆の関心であり知恵である。しかし、民衆の知恵や評価の基準は善悪の対象にはなりにくい場合もある。洗濯がクリーニング店に、夕食を外出した先のレストランで、葉書を使った礼状がケータイメールでの送信にそれぞれ変化しても、それは一概に善悪という評価には馴染まないであろう。だから、常識性を考慮するうえでの基本的な着眼点は、時代の大きな流れを読むことにつきる。

時代の流れを読む

時代を観る二つ目の試みには、大多数派と少数派との区別をして、研究対象とした常識の性質の判定がある。そこでの課題は、取り上げた常識が市民大多数の特徴なのか、反対に少数派にのみ通じるのかの判断である。普通にはもちろん、大多数派＝一般という等式が成立する。しかし、多数派が必ずしも普遍的かどうかは分からない。同時に少数派の知識が、やがて全体の常識として共有される場合もある。

社会分析を実際に行う過程で、「新しい理論社会学が構築される必要がある」（富永 2006：序言）という主張には同感するところが多い。構築のきっかけは社会システム論のイノベーションか公共社会学の専門業績の蓄積によるのか、または合理的選択理論か構築主義か。その決定版はないが、思考方法としてのシステム分析とは、何かを入れたら、何かが出てくるものだから、投入（input）があれば、必ず産出（output）があるとして、研究対象の設定を行い、調査を実行しつつ、具体的な解明に努めることは可能であった。

比較研究の重要性

さてここでは、専門社会学の水準を高める手法に比較研究があり、その結果をどう活かすかを議論したい。まず目標とする社会分析に重要な軸となる基本概念を操作化して指標を作り、それを具体的な調査に応用して、複数の調査データベースを作成する。これは時間もかかるし、費用も多額になるが、このような比較志向を持つ専門社会学を各方面で実行していかない限り、ビュロウォイが示唆した公共社会学も批判社会学も政策社会学も成熟しないであろうし、専門社会学の水準向上も期待できない。

たとえば人体では、長い間同じようにタバコを吸って、大酒を飲んでも、肺がんや肝臓がんになる人もいれば、ならない人もいるという違いがある。タバコという人体への「投入」が同じであっても、体質という媒介過程（throughput）が異なるから、違う健康状態が「産出」される。それを統計的に見ると、タバコを吸っていた人と、吸っていない人では、五倍から一〇倍の確率で肺がんになる／ならないという議論も可能ではあるが、確率論を超えた断定までには至らない。

いろいろな観点からの評価（assessment）が大事なのである。社会システムでも、たとえば犯罪発生率という産出は、失業率や所得水準などの投入資源を媒介過程に組み入れ、いくつかの統計的な加工をして得られる。

一人当たり老人医療費

私は高齢化研究において、マジョリティ現象である「一人当たり老人医療費」の社会的背景を探ったことがある（金子 2000）。なぜなら、「一人当たり老人医療費」は都道府県レベルでの比較ですら、年間総額の高低の差が大きいからである。幸いなことに、日本の医療制度は、北海道から沖縄まで同じだから、医療資源としての医療システムへの投入水準は同じであると考えるこ

表２－１　2006年度１人当たり老人医療費（都道府県別）

順　位	都道府県	老人医療費	順　位	都道府県	老人医療費
1	福岡県	1,032,825	25	福井県	810,924
2	北海道	1,003,327	26	鳥取県	795,108
3	高知県	979,779	27	滋賀県	795,070
4	大阪府	975,783	28	富山県	787,162
5	広島県	953,421	29	埼玉県	784,689
6	長崎県	949,214	30	神奈川県	781,401
7	沖縄県	936,799	31	島根県	774,006
8	鹿児島県	915,665	32	宮城県	765,236
9	京都府	908,469	33	岐阜県	764,465
10	佐賀県	908,436	34	福島県	764,193
11	大分県	900,406	35	秋田県	760,493
12	熊本県	900,028	36	群馬県	754,853
13	山口県	891,116	37	青森県	751,466
14	石川県	882,320	38	山梨県	746,439
15	香川県	877,737	39	三重県	728,153
16	岡山県	865,676	40	千葉県	722,030
17	兵庫県	855,177	41	茨城県	720,135
18	和歌山県	831,310	42	栃木県	717,775
19	愛媛県	827,632	43	静岡県	715,801
20	東京都	827,439	44	山形県	700,150
21	奈良県	820,527	45	岩手県	696,709
22	愛知県	817,559	46	新潟県	695,408
23	宮崎県	817,394	47	長野県	687,128
24	徳島県	816,854	日本全国平均		832,373

（出典）総務省統計局 2009：173.

とができる。もちろん医師の技術や看護師の看護の仕方、病院や診療所のレベルは厳密にいえば同じではない。しかし少なくとも保険点数などの医療制度すべては同じであるから、投入（input）を等しいと仮定する。

この前提で計算を行うと、都道府県ごとに算出される「一人当たり老人医療費」の格差は非常に大きい。二〇〇六年度のその全国平均は八三万二三七三円である。一番低いのは長野県の六八万七一二八円であり、一番高いのは福岡県の一〇三万二八二五円であった（『社会生活統計指標　2009』：173）。つまり、医療システムのうち医療費の産出結果として、表2-1のような分布が得られている。

この差は何によるのか。社会学的思考法を知らなければ、このデータから、都道府県における「一人当たり老人医療費」の差は、「有訴者率」（人口一〇〇〇人当たりの病気やけがの自覚症状がある者の割合）の差だと見なしたくなる。あるいは、「通院者率」（人口一〇〇〇人当たりの通院者の割合）の違いが、その原因だと見なしてしまうであろう。しかし、これらは間違いである。なぜなら、長野県も福岡県も北海道でも、ほぼ「有訴者率」や「通院者率」は変わらないからである。したがって、特定の社会的要因を想定することになる。

「平均在院日数」の長さが主要因

統計データを調べると、「一人当たり老人医療費」に一番影響を持つのは、「平均在院日数」の長さであった。入院期間が長い北海道と短い長野県とを比較すると、家族という受け皿の有無で、「一人当たり老人医療費」の高低が説明されることに気がつく（金子2000：231）。長野県では患者も医師もできるだけ在宅での通院を支援するが、家族基盤が弱い北海道では積雪寒冷の冬の季節を中心に長期入院患者が多くなる。もちろん通院費より入院費のほうが三倍程度多くなるので、「平均在院日数」の長さが「一人当たり老人医療費」を決定する主要因と見なせるのである。

これ以外に「一人当たり老人医療費」を増加させる社会的変数としては、「高齢者夫婦のみ世帯の割合」、「共働き世帯率」、「生活保護率」などが挙げられる。これらには、たとえば「高齢者夫婦のみ世帯の割合」が高いことと、「一人当たり老人医療費」の多さが結びつくという意味で、正の相関が認められる。

逆に「持ち家率」と「有効求人倍率」の低さと「一人当たり老人医療費」の多さとが結びつく。「持ち家率」が低ければ、借家、公営住宅、社宅が多くなり、結局は居住空間が狭くなるからである。住宅が狭ければ、患者を在宅で看護する部屋が確保できないので、それは入院行動を促進するように作用する。また「有効求人倍率」の低さは地域社会の経済力を落とすので、地域社会全体で病気の高齢者を抱える余力が出てこないから、入院行動に向かわせる（同右：234）。

家族の看護力や介護力、それに地域の経済力が一定水準維持されていると、地域社会の統合性も凝集性も低下しない。社会学の基本概念である統合性（integration）や凝集性（cohesion）を「一人当たり老人医療費」の社会的背景の分析に応用すると、以上のようなマクロ社会学的議論が可能になる。

不登校や中退の評価の功罪

今度はマイノリティの事例として、「小中学校の不登校」や「高校中退」を素材にしてみよう。表2-2は文部科学省の資料から作成されたものである。教育界でもマスコミレベルでも、不登校や高校中退は社会問題として関心が寄せられている。

義務教育の「不登校」は、もちろんゆゆしき問題であり、実数も比率も漸減気味とはいえ、依然とし

表2－2　「小中学校の不登校」,「高校中退」の実数と比率

（人（%））

	2002年	2003年	2005年	2006年
不登校者				
小学校	25869	24077	22709	23825
	(0.36)	(0.33)	(0.32)	(0.33)
中学校	105383	102149	99578	103069
	(2.73)	(2.73)	(2.75)	(2.86)
高校中退者				
全日制普通科	47129	43420	39626	39481
	(1.7)	(1.6)	(1.6)	(1.6)
全日制専門学科	23940	21122	19032	19094
	(2.6)	(2.4)	(2.3)	(2.4)
定時制	16028	14901	15263	15350
	(14.3)	(13.6)	(13.9)	(14.1)

（出典）矢野恒太記念会編 2005：462；2008：464.

て小学生では二万五〇〇〇人くらいであり、中学生に至っては一〇万人もいる。つまり、義務教育制度における産出例としての「不登校」は、小中合計で一二万五〇〇〇人に達していることになる。

義務教育面での「不登校」はゼロであるべきという社会規範からすれば、これはかなりの数であり、見逃せない大問題といえる。しかし別の立場から、その不登校の比率は小学生ならば〇・三％、中学生でも二・九％程度であるという議論も可能である。

事情は高校生でも変わらない。全日制普通科高校生の年間の中退者が四万人程度であり、その比率は全体の一・六％である。これを多いと見るか少ないとするか。その他の評価も、データに接した人の判断基準や教育に関する社会規範に左右される。

社会学でいえば、一九九〇年代から流行しているマイノリティ志向ないしはその擁護の観点によれば、比率はともかく「不登校」が小中合計で一二万五〇〇〇人という実数、全日制普通科高校生の年間中退

者数が四万人、定時制高校生の中退者が一万五〇〇〇人（一四％）も出ていることなどは、非常に大きな問題だという評価に至るはずである。

しかし、まったく同じ教育環境にもかかわらず、不登校にならないマジョリティが小学生で九九・七％、中学生でも九七・七％いることを合わせて考える自由が社会学にはおそらくある。同時に全日制高校生で中退をしない比率が二学科平均で九八・三％になるので、このマジョリティの学習環境を見つめる自由な発想を社会学は併せ持つのである。

すなわちこのように、「不登校」の評価の基準は、マジョリティ（Ｍ）志向とマイノリティ（ｍ）志向とでは逆転する。

この事情を勘案した教育論は非常に少ない。マスコミに典型的な針小棒大的な報道か、少数事例のみの集中的紹介が多く、そこからは九八％前後のマジョリティが直面する課題が消失してしまう。

社会学も含めた社会科学系の学問にとって重要な視点は、何よりも絶対を避け、相対性に徹するところにある。「一人当たり老人医療費」の高い北海道の長期入院現象を批判するのは可能であるが、医療費が最低の長野県のように在宅支援が可能な家族力に恵まれないからこそ、北海道では社会的な長期入院が発生するという現実がある。このような事例においては、相対的な視野に立つ総合的な観点からの判断がほしい。

2　問題意識の醸成と展開

前節を受けて、具体的な社会学研究法への方向性をのべよう。まず事実を正確に認識したうえでの問題意識を持ちたい。この問題意識には、何のために、その研究を行うのかについて、他者を説得する内容と構成が含まれる。何のために何をどうするのかと考えるところから、それにふさわしい方法を選び出す。この前提作業の一つに、学説史のなかで誰を取り上げて研究するのかの自覚が求められる。かつては、何を研究するかというより、誰を研究するかという問題の立て方を指導する教授がいた。ヴェーバー、ジンメル、デュルケム、パーソンズ、柳田國男、高田保馬、鈴木栄太郎などの名著を精読せよというアドバイスは、もちろん悪くない。

しかし、本格派の社会学を志向するならば、それだけでは済まない。その努力は必要条件だが、十分条件ではないからである。これは隣接分野の社会思想史、経済思想史、経済学史などとは異なる。そこではたとえばアダム・スミスを研究しているだけで十分な評価が得られる場合もある。しかし社会学では、ヴェーバー（研究者へのラベルではヴェーバーリアン）やパーソンズ（同、パーソニアン）を研究するだけでは不十分なのだと私は考えてきた。誰かを研究して、そしてその応用として実際に何をテーマとした実証研究をやるのかという問題に結びつけたい。したがってそれぞれの分野で、この必要十分条件的な研究法を工夫することになる。

問題意識から

高齢者問題や犯罪問題を社会学的に研究したいという人がいるとする。法学部と違って、実際の犯罪が刑法に触れるか触れないかを条文に照らすだけでは、犯罪社会学の研究にはならない。社会学のなかでの犯罪研究は、社会のなかでの犯罪発生状況を分析し、犯罪に至った理由や、検挙率の高低についての計量的判断を下すところまで含んでいる。たとえば、住民間に強い連帯性（strong solidarity）があれば、犯罪は未然に抑止できるし、検挙率も高くなる。

戦後のある時期の参与観察で、きだみのるは「部落に住むには、殺傷するな、盗むな、放火すな、恥を警察に知らすなの掟を守らねばならない」（きだ 1967：155）とまとめた。しかし弛緩して（loose）弱い（weak）関係性の中では、犯罪が発生しやすい。これは刑法条文とは無関係であるが、そのような発想こそが社会学固有の考え方になる。

割れ窓理論

一九六〇年代から、アメリカのニューヨークは、世界で最も危険な都市であるといわれてきた。しかしこの一〇年くらいは、以前に比べて犯罪が少なくなり、ニューヨークは安全と評価されている。それは警官を増やしただけではなく、市役所と警察が一緒になって、ある実践を行ったからである。その理論的な根拠として、社会学者による「割れ窓理論」（broken windows theory）がある。「割れ窓」を、直ちに修理することこそ、犯罪抑止に直結するという理論である。市役所と市警が連携して、二年間毎日、堅固で（tight）、強い（strong）関係のなかで、積極的に（active）「割れ窓」修理を行ってきた結果、犯罪が著しく減った。

ここで修復された「割れ窓」には二つあった。一つは、地下鉄の落書きである。ニューヨークでは、不用心で昼間でさえも普通に地下鉄に乗れない時代が長かった。それを解消するために、市の交通課の人たちが、終電が営業を終えた後に、地下鉄の落書きを毎晩消す作業を開始した。しかし、翌朝また犯罪に走る人たちがスプレーで落書きをする。このようないたちごっこを二年間やって、とうとう犯罪集団が根負けをした。これで一つの「割れ窓」を塞《ふさ》いだのである。

もう一つの「割れ窓」は公園にあった。公園内での犯罪を阻止するために、公園の隅々まで照明を工夫して、同時に植栽の方法を変えて、公園内部の見通しをよくした。ライトを付け、刈り込みを低くし、死角を無くして、どこからでも人が見えるようにしたのである。人が見えると犯罪が抑止できるという理論から、人の動きを調べて、人の動きにくいところに売店を置き、公園内部の死角を減らした。このような「割れ窓」修理を行政と警察が積極的に行ったことにより、ニューヨーク市全体の犯罪発生率は急速に減少したのである。

これは世界的にみて、非常に意味のある実験であった。その指導者は「割れ窓理論」を提唱した二人の社会学者（夫婦）である（Kelling & Coles 1996=2004）。つまりそれは、社会学の成果を行政に活かした貴重な事例であった。しかも産出としては犯罪率を抑え込むという成果が出たので、社会的にも高い評価を得た。この実験は、社会学理論も活かされるという手本になった。

犯罪研究としてただ単に警察や被害者にインタビューに行き、話を聞いてまとめるだけでは、社会学の分析とはいえない。この分野では「割れ窓」理論のような応用社会学の知見を学び、それが日本でも活用できるかできないか、あるいは実際に使えないのならどこに制約があるのかを自問したい。この制約は、治安制度か国民性かマスコミの報道姿勢にあるのか。あるいは日本社会学が持つ固有の体質、すなわち外国産の学説の輸入を理想とするからなのか。

幸いなことに、現代日本の都市では地下鉄に落書きをする人はほとんどいない。日本にはその意味での「割れ窓」はない。しかし、タクシー強盗やコンビニ強盗は跡を絶たない。タクシーやコンビニに五〇〇万円や一〇〇〇万円が現金で置かれているとは思えない。せいぜいあって三万円から一〇万円である。それを奪おうとする犯罪者が増えてきたことに、私たちはもっと関心を持っていいであろう。このような衝動的犯罪も、「少子化する高齢社会」特有の「割れ窓」なのだから。

どのように研究するか　新進も中堅も大家も、何のために、何を研究テーマに取り上げるかを決めたら、誰の学説や理論を優先的に学ぶかをそれぞれ決定する。まずはどのように研究するか。これには文献研究と事実の観察を両軸にする。観察の重要性は学説史でも繰り返されてきた。調べ方を調査法として整理すると、質的調査法と量的調査法に大別される。

オリジナルの調査データは、コーディング後にデータベース化して、それを用いて計算、分類、整理して、その結果を「理解」する。ここでいう「理解」とは、知識面ではゼロに近い出発点に立って、それから対象の具体的な例を取り上げ、問題意識に沿って調べていき、結果を整理することで得られる。これには三つの方法がある。

「分解」ができるか　一つは、その結果が「分解」できるかどうかを判断する。自分が取り組んでいるテーマは、類型化することができるかどうかを自問する。類型化の柱には、一四頁（表１-４）で示した、社会学の普遍的な判定基準である男女（gender）、世代（generation）、役割（role）、階層（stratification）、都市部と過疎地（urban — rural）、収入の高低（high income — low income）ないしは豊かさと貧困（haves — have-nots）などの分類軸がある。社会的な属性（socio-economic status：SES）を使って、男ではあるいは女ではどう異なるか、世代間の違いはどこにあるかというまとめから理解は始まる。世代の相違であれば、若い世代、中年世代、高齢世代ごとに特徴を整理し、収集データのχ^2検定を行い、比較検討することになる。

老若男女に組み合わせを増やせば、若い男女、中年の男女、歳をとった男女という分け方も可能である。計量的質問紙調査でよく使う、二〇歳代、三〇歳代、四〇歳代などの年齢（age）で分けてもいいし、階層や学歴で対象者の意見分類も可能である。あるいは、現在の地位や職業での地位で分けてもかまわない。

また少子化でも高齢化でも郵政民営化の問題でも、urban — rural を用いて、都市部、中山間部、過疎地域という類型からも、研究を開始できる。urban の世界と rural やもっと過疎化が進んでいるところでは、単に郵便局といっても全然機能が違う。郵政民営化で都市部の郵便局がつぶされても、都市では代替機能が多いから、その地域社会での影響はあまりない。しかし、過疎地域では、「たどり着いた岬のはずれにある紅い灯」は、スナックではなく郵便局であるから、過疎地で紅い灯をポツリと点けている郵便局がなくなると、地域社会のコミュニティ機能には大きなマイナスの影響が出てしまう。

「例解」はあるか

二つ目は、「例解」についてのべる。これは一つの事例として対象を取り上げることを含む。かりに郵政民営化を素材にすれば、もう一度郵便局の機能を見直していくことの意味を問うことにつながる。事例は理念を超えた存在として貴重である。都市部と過疎地の軸を使えば、過疎地の郵便局は徐々に廃止されることになる。それは、郵政民営化の背景に、市場原理が働くからである。市場原理は、原則として損することはせず、儲かるための行動様式を是認する。一日に三人しか利用者が来ないような過疎地域の郵便局は、風前の灯になる。しかし、郵便局がなくなることによって、過疎地全体の維持機能が消滅するかどうかは、社会学を学ぶものとして、今後とも検証を続けていきたい。郵政民営化問題は、男女、世代、階層とは全く違った軸であるコミュニティ論（都市部―過疎地）で見ていくことが最良の方法である。

また、時代をよく理解するためのふさわしい課題は、全体の正義と部分の正義の間にある調和研究である。具体的には「社会変動の中の社会と個人」に収まり、社会（la société）の存続には非社会性（la asociabilité）の包摂があるという知見から、この数年私は、少子化や地球温暖化を事例にして社会的ジレンマの極致を調べている。

「図解」の重要性

三つ目は、「図解」の重要性についてまとめておこう。図を描くと、発想のヒントが増えてくるから、文字だけではなく、視覚に訴えるために、絵や図に描き直す努力が欲しい。たとえば二〇〇九年二月一日の高齢化の現状について、六五歳以上が二八五〇万人（二二・三％）で、七五歳以上も一三四一万人（一〇・五％）になったことをグラフ化して、視覚を通して表現するほうが分かりやすい。

そして、研究をまとめるにあたっては、結果の汎用性について強く自覚しておきたい。研究した結果がどのように使えるか。既述した「割れ窓理論」は汎用性（general purpose）に優れている。それはおそらくニューヨーク市を超えた応用可能性に富む理論であり、犯罪が多発して困っている都市では、この理論の実践を一度やってみる価値がある。

理論の汎用性

私も、少子化克服方法の具体的な提示を行いつつ、理論の汎用性を心がけてきた。これまでの微助人《びすけっと》運動、結合定質の法則、少子化克服の必要十分条件、子育てフリーライダー、子育て基金などは、その汎用性があると考えている。「子育て基金」をすでに実践している自治体もある。逆に出典も明記しないで、無断で借用しているような論文や著書も散見される。オリジナルな概念に敬意を払わずに、あたかも自分で造語したかのような書き方をする人もいる。

高田保馬やマートンの先例で理解できるように、新しい現象に新しい概念を適用することの重要性は論を俟《ま》たない。その新造語が学問的にまたはマスコミや自治体レベルで認知されるのは、いずれも概念が持つ当を得た包括性への評価が高いからである。高田保馬の「結合定量の法則」やマートンの「予言の自己成就」は、非常によく考えられた専門語である。

一般に社会調査を通して獲得された研究結果は、新造語だけではなく、いろいろなところで応用できる成果に接合され、次の段階でその有効性が試される。現実問題の解明に応用できない社会学理論は、有効性に欠けるであろう。社会分析の成果としても、最終的には得られた結果に基づく理論の汎用性への志向を優先したい。

大型画面のなかで位置づける

さて、最終的な研究成果は、要因を分解して、具体的な事例で例示し、そして図や表の形にまとめ、全体を総合化して得られる。対象を絞り込んだ研究の全体の中で、オリジナルなアピールができるかどうか。選択したテーマを大型画面（big picture）のなかで位置づけると、成果の有効性も分かりやすい。

その判断軸は男女でも、世代でも、階層でも、コミュニティでもよい。たとえば社会参加が市民の満足感や幸福感を押し上げることは、日本だけではなく、諸外国での調査でも知られている。それを、男女、世代、都市部―過疎地、高階層と低階層などの実態を把握しながら一般化することが、社会分析に結びつく。

実証的な社会分析では、問題意識にあわせて「観察された事実」を検討し、各方面から比較判断する。文献だけの考察以上に、自分で調べ入手した情報のほうに価値があり、それは最高の研究素材になる。学説史では自分で直接調べることを、第一次（first hand）資料データ獲得と呼ぶ。しかし、それだけでは研究が成り立たない領域もたくさんあるので、第二次（second hand）資料でもいい。統計処理や図解によって加工力に優れていれば、第二次資料でも有効な論証の素材になる。

3 社会学的診断基準

投入と産出

歴史的にも社会システム論的発想では、投入と産出という分析を行うことが多く、そこではまず投入される社会資源の分類から検討がなされる。投入する資源は、石油、水、森林、大気などの天然資源だけではなく、社会資源としてそれぞれの人が持つ財産、信用、能力、時間、たくさんの知り合いというソーシャル・キャピタルなどの総体まで含められる。通常、投入される社会資源は、多い（many）少ない（few）で区別する。家族でも、地域社会でも、学校でも、政党でも、病院や日本社会全体でも同じであり、投入する社会資源の判断基準は量的に見て多いか少ないかになる。

社会構造は、集団と個人が組み合わさって秩序を維持している状態を指すから、便宜上その構造は堅固（tight）な場合と、柔軟（loose）な場合とに大別される。もちろんこの相対性は免れない。要するに、対象とする社会システムが堅固な構造（tight structure）か柔軟な構造（loose structure）かの区別は行ったほうがよく、固く結合した構造を持つ社会（tightly structured society）とゆるやかに構造化された社会（loosely structured society）とも表現する。人口の年齢構成、男女の比率、アーバニズムの程度、地域移動率、地域産業構造特性、エスニシティなどによって、これら社会構造の堅固さや柔軟さが決まる。

近代以降、一般に大都市社会の構造は弛緩しており、かつての村落共同体のような社会では堅固な構造だったという議論も可能である。それはテンニースのゲゼルシャフトとゲマインシャフト、およびワースのアーバニズム論にも転用できる。なぜなら、たくさんの人種や民族や職業人が入り込んでいる大都市社会全体では、さまざまな要因が衝突するので構造は弛緩せざるをえないが、部分として単一のエスニシティや職業でまとまっている地域社会は堅固な構造を持ちやすいからである。

きだみのるの参与観察　たとえば、きだみのるが東京近郊村の参与観察で描き出した一九四六年ごろの地域社会構造に、その堅固さを見る。日本人の生活、生産、トラブル、冠婚葬祭などを小さなコミュニティで参与観察した記録の狙いは、農業集落の社会構造とそこでの人々の集合表象をつかむことにあった。東京都の西にある恩方村に疎開を契機に住みつき、数年間は村人として寺に暮らしつつ、村人を観察し、そこから日本人の集合表象を把握した。「思考の濾過を経ない慣性的表現の使用は一般に精神の活動の妨害になり易い」（きだ 1981：12）という立場から、フランス社会学を軸として、民族学やラテン語の重ね合わせで濾過作用を続け、「平常のぼろ着」（同右：240）の表現にこだわった。「部落の感情、思想、行動の様式とそれら相互の連関とを内部から観察」（同右：75）して、社会紐帯に資産、職業、宗教、言語、血縁、住居地域、主従関係、年齢、性別を挙げ、協同と対立の構造にこれらが作用するとした（同右：113）。今日でも有用な成果が、きだの複数の作品に含まれている。

社会システム下位部分がたとえ堅固であっても、堅固な部分それぞれがいわば排他性を帯びるために、結果として弛緩した全体社会構造が生まれてしまう。これは人種だけではなく、人間の集合を考える場合には、大集合と部分集合の関係すべてに当てはまる。小さい集団内部は堅固であるが、全体構造としては弛緩して弱くなる。コントがパリの街頭で観察したように、犯罪の発生率と社会構造の弛緩の度合は関連しており、匿名性の頂点にある都心部の繁華街で犯罪がおきやすいのもそのためである。

社会遂行は積極的か消極的か　現状分析に依拠して創造される社会政策論の観点からは、どのような資源を投入すればいかなる産出が得られるのかと考える。ここでも社会構造概念が根底に存在するが、実質的な構成要因としては社会統合性（integration）や凝集性（cohesion）を用いて、これらが強い（strong）か弱い（weak）かという判断基準を用いる。

なお、システム論用語である社会遂行（social performance）は実際にはあまり使われず、むしろ動態構造を表す際に、積極的（active）か消極的（passive）かという使い方をする。ただし、強い集合が積極性を帯びるのか、消極的なのかは一概には決められない。本来、堅固で積極性に富んでいれば、強力な社会遂行力を持つと考えたいが、必ずしもそうではない。

日本史における幕末の諸藩の動きを見ても、堅固で強力でありながら、受動的ないしは消極的であった藩は珍しくない。弛緩した弱い社会構造であっても、それがゆえに積極的ないしは活動的な場合もあったからである。

したがって、社会統合や凝集性の議論では、構造面の堅固状態と強さ、並びに構造の弛緩状態と弱さの結びつきは自明であるが、必ずしも堅固状態と強さに積極性が、弛緩状態と弱さに消極性がそれぞれ直結するわけではないことに留意しておきたい。

ミクロ社会学の発想

さて、それらと対照的なものがミクロ社会学である。ここでは、時代動向を見ずに、ひたすら個人レベルへの関心が強まる。使用される基礎概念は個人（individual）、行為（action）、行動（behavior）、態度（attitude）、地位（status）、役割（role）、主観的世界（subjective world）などである。最近のこの分野での流行は、主観的な世界からの発信である。自分のなかに、社会現象や観察された事実がどのように受け止められたかを中心に議論する。それは、客観的世界（objective world）の動きとは全く無関係に、自分の内面世界で切り取って物を見ていくわけだから、結局は非社会性が濃厚に認められる。

そこでは少子化も犯罪の増加も環境問題も無縁であり、社会問題解決という発想にも欠ける。個人の態度、感じている主観的な世界を軸とした発言が多いので、私はその視点を避けてきた。これは研究者の体質によるので、どちらが優れているかという善悪判断にはなじまないが、時代の動きとは無関係に、自分に入り込んだ世界を描き出す方法も、社会学には存在すると認めるだけである。

なぜなら人間は、同じ社会的状況に置かれても、いろいろと異なる態度をとりがちだからである。置かれた状況が同じでも、その反応が全然違うことは日常にもある。少子化を例にとっても、どうして未婚や非婚が増加するかを知りたいという問題設定は当然だが、一方で子育て者と子育てフリーライダー間の社会的不公平さの是正こそが社会学的な課題であると私は考える。同時に現代日本の公共財の一部をなす医療保険制度の維持の観点からも、少子化問題を解明する義務が社会学には求められている。

私が「子育てフリーライダー」と命名した人々が、六五歳を超えて体調の悪化で介護老人保健施設

（老健施設）に入所することになった際に、かならず必要な「扶養者」と「連帯保証人」はどうするのだろうか。刎頸《ふんけい》の友がいれば別だが、子どもがいないのであるから、一般的には血縁者にしか頼めない。その場合に無職の高齢の兄弟姉妹には頼みにくいならば、次世代に属する親戚としては甥や姪しかいない。しかし甥や姪の生育期に一定の関係がなければ、頼みにくいのではないか。

そうすると、「子育てフリーライダー」の老後はどうなるのか。在宅で介護保険サービスを利用することができるレベルであれば、不安もないかもしれないが、施設入所にはかならず「扶養者」と「連帯保証人」が必要だから、その状態に陥った高齢で孤独な「子育てフリーライダー」は途方にくれる場合も出てこよう。「おひとりさまの老後」にはこのような必然的な問題がつきまとう。もちろん論理的には子育て費用がゼロだったので、子育て者よりは蓄えが多いだろうが、高額の「介護付有料老人ホーム」でも「身元引受人」は必要であるし、支払う月額は「老健施設」の一・五倍から三倍程度になる。

主観的世界より福祉社会制度における家族支援のあり方、結婚制度、保育制度などが果たしている機能について見ていかないと、少子化問題は分からないという立場で、私はマクロ社会学の側からこれを取り上げてきた（金子 2003：2006a）。

素材と断想を超える

「われわれの研究が、雑然たる素材と、個々バラバラな断想との集積に終わらないようにしなければならない」（Weber 1904=1998：167）。この有名な言明を換言すれば、何のために、何を選び、どのように用いて、明らかにしたいのは何かを鮮明にすることになる。目的を示し、対象を設定し、方法を明言して、収集した雑然とした素材を組み合わせて課題を追究する。そのための第一次的素材をなす資料にはオリジナルな意味と意義があり、他者が使用した第二次的素材でも、専門社会学者の加工力次第では有効な資料になりうる。本書では、文献資料、歴史資料、一次資料、二次資料、行政資料などを用いた社会分析の展開例を示すことにした。

さらに、時に訪れる理論的飽和を乗り超えるためにも、「理論なき経験的資料は盲目であり、資料なき理論は空論である」（Mills 1959=1965：86）を十分に心得ておきたい。社会学の伝統から学びつつ、これまでに彫琢してきたいくつかの社会分析法を、自らのささやかな記録として以下に公開することにしよう。

コラム　日本一長寿の条件

長寿化の指標の一つに平均寿命があり、平成一五年一二月にWHOが発表した『二〇〇三年世界保健報告』によると、日本男性は七八・四歳、女性が八五・三歳であり、ともに世界一になった。

これまで長寿の研究は、食生活、医療保健環境、高齢者のライフスタイルという三専門分野から、相互交錯しつつ行われてきた。私は社会学の立場から、平成二年から日本一の男性長寿県である長野県のいくつかの都市で、在宅高齢者のライフスタイルを調査するという手法によってその要因を探っている。

長野県では長寿化に関連する指標に鮮明な特色を持つものが多い。死産率が日本一低いし、長期入院率も低く、六五歳以上の「受療率」も入院では日本一低かった。また、終末医療費用を下げる効果を持つ「在宅死率」が日本一高い県でもある。加えて県民全体の就業率も、高齢者の就業率も第一位であった。

このような県民特性を踏まえて、数十人の高齢者インタビューや都市高齢者五〇〇人単位での調査票に基づく計量的な分析を実施してきた。その結果、積極的なライフスタイルが、社会参加を促進させ、生きがいを与え、健康を支えることが分かってきた。

周知のＰＰＫ（ピンピンコロリ）という高齢者のライフスタイルは、現在でも長野県高齢者の長寿にとっては筆頭要因である。これはできるだけ在宅で自立的な生活を試み、死を迎える直前までは元気で暮らし、数週間の病気などでぽっくり死ぬことを表現したライフスタイルである。その行政支援の筆頭が「保健補導員」制度である。

たとえば長野市では、「保健補導員」組織育成を開始したのが一九六九年、長野市保健補導員会連合会が発足したのが一九七〇年であるから、すでに三三年の歴史がある。区長から推薦を受け、市長から委嘱を受けた看護師や保健師の資格を持たない在宅の中高年女性がこれを担っていて、二〇〇三年では約一八〇〇人が任期二年で活動している。二〇〇二年からの「健康ながの21」推進キャッチフレーズは、げ（減塩）ん（運動）、き（禁煙・喫煙マナー）であり、生活習慣病の予防を軸とした「保健補導員」の活動が存在する。それは「市民の健康は保健補導員の手で、自分の健康は自分の手で」というスローガンに凝縮している。高齢者の仲間での支えあいによって、健康管理の効果が倍増し、高齢者の周囲に人の気配がいつも漂うことが、社会全体の長寿に結びつく。

県内では、高齢者間の仲間を増やそうという動きが強い。たとえば茅野市でも、老人クラブ連合会や県の長寿社会開発センターなど高齢者の組織化が進んでいる。通常は全国平均で四〇%程度しかない老人クラブ加入率が、茅野市では七〇%に達している。このような組織化は高齢者の仲間を増やす効果を持っていて、そのことが社会参加を促進させ、生きがいを感じさせる。そして、達成した日本一長寿を維持するために、茅野市社協では郵便局の協力で「御用聞き訪問事業」を立ち上げ、一人暮らし高齢者のきめの細かい支えを始めた。

以上に紹介した行政・社協と高齢者との連携の試みは、全国の自治体でも応用可能である。日本一長寿県が座して維持されるのではないことが、長野県の事例から理解できる。

第3章　文献研究から学説を応用する
――高田保馬人口史観を中心に――

社会性に富み、しかも問題解決志向が強い社会学を心がけても、先行する基本文献の学習は欠かせない。個別テーマの追究にも、固有の研究史があるから、この基礎的な摂取を怠ると、時間的にも労力面でも無駄が生じ、期待された成果が得られない。

本章では日本社会学界で久しく忘却されてきた高田保馬理論社会学の一端を振りかえりながら、理論が持つ時代の刻印とともにその射程距離の長さを検証する。とくに高田独自の人口史観は、人口構造を社会の量質的組立と見て、社会構造分析の独立変数とし、残りはこの従属変数と見なす史観であり、「少子化する高齢社会」の理論化と実証研究の基盤としても威力を発揮する。

複数の古典の精読が何よりも教えるのは、自分の問題意識を優先して、仮説構成力を高め、伝統を活かした独自の方法で具体的に探り、それをまとめあげる意義と意味である。仮説構成力を高め、社会的な「共鳴」が可能な成果を発信できるように努めたい。

1　文献研究の意義と方法

歴史性と現実性

一九世紀の中期にコントが構想した社会学（la sociologie）は、その世紀の終わりまで、哲学的総合性と歴史性とを色濃く持っていた。しかし、二〇世紀への転換期前後から、個別テーマを選択して、「なまの事実」（Poincaré 1905=1977：243）を拾い上げながら、実際の家族、親族、地域社会、階層、集団や団体や社会現象などを分析するという試みがフランスでもアメリカでも台頭してくる。その先駆けはデュルケムが一八九七年に発表した『自殺論』（*Le Suicide : étude de sociologie*）であり、統計的データを駆使しての実証的研究であった。そして個別テーマの実証的研究というスタイルは、一九二〇年代に開花したアメリカシカゴ学派で最盛期を迎える。

一九五一年に『社会システム』（*The Social System*）でパーソンズが理論社会学分野に登場し、社会学の動向が転換するまでの約三〇年間に、シカゴ学派が生み出した業績は社会性に富み、しかも問題解決志向が強かった。それは政治やマスコミなどの現実的な部門にも有効な成果をアメリカ社会学にもたらし、その影響は世界的なものとなり、一九五五年以降の日本社会学にも及んだ。

シカゴ学派全盛の時代は、草創期の社会学に特有だった歴史性こそ後退したが、現実感覚に優れた学問としての社会学が主流であった。それはパーソンズ登場以降の包括的理論社会学とも違うし、今日の日本社会学の一部にある「間主観性」概念などに代表される非社会的なミクロ社会学とも著しく異なり、データに基づく社会分析を軸とした社会学の実践であった。要するに、コント以来の流れの中で世界の社会学史を振り返ると、総合社会性と歴史性が徐々に後景に回り、部分社会性と現実性が強くなり、最終的には社会性も現実性も薄れてしまったと総括できる。

第1章で紹介したように、二〇〇四年のアメリカ社会学会会長就任の演説で、ビュロウォイが公共社会学（Public Sociology）を提唱した背景には、誕生時点から公共性に富んだはずの社会学が、次第に非公共性ないしは非社会性を強く帯び始めたことへの危機感が確かに存在する（Burawoy *op. cit.*）。おそらく程度の差はあっても、テーマ設定に見る非公共性への傾斜は、先進諸国の社会学が共通に抱える悩みであろう。

個人主義と社会性

日本の学界でも例外ではなく、時代の動きには無関心で非社会性ないしは非公共性を濃厚に持つナラティブ、会話分析、言説分析、構築主義などのテーマ設定が強くなってきた。現状分析から時代診断を試みる立場からの社会変動研究領域でさえも、人口構成の変化や階層格差や資本移動や物流などの事実としてのデータを踏まえた自らの社会変動分析を展開せず、他者の言説としての社会変動論の解釈に限定するような社会学者がいる。「なまの事実」には無関心であり、それを他者が解釈した言説だけに関心があるのでは、そこから発信される研究成果が社会学にもたらす公共性も有益性も低下するはずである。また、それでは社会全体や国民からの社会学への期待が高まるとは思われない。私は今日の日本社会学にも読み取れるこの動向を憂う一人である。

加えて先進諸国の多くでは、自由意識を基盤とした個人主義が蔓延して、いわゆる自己責任社会を作り上げてしまった。現代社会学の重要な概念である私化（privatization）は社会全体に拡散しており、その対極に全体化（鈴木 1986）も進み、親族組織や労働組合や地域団体などの中間集団の劣化が激しい。

表3-1　フランスにおける性別・年齢別失業率

（%）

	2002年	2003年	2004年
男性	7.8	8.7	9.0
15～29歳	13.9	15.7	16.6
30～49歳	6.1	6.8	7.0
50歳以上	6.1	6.7	6.6
女性	10.1	10.9	11.1
15～29歳	15.5	17.4	18.4
30～49歳	9.2	9.8	9.8
50歳以上	7.0	7.8	7.6
全　　体	8.8	9.7	9.9

（出典）フランス大使館『フランスの統計資料 2007』: 61.

個人が国家と剝き出しに対面するこのような社会構造では、いったん「負け組」に入ると、中間集団を経由しないだけに、そこからの脱出は非常に困難になる。

理念と現実

たとえばフランスでは、大革命の理念であり、現代のフランス共和国の支柱ともなっている自由（liberté）、平等（égalité）、博愛（fraternité）の間は並列関係ではなく、自由が突出しており、自己責任の掛け声は博愛すらも著しく弱める状況をもたらしているように思われる。フランスでも、失業その他の理由で、制度としての高負担高福祉の枠内から外れると、文字通り路頭に迷うし、路上で"Aidez-moi"《エデ・モワ》（「助けてください」）を叫ぶことになる。しかし理念に比べて、現実面の博愛精神を万人が共有しているわけではない。

もちろん失業は自己責任だけではなく、むしろ企業や政府の責任である場合が珍しくない。『フランスの統計資料　二〇〇七』によれば、二〇〇四年平均で、男性の失業率が九・〇%、女性に至っては一一・一%にのぼっている。年齢別に見ると表3-1のようになり、男女ともに二九歳までの若者の失業率が非常に高い。加えて、資料によれば、外国人、なかでもEU以外から入国した外国人の失業は二五%を超えており、女性と若者の失業率が高いのはフランス人と変わらない。

このような個人生活を直撃する社会問題に直面すると、その原因や解決方法を模索する公共性に富んだ専門社会学がますます期待される反面、逆に日本社会学の一部で流行する言説分析や会話分析などの意味が分からなくなる。

さて、そのような幅広い学史を持つ社会学を体系的に学びはじめようとすれば、おのずと「総合社会性─部分社会性─非社会性」のなかで、それぞれに蓄積されてきた問題意識と方法および成果に分け入ることになる。以下では、日本の社会学史に燦然と輝きながら、不当にも長い間黙殺されてきた高田保馬の人口史観を取り上げつつ、文献を学ぶ意義と意味を考えてみる。

2　人口変動と人口史観の構造

人口史観の時代

この二〇年間、私が「少子化する高齢社会」を理論的に研究する際に立脚してきたのは人口史観（社会学的史観も第三史観も互換的に使用する）であり、併行してこの提唱者である高田保馬の理論社会学の意義と意味の見直しも試みてきた（金子編 2003b）。高田保馬逝去後に『社会学評論』で特集された「高田社会学をめぐって」のテーマは「勢力論」が軸となっており、「最高の古典をもっと熟読しよう」（富永 1972：28）の姿勢にある論文が三篇、批判を加えた論文が二篇であった。私は前者の立場から人口史観を検討し、現代社会の課題である「少子化する高齢社会」分析に積極的に応用してきた。

学説史研究からも「高田の社会学にあって、第三史観と勢力論ほど、論議の対象となったものはなかった」（秋元 1979：228）という指摘があり、それを受けて「少子化する高齢社会」研究で人口史観の復活を掲げたのは、日本社会学界であまりにも忘却されてきた高田理論社会学の一端を振りかえるためでもあった。

高田の批判者である河村によれば、「高田は人口構成を社会関係の産物ととらえず、社会関係を規定するものとしてとらえ、第三史観を構成した」（河村 1992：112）といわれる。河村はマルクスの唯物史観に沿って高田を批判するが、「少子化する高齢社会」が濃厚になっている今日、社会関係が人口構成によって規定されることは自明である。

特定の史観は時代のなかでその機能が変化するものであり、少子化の時代においては人口史観がもっとも有効であろう。ソ連の解体とロシアの誕生および一連の東欧諸国の変動は、もちろん唯物史観では説明できない。もう一人の高田批判者であった早瀬は、「真理性の問題は、究極的には実践によってのみ解決される」とのべ、「第三史観」は「ついに解体させられなければならない」（早瀬 1972：85）としたが、少子化の時代では「唯物史観」こそが解体してしまった。そしてそれ以降のマルクス社会学者たちは、少子化などの現実問題に関してもパラダイム再編についても沈黙を続けている。

社会学史をひも解くと、八〇年前に高田が精神史観と唯物史観に対抗して提出したのがこの人口史観であることに気がつく（高田 1927：91）。しかし長らくこの史観は不遇であった。なぜなら、高田がそれを提出した時代は日本資本主義の勃興時期であり、それ以降の昭和の時代五〇年間は、現代社会システム論の立場から見ると、産業化による社会変動の時代であったからである。この期間の高田は、河上肇を筆頭とするマルクス主義信者との資本主義理論闘争を抱えて、他方では近代経済学の先端を走る位置にいたために、せっかくの人口史観はその後に後継者を得ず、一九三〇年代から一九八〇年代までは応用もされず、社会分析の威力を持ちえなかった。

人口を基点にした変動論

しかし、人口を基点にした変動論こそが、「少子化する高齢社会」をもっともよく説明できる。「社会的変動が人口の増加に依存するのではなく、かえって人口の増加が生産力の発展に依存する」(早瀬 1972：79) とはマルクス主義信者の信念であったが、少子化の時代では的外れになった。なぜなら、ＯＤＡを出しつづけている先進諸国の二二カ国の大半では、生産力の維持発展が続いているものの、急速な少子化により人口減少に直面しているからである。

「少子化する高齢社会」への変動は、ヘーゲルの精神史観でもヴェーバーのエートス史観でもそしてマルクスの唯物史観でも説明不可能であり、フェミニズムからでも「少子化する高齢社会」の対策は得られない。特に年金、医療保険、介護保険という高齢期を支える「公共財」の分析は、男女の観点からは無力であり、世代という発想でしか建設的な議論ができない。二〇〇八年に流行した「おひとりさまの老後」は、男女共同参画ではなく、世代間でしか支えられない。

人口史観を軸とする高田社会変動論の悲劇は、日本近代の本源的蓄積過程の前史からその本史への移行期、すなわちマルクス主義的な説明が該当しやすい時期に完成したところに原因の一端がある。その意味でこの史観は「確かに時代に先行しすぎた」(富永 2000：56)。

しかし高弟の森嶋が正確にのべるように、「高田の貢献で特筆すべきは、社会学的史観と勢力経済学である。社会学的史観は、唯物史観（マルクス）と観念史観（ヘーゲル）とは異なる第三の史観であるから、最初彼自身によって『社会学的史観』と呼ばれた。これらの史観物は、通常の経済変動論の取り扱う視野をはるかに超えた長期にわたる経済の変化を論じるから、その種の因果帰属は非常に困難である。人口が量的に変化する時、それは同時にその質的な構成変化をもたらす。そして更に、それは多数の人が共有するための社会関係の変化をもたらす」（森嶋 1994：80）。

このあたりを晩年の高田自らの言葉で語ってもらおう。「人間の歴史に於ける自己変動者を求めるならば人間自体の変動、それの出生による増加の外にはない」（高田 1959：409）。もしくは「社会の範囲における自己原因即ち変動の源泉と見るべきものは人口である……社会をなしている人口はその数量と異質的構造をもっている。即ち量と質との規定を持つ人口の変動こそは、社会変動の中心としての階級の変動をもたらす」（高田 1960：5）。

ただし厳密には、発表当時から「人口増加史観」というべきである。「人口増加の不断なる傾向は社会的密度の増加を来し、異なれる社会の接触融合を来し、延《ひ》いては人口の集中分散を促す。此《この》意味に於いて社会的関係は社会的事象の中に於ける自変数である、即ち他の社会的事象に決定せられず、それ自ら変動する可能を蔵する、而《しか》して他のものは此自変数に応じて変化しゆく函数の地位を占む」（高田 1948：234。現代表記に金子が修正、以下同）。この引用から自明なように、人口増加を与件として結合定量の法則を加味した変動論を高田は人口史観と呼ぶ。

人口史観の構造

森嶋は、高田の『階級及第三史観』を、「高田の著作の中でも特筆されるに価するものだ」（1999：15）と評価して、晩年に『なぜ日本は没落するか』を書くに至る。「将来の社会を予測する場合、まず土台の人間が予想時点までの間にどのように量的、質的に変化するかを考え、予想時点での人口を土台としてどのような上部構造――私の考えでは経済も上部構造の一つである――が構築できるかを考えるべきである」（同右：12）。「人口の量的、質的構成が決定されるならば、そのような人口でどのような経済を営み得るかを考えることが出来る。土台の質が悪ければ、経済の効率も悪く、日本が没落するであろうことは言うまでもない」（同右：14-15）。

表3-2は図3-1に整理したような人口史観の応用である。これが高田によって彫琢された社会変動論であり、人口構造を社会の量質的組立と見て、社会構造分析の独立変数とし、残りはこの従属変数と見なす史観である（高田 1925=1948〈改訂版〉=2003〈新装復刻版〉）。この思考法を踏襲すれば、唯心史観では精神が、唯物史観では経済がそれぞれ独立変数となる。どの独立変数が一番の説明力を有するかについては、時代特性との兼ね合いにより変化する。資本主義の勃興期ならばヴェーバーのエートス史観やマルクスの唯物史観が高度の説明力を有するであろうが、産業化の意図せざる結果としての「少子化する高齢社会」では同じ説明力は持ちえない。

皮肉なことに一九七二年に高田が亡くなる

表3-2　少子化のマイナス影響は社会システム全体に及ぶ

少子化による人口激減	→	経済，企業活動
	→	政治，行政制度
	→	文化，教育制度
	→	福祉，社会保障制度
	→	治安，社会秩序

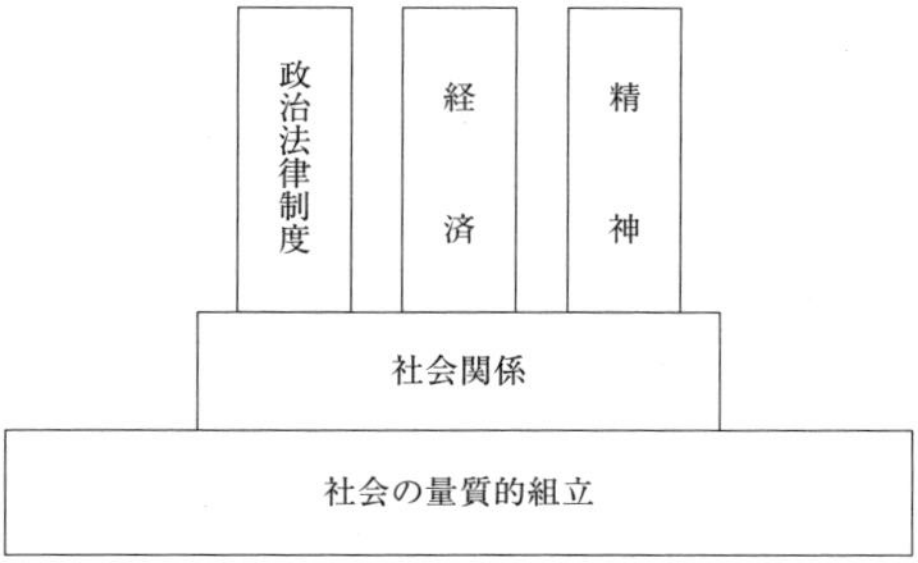

図3-1　人口史観

（注）高田（1948）を基に金子が作図.

表3－3　年少人口の内訳（2008年4月）

（万人，4捨5入）

0～2歳	324
3～5歳	332
6～8歳	351
9～11歳	358
12～15歳未満	359
合　計	1725

（出典）2008年4月に発表された総務省による人口推計．

寸前に日本の高齢化率は七％を突破して、一九七〇年が日本の高齢社会元年になった。これによって人口変動論の基盤が日本社会にも現出し、高田の人口史観は、「少子化する高齢社会」という日本社会の内圧を解明する重要な理論装置となった。先見の明とはいえ、この史観の提出は八〇年早かった。高田保馬が「文明とは何ぞ、一面より見ればこれ、出生率の減少なり」（高田 1920：200）とのべたのは九〇年も前であり、時代認識の先取りをこの一文でも理解できる。

社会変動

晩年の論文で高田は社会変動には二つの意味があるとして、それらを(1)全体社会の変動、(2)長期にわたって概括的なる見通しに上る《(ママ)》変動、に分けた（高田 1960：3；金子編 2003：28）。日本の高齢社会は少子化と長寿化とが同時並行して急速に進んでいるが、まさしく全体社会の変動と呼ぶにふさわしい。「巨視的であるとともに遠視的」（同右：3 金子編：29）に見ると、少子化は五〇年周期で人口半減の法則を成立させ、西暦二六〇〇年には日本人口は二四人になると予測されている（国立社会保障・人口問題研究所 2008：47）。この一〇〇〇年におよぶ射程距離こそ、高田のいう「遠視的」に適うものであろう。

森嶋は「歴史の説明も、ある場合は唯物史観で、他の場合は他の史観によると考えるのが史観問題に対する賢明な態度である」（森嶋 1994：81）とのべる。少子化による幼児・児童・生徒市場が縮小している現在、経済が上部構造という視点は正しい。

ちなみに表3-3によれば、三歳区分の年少人口では、下に行くほど総数が少なくなる。いかに「少子化する高齢社会」が急進しているかがデータからも理解できる。少子化研究の私の立場は、「人口減少国家こそが二一世紀の先進国」(古田 2000：103）といいつつも、「江戸中期の経験」もしくは人口一五〇〇万人の「オランダモデル」や八八〇万人の「スウェーデンモデル」を参考にしようという希望的な観測しか示さない論点を批判するところから始まる。たとえば古田の論点は、江戸中期の人口構成のうち高齢化率が五％程度、年少人口率が三五％程度であったことをあまりにも軽視している。

また、「人間の質が向上すれば」、「社会全体の効率性が高まれば」、「人口減少に適応できれば」、少子高齢社会は恐れることはないなどの仮定法が、マスコミ関係者や研究者のなかで多用され続けてきた（松谷 2006)。その言動は、現実的な少子化克服においては、無力感を広く蔓延させるという逆機能を果たしてきたので、このような仮定法にも距離を置いてきた。

比較社会学の重要性

いわゆる北欧に学ぶという「結論」は、日本の福祉学界の無定見な常識と化しているが、システム規模を揃えて比較するという実証的な理論社会学からすると、不思議な性質を持つ主張である。スウェーデンが八八〇万人、デンマークが五三〇万人、フィンランドが五〇〇万人などこれらの諸国の人口規模は、日本のわずか五％前後にすぎない。

一九五五年の八九二六万人の日本社会が、高度成長を達成して得た豊かさを享受した二〇〇七年の一億二七〇〇万人の社会では、その豊かさの帰結として「少子化する高齢社会」に象徴される人口変動と社会変動が発生したのであるから、江戸時代や大正時代に単純に戻ることも不可能である。「未来はすべて現在の中に収められている、未来の発展は現在の傾向を注視する事よりてのみ明にせられる」(高田 1920：2)。

少子化により持続的な人口減少が続けば、現在世代が先人から継承してきた公共財である年金制度、医療保険制度、介護保険制度を将来世代に伝達できない。すなわち少子化によって、持続可能性に欠ける社会が誕生する危険性が濃厚になってきたのである。その結果としてODAが縮小すれば、国際貢献力も低下し、途上国も困惑する。

高田の「資本家的生産は其進行中に過度なる個人主義を植えつけた、それが必然的に出生率の減少を誘致した」（同右：144）という指摘は卓見であり、現代における少子化対策に関わるフェミニズムの発言を突くものである。なぜなら「過度なる個人主義」は社会への視点を欠き、自己中心的な視野狭窄を引き起こし、それに伴って出生率を押し下げ、結果的には市場を縮小し、失業を増大させてしまい、個々人の「生活の質」を低下させるからである。それを等閑に付した「おひとりさまの老後」ではどうにもならない。「資本家的社会の本質が展開せらるればせらるるほど、出生率は減少し人口はその増加を休止するに至る」（高田 1927：211）。

八〇年前の高田の著作には少子化という用語はもちろんないが、この人口史観はまさしく今日の少子化をとらえる理論的射程をもっており、高度資本主義の時代に少子化が普遍的現象になることは、演繹的に見ても社会法則の一例であるといってよい。この視点をマクロ社会変動（金子・長谷川 1993）に拡大した今日的な理論構成から、「少子化する高齢社会」を、改めて都市でも過疎地域でも把握して、その対策を考えることは社会的な要請に沿った理論社会学の課題でもある（千石 2009）。

3　少子社会研究における高田理論の復活

高田保馬の評価

社会学界の総体評価としては不遇とはいえ、高田理論の学問上の意義を称える学史家もいる。たとえば「社会学の領域のみならず、経済学の領域においても秀れた業績をのこして、日本の学問水準を世界的水準に向けて著しく高め近代日本社会科学の巨星とも評された」（川合・竹村編 1998：202）という位置づけはすでにある。より具体的には、高田理論の普遍性として、

(1)先人の樹立した概念用具や命題を個々に寄せあつめられたというのではなく、それらが全体として、力の欲望・人口増加・結合定量の法則など、高田博士のオリジナルな太い主柱によって組立てられたフレームの中に位置づけられている。
(2)理論の内容が命題定立のかたちで展開されている。
(3)社会発展に対する非常に強い関心。

が整理されることもある（富永 1981：101–103）。その結果、「高田博士の社会学理論は、非常に内容豊富なものになり、時代的制約を超えて私たちに示唆を与えてくれる」（同右：104）という評価に結びつく。

経済学の高弟からは「高田先生は、包括的全体社会に焦点をおき、その理論的考察に専心され、見事な体系的展開を残された」（青山 1981：170）や「他人の説を紹介して批判したもの」を「高田もの」とよべば、「それは私たちに問題の所在を教えるだけでなく、第一級の頭脳によって産み出された示唆や

発想や洞察を大量に埋蔵している」（森嶋 1981：179–181）という総括が与えられている。

孫弟子の市村真一もまた、米田庄太郎、高田保馬、青山秀夫など「これらの先達の切り開かれた道の尊さと価値は、決して軽く見てはならない。果たして現在の日本の学界が同様の水準を達成しているかを考えてみれば、それが判るであろう。その恩恵を受けた我々の幸せを軽く見てはならない」（市村 1999：43）とのべている。

理論社会学　「われわれは、今後の社会学の理論研究の前進のために、高田社会学を吟味し摂取し、さらにそれを拡充してのり越えてゆくことの意義を見逃しえない」（向井 1972：184）。その通りであるが、日本の社会学界では誰がどのような方法で行うのかを問わないままに、高田理論を除いた理論社会学研究が三〇年間推移してきた。「彼の理論社会学における精力的な展開を跡づける研究作業はいまだ充分に行なわれてはいない。理論社会学の展開における方法論上の検討、歴史的社会的な現実分析をめぐる課題などの検討は必ずしも充分に試みられていない」（川合・竹村編 前掲書：205）も同じ文脈にある。

学史家がこのように指摘しても、自分でそれを試みることがなければ、結局は高田社会学の業績は今日に活かされない。それは結局、富永の「最近の世代は社会学史に関心がなく、古い世代の社会学者の書いたものを読まず、同世代者の動向だけで研究関心をきめる傾向にある」（富永 1993：46）という嘆きに象徴されるし、二一世紀の社会学ではその傾向が加速しつつあるように思われる。

このような研究姿勢では、高田と近い世代の蔵内がのべた「先生の社会学には今までに充分気づかれていない数多くの理論的示唆がある。この国の学界には理論の内発的、連続的な発展の影が薄く、足許が忘れられている傾きが見られるのであるが、先生の業績に関し改めてこのことが強く思われることも、また書き添えておきたい」（蔵内 1981：208）に接した際にも戸惑いが残る。ほぼ三〇年後の今日の日本社会学界でも、この蔵内がのべた感想の内容は改善されることもなく、今日に至ったという印象を私は持っている。

結局のところ高田と高田理論社会学への総合評価は、森嶋がいうように「偉大な才能の持主が、正当な評価をかち得ずして時流と戦いつづけていた姿を思い出すのは痛ましい」（森嶋 1981：190）ところにあり、そしてその「正当な評価」はいまだなされていない。二〇〇三年の高田保馬生誕一二〇年を記念して、私は三冊の代表的社会学書の復刻と「リカバリー」を実現したが、それは高田保馬への「正当な評価」を日本社会学界でも行いたかったからである。

ただし、高田没後の二〇世紀末から二一世紀の日本と世界の現状は、その理論にも有利に作用するようになった。青山は、高田以後の学問とそれを取り巻く世界の変化として、

(1)社会科学における専門的細分化の進行と共通面・理論面の進歩

(2)西洋中心の科学史だけではなく、日本と東洋の社会・歴史研究が活性化

を指摘した（青山 1981：170）。たとえば、日本の「少子化する高齢社会」は世界的にも高齢社会のモデル研究になりうる特質を持つので、人口史観を応用した日本の人口変動と社会変動研究は世界に貢献できる。

同時に専門的細分化と理論面での進歩も、理論の新合成の可能性を導くので、高田の主張した「理論社会科学」の可能性を高める。従来の環境問題のみに応用されてきた社会的ジレンマ論を、少子化社会

変動論に活用できたことは理論の活性化にも有効であろう（金子 2000：2003：2006a：2006b）。

富永も自らが一九七一年に下した「あまり登られることのない高峰」という表現は消去されるべきであろうとのべた（富永 1981：97）。その理由は、高田への評価を妨げていた二つの偏見が解消したからである。すなわち、

(1)マルクス主義的社会学の消滅

(2)総合社会学から向けられた、高田保馬は形式社会学というアナクロニズム的な批判の消滅

の二点を挙げた（同右：98-99）。しかし、(2)はともかく、マルクス主義的社会学に固執する人びとは今でも残っている。「あまり登られることのない高峰」は、高田の故郷である佐賀県の天山と同じく高く聳《そび》えたままである。

富永が明言したように、「高田否定とパーソンズ否定の大合唱」には「マルクス主義の文脈からする「自由主義」ないし「近代主義」否定のイデオロギーをもっていた」（富永 1993：48-49）につながる。パーソンズは二〇〇二年に富永自身によって企画演出された「パーソンズ・ルネッサンス」で話題となり、別個に開催されたアメリカ側研究者との交流もなされた。

人口方程式

さて、ここで私が試みるのは、人口史観と少子化研究の組み合わせである。有名な高田の人口方程式は、以下の公式で簡単にまとめられる（高田 1927：159）。

生活標準×人口＝分配係数×生産力
（S×B）＝（d×P）

……(1)

この公式(1)において、変化しにくいのは生活標準Sと分配係数dである。生活標準がいちど上昇すると、低下させることが非常に困難であることは、クルマの所有やエアコンの利用、航空機利用による日帰り出張を想定すれば自明である。これらは江戸時代にも大正時代にも一九三〇年代にもなかった。また、「分配係数も容易に変化せぬ」（高田 1934：132-133）という理解にある。確かに国家予算の配分利率や公共投資の配分比率などのいわゆる既得権の根深さから考えても、変えさせるのには膨大な国民的エネルギーが必要であるし、高度の政治判断でさえも変えられないことがある。

Sとdが変わりにくいという前提で、これまでは人口増加・減少法則が考察されてきた。そのパラダイムでは、生産力Pが増大するにつれて人口数Bが増加することは、一九六〇年代の日本の高度成長期で経験的に証明される。そして八〇年代からの安定成長から低成長またはマイナス成長に転じると、生産力P増大の速度が停滞し、それまでに上昇した生活標準Sは低下させにくく、そのままではこの方程式は成立しえなくなった。

これに呼応した新しい動きとして、個人が豊かさを維持するために、パラサイトシングルを選択したり、既婚者もディンクスを選んだり、出産を手控えたりして、社会全体では人口Bを減らすようになった。つまり、Sを低下させる代わりの選択肢として、Bの減少が発生したのである。

これが人口史観による人口減少の法則であり、アメリカを除く世界のODA拠出の二一先進国では普遍的に認められてきたが、その後フランスでは反転に成功し、スウェーデンとデンマークでもジグザグながら反転上昇している。ただし、この短期的方程式の成立は長続きしない。なぜなら、長期的にみると市場が縮小し、失業率が増大するために、Pも低下して、結局はSも落ちてしまうからである。

分配係数dも変化する　少子化研究を進めるなかで私がこの人口方程式に注目したのは、分配係数dそのものも変動せざるをえないという事実からである。まさしく勢力説に立って、高田はこれを経済的分配における係数と政治的分配における係数に二分するのである（同右：136）が、私は思想的分配を付加して分配係数dを三元化しておきたい。まさしく「分配係数dは社会的勢力関係によって決定せらるる」（同右：128）。

かりに社会的勢力関係によって経済的分配、政治的分配、思想的分配が発生するのであれば、

$$d=\frac{x}{a}+\frac{y}{b}+\frac{z}{c} \quad \cdots(2)$$

（ただし、x：経済的分配、y：政治的分配、z：思想的分配、a b c は定数である）

が成立するであろう。

このように分配係数dを細分化しないと、人口史観をこれからの少子化研究に応用できない。そしてこれは人口史観そのものから得られる。なぜなら、「社会の量質的組立」は「社会関係」を作り上げ、それらが結局は「政治法律制度」、「経済」、「精神」を規定するからである。この三者が分配係数dに影響を及ぼすことは、理論的な内在性からみても当然である。

実際に少子化対策を具体化する際には、ジェンダー論やフェミニズム論からの「分配の見直し」主張との論争が不可欠である。それは法律としては「男女共同参画社会基本法」として、制度的には男女共同参画社会会議としてすでに「分配」に影響を及ぼし始めている。「中立」の恣意的な解釈により，い

わゆる専業主婦の既得権が剝奪された。これは政治的分配係数d_1に思想的分配係数d_3が影響した事例である。

また、少子化による年金や医療費や介護費などの社会保障への不安、そして消費の低迷による企業業績の悪化をバネとした一般消費税率の引き上げの提唱は、経済的分配係数d_2の改変に相当する。このように時代によって定数であるa b cにも変化が生じるし、x y zのウェイトづけも変わるであろう。

私たちは個別を通して普遍に接近する。この二〇年来、私は個別的な素材として日本都市の「少子化する高齢社会」現象を取り上げ、そこから個別的な解決策を模索しつつ普遍的な解決策を目指してきた。その際に理論的に依拠したのも高田の人口史観であり、「著書を通じて私を教えた学者として高田先生の如く私を啓発するところ多き人は外にはない」（鈴木栄 1968：4）を想起する二〇年が続いている。二〇〇三年の生誕一二〇周年を契機として、少子化解明の理論としてもよりいっそうの高田理論社会学の再生を期待したが、現状はまだ停滞気味である。同時に都市社会学の重要な応用領域であるにもかかわらず、学界レベルでは無関心が続いている。

4　社会分析の想像力と創造力

万能語を使用しない　研究史や学説史から学問の動向を展望する場合、特定のテーマを選んで先行研究の跡づけをすることになる。社会学書万巻を読破できない以上、これはやむをえない。自殺問題ならば、デュルケムの『自殺論』から始めて、データの扱い方、分析面での工夫の仕方、それまでは廃語だったアノミー概念へのこだわり方、宗教による自殺率の相違への着眼などを学びたい。そのなかで、最新の自殺統計を、本書で示した分析基準であるジェンダー、ジェネレーション、コミュニティ、階層の四点からまとめ直すことである。これが実証的社会分析研究の出発点になる。

次に、万能語を使用しないことを原則としたい。その理由は、万能語を使うと、建設的な議論ができず、そこから先の学問的な検討が不可能になるからである。たとえば、「人権」という言葉が出てくると、その先の議論はもうできない。何をいっても「人権問題」という批判が予想されるからである。「民主主義」や「市民」それに「人間本位」、「人間らしさ」なども、同じ文脈に位置づけられる。

民主主義はその可能性だけではなく、その限界についてもなかなか論じきれない。自由と民主主義は美しいスローガンだが、「自由からの逃走」（フロム）も歴史的には証明された命題である。取り上げたテーマの現状、推移、方向性を論じた挙げ句の果てに、「今後は民主主義を展望したい」、「市民の再生が課題だ」、「人間らしい生活が必要だ」という結論はもうやめたい。それらは全く何も生み出さないからである。

「生活の論理」も使わない　社会学ではとりわけ便利な万能語である「生活の論理」や「下からの立場」が、最近までよく使われてきたし、二一世紀になってもまだこれらを使った論文が散見される。前者は「資本の論理」と対置され、「資本の論理」を体現する国家独占資本主義が住民の「生活の論理」を破壊するというように用いられてきた。内容は必ずしも鮮明でないままに、学問ではなく一種の気分として使用されてきたのである。

たとえば、二〇〇五年から二〇〇六年にかけて、日本社会の大きな争点の一つは郵政民営化問題であったが、「資本の論理」の筆頭である市場原理を押し立てる国家独占資本主義を体現する政府与野党財界は、過疎地域の最後の核になっている「郵便局」の廃止を含む「民営化」を決定した。

そのときに、国民「生活の論理」を重視する建前を持つ新聞の大半は、この「資本の論理」に賛同した。『朝日新聞』や『日本経済新聞』は、参議院で最初に否決されたその日の社説で、「郵政民営化法案」を可決せよとさえ書いたのである。

しかし、半年も経たないうちに、「資本の論理」で裏打ちされた市場原理が貫徹した郵政公社の集配局再編で、過疎地域の切り捨てが始まると、「生活の論理」が無視されるような「地域格差の拡大は困る」と新聞各紙は嘆くようになる。冷静な論理の目からは、市場原理を押し立てた民営化では、このような結果が必然であると予想できたはずである。

いくら「資本の論理」に対置した「生活の論理」を優先するといっても、言葉だけの遊びにすぎないのであれば、空しさが募る。二一世紀の社会学の現状は、このようなレベルからどこまで脱却できたか。

同じ水準に「下からの立場」と「上からの立場」がある。たとえば、政府が郵政民営化を押しつけてきたことに対抗するのは、下から運動を組織して打ち破っていかなければならないという結論になる。しかし、これは学問的にはいささか疑問のある論理であろう。なぜなら、「上から」「下から」という基準が、主唱者の立場次第で変化するからである。政府の意向とは異なり、知事や市町村長が住民に向けて何か新しい施策を行ったときに、それは「上から」なのか、「下から」なのか。

下からの立場と上からの立場

市町村の合併を例にしよう。市長や町長が合併をやろうとしても、議会が反対をする。議員の定数が確実に減少するので、議員は反対に回ることが多かった。ところが、合併をすることによって、総務省から特例で多額の補助金が来るので、市町村長や行政サイドはやりたがった。知事もおおむねは合併賛成派であった。その場合、賛成側の住民にとっては、市町村長の合併意思を、「上から」の押しつけとは考えないだろうし、反対派も「下から」の押しつけとは見なさないはずである。いうまでもなく、市町村の「上」には、都道府県庁があり、その上には総務省がある。したがって、住民にとっては、総務省という「上」の立場と市長という「上」の立場は同列ではなく、たえずその「上下」は相対的にならざるをえない。

これは簡単な論理の問題だが、二一世紀の今日ですら、依然として論文の結論部分に「従来の上から」の押しつけをやめ、今後は「下から」の立場で新しいまちづくりの創造や、高齢者福祉に取り組む必要があるという表現をする人がいる。

このようなレベルに終始する社会分析では、実りある理論化には程遠く、社会学の成果への社会的な信用も得られないであろう。「資本の論理」に対して「生活の論理」を対置したり、「上から」に「下から」をぶつけても、いかなるメッセージの価値もないのだから。

要するに、コント以来の歴史を持つ社会学における社会の再生、建設、改善に向けての議論では、まず万能語を排除する勇気があるかという問いかけを自らに課すことである。

仮説構成力こそが研究の出発点

次に、研究成果が世間の一般常識から見て「それはそうだろう」という感想を抱かせるだけのテーマの設定はやめて、可能な限り常識の追認を避け、新しい発見を追求したい。

かりに、理論産出より理論検証を優先すると、常識の追認に陥りやすい。たとえば、他の条件を一定として、「収入が高いと不安感は減少する」という仮説を作り、調査票を一〇〇〇部配布してこの質問を対象者に尋ねたら、「その通り」という回答が得られるだろうが、それに接した読者は「それはそうだろう」という感想しかもてない。また、父親の学歴や職業上の地位ではなく、「本人の所得の高さは役職によって規定されている」という報告がある。これらは調査以前の常識であり、永年の民衆知であり、調べるまでもない。

これらがはたして科学的に「証明」されるべきテーマなのかどうか。一体この社会現象の何が、どうして、私に疑問を抱かせているのかをどこまでも突き詰めたところで、そこに見えるものは何か。気になる社会現象の何をどう明らかにしたいのか。最初の仮説構成力こそが研究の出発点である。多方面の事実を異なる方法によって収集し、一定の視点から加工した場合、そこからの「成果が読者と共鳴するか」(Lofland & Lofland 1995=1997 : 227) どうか。それがなければ、せっかくの社会分析結果も広がらな

表3-4　重要性，新鮮さ，真実性の関連

	Ⅰ	Ⅱ	Ⅲ	Ⅳ	Ⅴ	Ⅵ	Ⅶ	Ⅷ
重要性	○	○	○	×	×	×	○	×
新鮮さ	○	○	×	○	×	○	×	×
真実性	○	×	○	○	○	×	×	×

（出典）Lofland & Lofland, 1995=1997 : 202.

い。データからの命題、理論、法則などの発見をするためにも、研究者はその仮説構成力を高め、社会的な「共鳴」が可能な成果を発信できるように努めたい。

そのためには、時代を感知し、予見できる研究テーマを選び、成果の社会的有効性を高めることが肝心である。有効性は、

重・新・真の価値

重要性、新鮮さ、真実性に照らして、自らで判定できる。たとえば「犬が西向きゃ、尾は東」は真実だが、現代社会にとっては重要ではない。もちろん、研究者が「重・新・真」に優先順位をつけることは自由であって、重要性、新鮮さ、真実性のうちから最初の狙いを定める（表3-4）。この組み合わせは九つになるから、どれを優先するかが研究者の個性となる。設定されるテーマは、現在の社会問題だけではなく、学説レベルの問題でも構わない。自分の身近な事例をまず取り上げてみることである。

一番有効な基準は、たえず推移する現代日本社会のリアリティをどうすれば獲得できるかにある。それを「重・新・真」の判断基準に照らして選択する。重要と思われるが、新しくはないリアリティもあるし、新しい事実ではあるけれども、その真実性については反証が挙げやすいようなリアリティも存在する。

したがってこの基本的方針は、「重・新・真」に対する優先順位を考慮したうえで決定される。ただし、優先順位が何であっても、次の六つは必須項目である。

①頻度…対象をどれだけ観察できるか（XはYの単位のなかで1、2、3、Nの場所

において、Zの期間にわたって生起する）

②規模…対象はどれだけの大きさをもっているか（XはYの規模、数量、強度である）

③構造…対象はどの程度組織化されているか（Xは1、2、3、Nの観点から組織化されている）

④過程…対象はどのように時間的経過のなかで作動するか（Xは1、2、3、Nの位相ないし周期をもった過程を示す）

⑤原因…対象が生起した要因は何か（Xは1、2、3、Nの要因によって引き起こされる）

⑥帰結…対象がどのような影響を及ぼしたか（Xは1、2、3、Nの結果をもたらす）

に分けながら、対象を細かく観察することになる（Lofland & Loflamd 前掲書：213）。これは実に周到な分類といってよい。いかなるテーマであっても、頻度、規模、構造、過程、原因、帰結の六段階での吟味は不可欠であり、一〇〇〇票単位の調査票による大量観察法でも、少数の事例を徹底して扱うインテンシブな方法でも、ともに通り抜けなければならない。

何の役に立つか

社会分析を導く仮説も、調査の結果得られる結論も、何の役に立つのかを明記して、初めて有効な理論になる。実際の有効性の認定は、現代社会学の前進にとってか、取り上げた社会分析の対象とした事実解明と対応策の提示によってか、あるいは両方からの判断による。

そのためには、収集データの統計分析に加えて、インタビュー調査や参与観察で得られた結果と理論仮説を安定的に統合する工夫が必要であり、少なくとも研究で中核となるいくつかの概念をデータ分析の際には組み合わせて展開させたい。私の「少子化する高齢社会」研究を使えば、それは「限界役割効用」、「テニュアスロール」（tenuous role：少ない責任しかともなわない弱々しい役割）、「人生の達人」、「機会財」、「構造的依存性」などである。もちろん、頻度、規模、構造、過程、原因、帰結の六過程への総合的な配慮はいうまでもない。

複数の判断軸の活用

社会的事実や社会現象はたくさんの複合要因を持つので、特定の視点または一本の切り口ないしは一元的な基準を用いるよりも、できる限りの複数の判断軸を活用したほうが生産的である。私が実証研究で特に依拠してきたのは、繰り返したように、世代、男女、コミュニティ、階層の四軸である。これらの視点における世代には高齢者、中年者、若年者を等しく含む。かりに世代を二分するなら、支える側と支えられる側になる。

男女は文化的な差異をもつジェンダーから構成される要因ではあるが、高齢社会の医療費や年金や介護費問題の解明には有効な軸にはなりえない。コミュニティ分類の基本は都市と農村だが、「少子化する高齢社会」では、定住人口数を用いて過密都市と過疎地という類型が分かりやすい場合が増えてくる。また、階層論でも「持てる人々」と「持たざる人々」の二分法と同時に、別の表現である「裕福者」と「貧困者」を使うこともある。

これら四種類の基準で、社会分析対象から収集された社会関係や集団関係の構造と機能を調べていくのである。

5　文献研究成果の今日的応用

以上のような社会学史に燦然と輝く古典的事例研究を学んだら、文字通り書を捨ててケータイのメモ機能を武器に街に出よう。複数の古典の精読が何よりも教えるのは、自分の問題意識を優先して、伝統を活かした独自の方法で具体的に探り、それをまとめあげる意義と意味である。

街に出よう

この一五年、私が北海道大学文学部・文学研究科で実践してきた社会調査入門の初年度は、まず二四歳のコントが書いた「社会再組織に必要な科学的作業のプラン」(清水幾太郎編 1980：51-139)の精読である。その後にデュルケムの『社会学的方法の規準』(宮島訳 1978)を学び、ミルズの『社会学的想像力』(鈴木広訳 1965)でマクロ的視野の重要性を知る。最後はマートンの『社会理論と社会構造』(森ほか訳 1961)で社会調査の意義と有効性を理解する。これらの学習を半年から一年で行い、それからは計量的な手法の学習もしくは事例研究の実践を並行する。この合計二年間の社会調査研究で身につくところは大きい。

計量的手法も学ぶ

学生でも院生でも、半年かけて計量的手法をパソコンで実際に学ぶ意味は、自らが収集してきたデータの処理を自前で行える技術を獲得するところにあるのは当然である。しかしもう一つ、日本人や外国人を問わず他者が書いた計量的な論文が読めるようになるという隠されたメリットも大きい。なぜなら、自らが調査票によって収集した大量のデータ処理を行うようには、少なくともχ^2検定法の理解が前提になるし、df（自由度）や$p < 0.05$の意味が分かっていなければどうにもならないからである。計量的手法を学ばないと、それらの記号の意味さえ読み取れないから、他者が書いたその種の論文が全く理解できない。

このような趣旨により、半年間でパソコンでのデータ処理実習を学部二年生で行う。それを潜り抜けた三年生になって、その実習の成果と感想を求めると、半数程度がパソコンによる計量的手法に拒絶感をもつが、残りの半数はなじむ状態が一〇年近く続いている。要するに、通過儀礼として計量的手法を学ぶことで、食わず嫌いをなくすことを課題としているのである。

一度でもクロス表作成、χ^2検定法、因子分析、重回帰分析などの実践を行えば、それからは計量的手法を全く放棄して事例分析法を学び始めてもいいし、そのまま計量的な研究を継続してもよいというのが、北海道大学文学部・文学研究科で私が心がけてきた指導方針である。

さて、ともかくどちらかの方法で社会調査を行ったら、「なまの事実」なり「観察された事実」なりが手元に集まることになる。これら第一次的な研究の素材をどのように活かすか。計量的手法と質的調査法をともに学ぶことは、コントの大原則のうちの「相対性」の見地を目指すことにも関連する。現実の社会現象は複合しているので、実証性は相対性によってしか判断できないからである。

世代、ジェンダー、コミュニティ、階層への配慮

相対性は世代、ジェンダー、コミュニティ、階層という四点の目配りがあれば、調査研究のまとめにおいてもかなり実現できる。なぜなら、社会システムは年齢階梯性を必ずもっており、世代の継承を抜きにしては成立せず、同時に永続性も消えるからである。もちろん男女の差異にも明瞭な部分が多く、これを抜きにした人類（mankind）論は無意味であるから、人類（personkind）が取って代わるようになった。

対象地域や対象者がどこに住んでいるかは、社会の連帯性にも個人生活の連続性にも重要な位置を占めるから、コミュニティについては、都市部か過疎地かの区別だけでも行いたい。たとえば、都市部では連帯性には弱い反面、個人生活の連続性には問題がない。しかし過疎地では連帯性は強いが、集落消滅の危機に直面するため、個人生活の連続性の可能性には乏しい。コミュニティレベルで見ると、連帯性と連続性は逆相関の関係にある。

階層論へのこだわりも重要である。リンド夫妻のミドルタウン研究でも、同じ現象の受け止め方が業務階層と労務階層では異質的であったし、現代日本に見る所得格差、家族間格差、地域格差、地域福祉格差などを想定しただけで、階層論の重要性が理解できるであろう。

社会の連帯性と個人生活の連続性

それらを総合して理論的にいえば、実証研究においても、社会の全体性（totalité）と連帯性（solidarité）、および個人生活の連続性（succession）の可能性を追究することが根本的視点になる。社会のあり方と個人の生き方の両方を目配りする科学の宿命として、社会学では全体社会動向への関心としてそこでの連帯性分析は欠かせない。

この全体性はまず時間的流れを含むが、ここでは歴史性への配慮と未来への展望が含まれる。なぜなら、一回しか行わない都市調査や家族調査などの定点観測だけでは、いくらデータを利用してもその分析結果は不十分になるからである。時間的な比較ができないと、定点で収集されたデータの質も十分に読者に伝わらない。

また、専門社会学として研究する立場でいえば、左右イデオロギーバランス感覚こそが重要であり、特定のイデオロギーからの自由こそが学問の出発点である。したがって、マルクス主義、フェミニズム、アナーキニズムなどに立脚するイズムからでは、全体性を帯びる普遍的な研究成果は得られない。

事例研究を精読する際には、現在置かれている状況を勘案しながら、「何のために、何を、どのように研究するか」という問いかけの連鎖をたえず意識して、自らの応用展開を心がけたい。先人の苦労をしのびながら、新しい知的研鑽への架橋を目指したい。

コラム　高田保馬の社会学復権を

高く聳えたまま

西鉄柳川駅からバスに乗って大川を経由して佐賀に行く。このほぼ一時間のバスの旅は、芸術と学問に関わる三人の郷土の偉人を想起させる。柳川からは一八八五年生まれの北原白秋、大川からは一九〇四年生まれの古賀政男であることはもちろんであるが、佐賀からは誰であろうか。社会学を専門とする私にとって、それは一八八三年生まれの社会学者、経済学者、そして歌人でもある高田保馬である。三人とも等しくそれぞれの分野で膨大な作品を残した。

しかし、白秋には柳川に、古賀には大川と東京代々木上原に記念館が作られ、日々入館者がいて、しかも全集や選集がくり返し発売され、その人となりや作品に多くの国民が接しているのに、高田保馬には著作集も記念館もない。九州大学の初代の社会学教授、経済原論を担当した京都大学と大阪大学の名誉教授であり、百冊を超える著書と五百余の論文を残したにもかかわらず、社会学と経済学における偉大な業績を知る人はほとんどいない。それはまるで故郷の天山と同じく高く聳《そび》えたままである。

長い不遇の時代

高田理論は、人間間や企業間の「勢力」が経済構造に影響を与えるとする「勢力経済学」と人口が社会を変動させるという「人口史観」を大きな特徴とする。後者は政治、法律、経済、思想、文化などを変化させる原動力として人口を位置づける考え方である。

たとえば、人口が増加すれば、たくさんの職場を必要とし、食糧やエネルギー源を国内外に求めざるをえない。それを支援促進するための法律を政治は用意するし、貧困にあえぐ人々が増大すれば、貧困の考え方を変えたり、対処の方針も見直される。人口史観とはそのような説明の仕方を軸とする歴史観である。

ただ、長らくこの人口史観は不遇であった。なぜなら、高田がこの史観を提出した時代は二〇世紀前半の日本資本主義の勃興《ぼっこう》時期であり、それ以降の五〇年間は経済が社会を変動させる時代であったからである。すなわちその期間は、商品を製造する生産力の強弱がすべての変化の根源にあり、経済が政治、法律、思想、文化などを突き動かすとする「唯物史観」が説明力を持っていた。

学問的に見ると、この時代に高田は、河上肇を筆頭とするマルクス主義信者との理論闘争を抱えて、他方では近代経済学の先端を走る位置にいた。社会学から経済学への転進であるが、そのためにこの人口史観は社会学での後継者を得なかったし、社会分析にも威力を持ちえなかった。

社会の内圧解明

皮肉なことに、一九七二年に高田が亡くなる寸前、日本の高齢化率は七%を突破して、七〇年が日本の高齢社会元年になった。これによって初めて人口史観の基盤が日本社会にも現れ、高田社会学は、少子化と長寿化という日本社会の内圧を解明する重要な理論装置となったと私は考える。

たとえば、高齢者が増大したので、介護保険制度が創設された。少子化が進み、年金制度が揺らぎ、社会保障財源論議が開始され、年金制度の見直しも始まった。また、福祉産業への就業人口は着実に増えている。ホームヘルパー資格取得への国民的意欲は高揚している。これらは人口が政治、法律、経済、思想、文化の諸分野を変えつつあることの証明である。先見の明とはいえ、この史観の提出は八〇年早く、高田の「遠視力」には脱帽するが、これは二一世紀の少子高齢化の時代に最も有効な社会学理論としての宝庫になるであろう。

地元に顕彰会も

高田保馬は歌人でもあり、佐賀県の一〇を超える小、中、高等学校の校歌を作詞し、宮中御歌会召人《めしうど》にもなったが、最終的には社会学の独創的業績で文化功労者として顕彰された。

孫の世代の私は、数人の仲間の協力を得て年末までに『高田保馬リカバリー』(単行本初収録論文、高田理論の紹介と概説、高田理論の応用と展開など所収)を出版し、学会大会でも報告して、ささやかな継承の努力をしていきたいと願っている。

九四年に郷里佐賀県小城郡三日月町で「高田保馬博士顕彰会」が発足した。会長は三日月町の町長であり、その規約には「この会は、経済学者・文学者として偉大な郷土の先覚者高田保馬博士を追慕し、その文献並びに資料を収集し、博士のご遺徳とご業績を顕彰するとともに、青少年の健全育成と社会文化の向上に寄与することを目的とする」とのべられる。

その生家の庭には「社会学・経済学者高田保馬生誕地」という石碑が建立され、三日月町図書館の入り口には高田保馬博士像が置かれ、図書館内には高田保馬コーナーがある。ぜひ一度訪ねて、この碩学《せきがく》の魂に触れてほしい。

第Ⅱ部　現状と展開

第4章　歴史的素材で時代を分析する
――日本の高度成長時代――

社会学では、現在ではなくて少し前の時代の研究を行い、全体的な時代認識を試みることがある。ここでは一九六〇年代の日本社会の高度成長期を素材にそれを行った。具体的には、経済成長と構造変動、とりわけ農村地域と都市地域の変容、都市型社会の成立と社会変動の特質などを解明した。

データ分析から、高度成長前期の農村は大きく変貌はしたが、経済的に見れば都市に比べて農村のほうがまだ裕福であったことが分かる。一九六〇年の経済活動別国内総生産に占める農林水産業は一三・一％であったが、二〇〇四年ではわずかに一・七％にすぎない。しかし、この時期は規範面での変容が激しく、二一世紀前半の特徴である「粉末化」した現代日本の社会構造の骨格を、この時代が用意した。理論の射程距離は長く、想像力もこのような分析には必要であるが、社会学の面白さを感じ取れる社会分析の事例が本章である。

1　高度成長時代の概観

高度成長の社会変動論　現代日本の社会を「国家独占資本主義の高度化」過程と見るか、「高度産業化の発展」段階と考えるのかは別にして、二一世紀日本の現代が一九六〇年代の「高度成長時代」

表4－1　団塊世代の出生数

	総数（人）	男（%）	女（%）
1947年	2,678,792	51.4	48.6
1948年	2,681,624	51.4	48.6
1949年	2,696,638	51.2	48.8
1950年	2,337,507	51.5	48.5
合　計	10,394,561		

（出典）国立社会保障・人口問題研究所編 2007：49.

を受け継いでいることだけは確かである。「戦後日本の高度成長が日本の社会発展というものをつくり出した」（富永 1997：275）。そしてその高度成長時代は、日本社会の伝統的な地域空間構造、家族構造、社会構造、社会意識などが本格的に変容しはじめた時期でもある。

高度成長期のあとは、低成長期、安定成長期、バブル期、回復期などのキャッチコピーで表現される。そのさまざまな過程において日本社会の隅々まで未曾有の社会変動が発生したのは一九六〇年代であり、それはまた一九四七年生まれから一九五〇年生まれまでの「団塊の世代」が、児童期を経て青春前期にさしかかる時でもあった。なお、「団塊の世代」の命名者である堺屋太一の定義では、一九四七年から一九四九年までの三年間の誕生者すべてを指している。私が一九五〇年生まれも定義に含めるのは、学年歴でいえば五〇年四月一日生まれまでは一九四九年誕生組と同じ経験をしてきたこと、およびこの四年間の合計が一〇三九万人となるからである。

表4-1に見るように、わずか四年間の出生合計が一〇〇〇万人を超えるほどの大人口出生は、記録の裏づけを持つ日本史二〇〇〇年にも例がない。ちなみに平成の時代になってからの年間出生数は平均で一一〇万人程度であるから、四年分の「団塊の世代」の総数に達するためには平成の今日では一〇年かかることになる。

「エネルギー革命」に基づく技術革新主導

さて社会システム論における社会変動研究によれば、高度成長という社会変動の主因は、石炭から石油への「エネルギー革命」に基づく技術革新主導の産業化の進展といってよい。産業化による活発な企業活動が経済成長をもたらし、社会全体の産業力を増大させ、国民生活水準を底上げし、政治や教育や家族や社会意識などの下位システムを変化させるという社会変動の一般理論が適用可能な典型的事例の一つとして、日本の高度成長時代は位置づけられる。幕末を第一の開国として、敗戦後を第二の開国とするアナロジーを借用すれば、この時代は、幕末から明治維新までの一五年の第一変動期、昭和二〇年の敗戦から朝鮮戦争までの五年間の第二変動期に匹敵する、第三変動期なのであった。

その意味で、政治学や経済学だけではなく、社会学でもまさしく一九五〇年代と一九六〇年代の高度成長期は、制度改革とイノベーションと経済成長それに構造変動と社会心理の変容の循環的相互作用の連鎖に関心をもつ者にとって、もっとも興味深い研究対象の一つである。

このうち本章では、経済成長と社会変動、とりわけ農村地域と都市地域の変容、都市型社会の成立と社会構造の特質などを解明する。

いうまでもなく、高度経済成長は社会システムの各分野にわたって大きな影響を及ぼし、二一世紀に続く社会構造の「地殻変動」の本格化は、一九六〇年代を離陸期（Rostow）としている。二一世紀の現在から振り返ってみて、その時代の変動は確かに二〇世紀前半も含めた社会変動のなかで、最大の規模であった。ただしここでは、地域社会と家族を中心とする統合システムの変動と、社会意識を軸とする価値システムの変動に限定して論述する。

表4－2　地方別社会増加数

（単位1000人）

	1955～60	1960～65	1965～70
北海道	－50	－176	－284
東北	－585	－692	－486
北関東	－346	－191	－51
南関東	1588	1958	1464
北陸・東山	－424	－414	－355
東海	108	244	155
東近畿	－109	－23	37
西近畿	738	948	535
中国	－329	－323	－147
四国	－297	－283	－195
九州・沖縄	－697	－1051	－799
南関東・東海西近畿の合計	2434	3150	2155

（出典）表4－1に同じ（：157）.

大方の合意では、一九五五年から日本社会は経済の高度成長時期に入ったことになる。この約一七年間、一九七二年のオイルショックにより急成長が停止するまで、ほぼ実質的経済成長率が年平均一〇％に達する高い伸びを持続した。この驚異的な高度成長を実現した背景を、社会システム論における社会変動研究の枠組みで考えてみる。

地域変動

まず、人口の地域移動について見ておこう。この時期に日本各地の地方圏から南関東、西近畿、東海という三大都市圏への膨大な人口移動が生じている。この地域移動は、第一次産業従事者の激減とそこから第二次・三次産業への移動に伴う就業率の変化と一致している。さらに、自営業と被雇用者という区分を用いれば、被雇用者の比率が大幅に上昇するという動きと、その地域移動が重なっていることも分かる。北海道、東北、四国、九州の農家に生まれた次男や三男が家業を継がずに、東京や大阪という大都市に就職を求めて出郷し、企業や工場や商店に入り込むというケースが最も典型である。表４-２からは、一九五五年から一九七〇年までの一五年間で入超の地方が南関東、東海、西近畿の三大都市圏であり、残りの八地方は大規模な出超であったことが読みとれる。南関東の主力は東京と横浜であり、東海は名古屋、西近畿は大阪と神戸である。

集団就職　就職に関する動きは集団就職列車に象徴化され、集団就職も東北と九州に典型化されたが、全国的にも広がった。集団就職列車は時代を表現する風景にもなり、名曲「ああ上野駅」（作詞：関口義明、作曲：荒井英一、歌：井沢八郎　一九六三年）を生んだ。国土論的には地方発の人口移動による中央の都市化が、この時代に始まったのである。地方圏から大都市圏への人口移動と就業構造の脱第一次産業化を背景とした産業構造の高度化とは、このように一体の関係にあった。この人口移動こそが高度成長の主因であると見る向きもある（増田 2004）。

産業構造や就業構造の動きに対応し、就業者に占める被雇用者の比率も急速に上昇した。一九五五年に四四・一％だった被雇用者比率は、七〇年には六五・四％にまで上がった。いわゆるサラリーマン化の進展である。一九六二年発表の「スーダラ節」（作詞：青島幸男、作曲：萩原哲晶、歌：植木等、クレージーキャッツ）と映画「無責任男」シリーズが、歌と映画でサラリーマンの生態を面白く表現した。

都市化は大都市に地方からの次男三男、少し遅れて次女三女などの若者を呼び集めたから、大都市では単身化と核家族化が、結果的に地方では高齢化が進み始めた。若者たちが農村から都市に移住し、その両親や長男長女は農村に残り、農業を続けた。この時期に、日本農村では長い間一般的であった複数の世代が同居する大家族が分解していき、三世代同居が壊れ、両親と未婚の子供で構成される核家族が一般化した。ただし、高度成長前期の農村では大きく変貌はしたけれども、経済的に見れば都市に比べて農村のほうがまだ裕福であった。

豊かな農村と貧しい都会

経済活動面からは表4-3でそれが分かる。高度成長へ離陸した一九五五年の農林水産業の国内総生産力は、全体の二〇%近くを占めていたのである。ちなみにこれは製造業についで第二位である。その後は高度成長の牽引力としての製造業、建設業、卸売・小売業、金融・保険業、不動産業などが急進した。六五年以降は中学を卒業した団塊世代に属する地方の若者が、文字通り雪崩を打ったように、都市部に立地するこれらの産業に大挙して参入した。

ただ農家には、長子相続の確固とした伝統があったから、無償の農業労働力を強いられる次男三男がそれを嫌い、「都市は自由を与える」としての東京や大阪での産業労働者として集団就職をしたことは無理もない。また、高度成長期特有の吸引力が、大都市に立地する産業で強まったことも大きな理由である。この人口移動をプッシュ（送出力）とプル（吸引力）として、この時期の地方からの国内人口移動は説明できる。

産業別の収入を比較しても、農家の相対的豊かさが理解できる。表4-4から、高度成長期の中盤まで、日本の農家の年収は、高度成長の牽引力となった諸産業で働く一人当たりの年収（月収の一二倍）よりも、はるかに多かった事実に気がつく。比較対象である建設業以下は、従業者三〇人以上の一人当たり産業別月間収入を一二倍に修正した。

当時の実情からすると、現在の観点から見た「農業が苦しいから」「農家収入ではやっていけないから」という説明は、やや誤解を招くように思われる。表4-3と表4-4から見ても、「都市へ去るも地

表４－３　経済活動別国内総生産の内訳

（%）

	1955年	1960年	1965年
農林水産業	19.9	13.1	9.8
鉱　業	2.0	1.5	1.0
製造業	28.4	34.6	33.7
建設業	4.5	5.6	6.6
電気ガス水道業	2.4	2.5	2.7
卸売・小売業	10.7	11.6	12.7
金融・保険業	4.1	3.5	4.5
不動産業	5.5	7.4	8.6
運輸・通信業	7.3	7.4	7.5
サービス業	10.1	7.5	7.8
公務・その他	5.1	5.0	5.1

（出典）矢野恒太記念会編 2006：121.

表４－４　代表的な産業別１人当たり年収

（単位 1000 円）

	1955年	1960年	1965年
農　家	379	449	835
建設業	175	254	473
製造業	200	271	433
卸売・小売業	216	277	438
金融保険業	301	386	606

（出典）表４－３に同じ.
（注）農家収入は農業所得，農外所得，年金・被贈の合計である.

獄、農村に残るも地獄」では必ずしもなかったのである。地方が貧しいから豊かな東京や大阪で働くという動機づけは、高度成長前期ではまだ弱かった。なぜなら、「貧しい農村」と「豊かな都市」という対比は、一九七〇年の高度経済成長の頂点期になって鮮明になったのであるから。

そして都市が豊かさの象徴になるのは、「シビルミニマムの思想」から「生活の質」（ＱＯＬ）の重視などの取り組みが始まってからである。全国的レベルで公害問題への対応が保守政権への批判を集め、大都市「革新自治体」が相次いで誕生し、その首長らによる福祉の前倒し的実施や生活基盤インフラの整備が、地方の農村の疲弊と並行した。そして日本社会の高齢化率が七％を超えたのも一九七〇年であった。

小家族化と家族変動

日本の高度成長期に発生した家族変動をより正確に表現すれば、家族人数が少なくなる核家族化を伴った小家族化としてまとめられるであろう。表4-5から国勢調査レベルで見ると、日本の平均世帯人員は一〇年ごとに正確に〇・五人の減少をしてきたことが理解できる。とりわけ六〇年から七〇年の高度経済成長期には一〇年で〇・七九人も減少したのであり、当時の人口移動の激しさによる小家族化が、ここからもうかがえる。

表4-5　平均世帯人員の推移

（人）

1950年	5.02
1960年	4.52
1970年	3.73
1980年	3.25
1990年	3.01
2000年	2.70
2005年	2.58

（出典）総務省統計局『国勢調査報告』（各年版）による.

産業化を原動力とする高度成長は経済的な側面だけでなく、家族構造の変化に象徴されるように、社会構造的な面でもその後の日本社会のあり方に大きな影響を与えた。この産業化、都市化、サラリーマン化、小家族化という一九六〇年代からの社会変動は、伝統的な企業生産様式と国民生活様式の両方を変化させたのであり、二〇世紀末から始まり二一世紀前半を覆い尽くす「粉末化」する現代日本の社会構造を用意した。

この「粉末化」とは、原子化された個人がボランタリーアソシエーションや社会的ネットワークを忌避して、サラサラパラパラの状態にあることを意味する私の造語である。ソーシャル・キャピタルといった社会的接着剤も不十分なまま、さらなるミーイズムが進展して、短期的視野で非社会性しかないような個人が織り成す社会に向けて命名した用語である。

経済の時代

さて、六〇年安保という岸内閣の「政治の季節」を払拭し、「経済の時代」を徹底して演出したのは同じ六〇年からの池田内閣であり、その象徴が「所得倍増論」であった。経済的な豊かさは高度の経済成長からしか得られないとするこの論理が、日本社会の隅々まで浸透したのはこの時期であり、それ以後経済成長は、国家目標として第一に追求されるべき課題となる。その理論的根拠は、成長と発展の意欲と能力とを刺激するものは、挑戦に対する積極的で創造的な応答であるという経済理論から得られた。

産業化の推進に効果的な規範は「手段的能動主義」(instrumental activism) であることが、この時代に実証された。今日風にいえば、イノベーションが産業化には不可欠であり、それは「明日のために今日もがんばる」というエートスを持つライフスタイルを抜きにしては成立しない。このエートスはヴェーバーの「資本主義の精神」そのものである。高度成長期を創り上げた団塊世代の親世代も団塊世代も、このエートスをしっかり身につけているが、次の団塊ジュニア世代からは確実に弱まってきた。

手段的能動主義

この「手段的能動主義」の方向は、明治以来の「富国強兵」という目標から「強兵」を消失させたものにほかならない。そして「富国」のみを可能にしたのは、安保体制を支える米ソ間それに引きずられる東西間の国際政治の緊張構造であった。意図せざる結果として、軍事費への配分を抑制できるこの「強兵」不要の政治構造と平和憲法のもとで、日本政府はひたすら「富国」のための方策を考え、そこに限られた予算を重点的に投入し、積極的に実行しはじめた。いわゆる「日本株式会社」の始動である。

「日本株式会社」の登場は、社会変動論から見ると、社会全体の「世俗化」の強化を意味する。それは国民が受容する社会規範が「聖」から「俗」へと変質し、「神聖から功利へ」、「豊かさ志向」、「業績志向」などの内容から構成される。あたかもその時代までのシンボルが、天皇（戦前）とお米（戦後一九五五年くらいまで）であったのに対し、この高度成長時代のシンボルはテレビ、冷蔵庫、洗濯機という家庭内部の「三種の神器」という物質的な豊かさを感じさせる「商品」であったことがその象徴になる。

そしてそれを造るべく、日本の地方から東京、大阪、名古屋に若者が大移動をしてきたのである。タイムラグが一〇年くらいあっても、この製造する側にいた若者たちもまた、次第に「三種の神器」を手に入れることで、農村でのライフスタイルとは異なる都市生活の新しい豊かさを実感するようになったのである。

生産構造の特質

この時期の特質を、「労働」と「資本」という生産の要素に「技術」を加えて浮き彫りにしてみよう（図4-1）。

六〇年代初頭、政府がもっとも力を注いだのは、これら三要素のうちの資本面への刺激であった。な

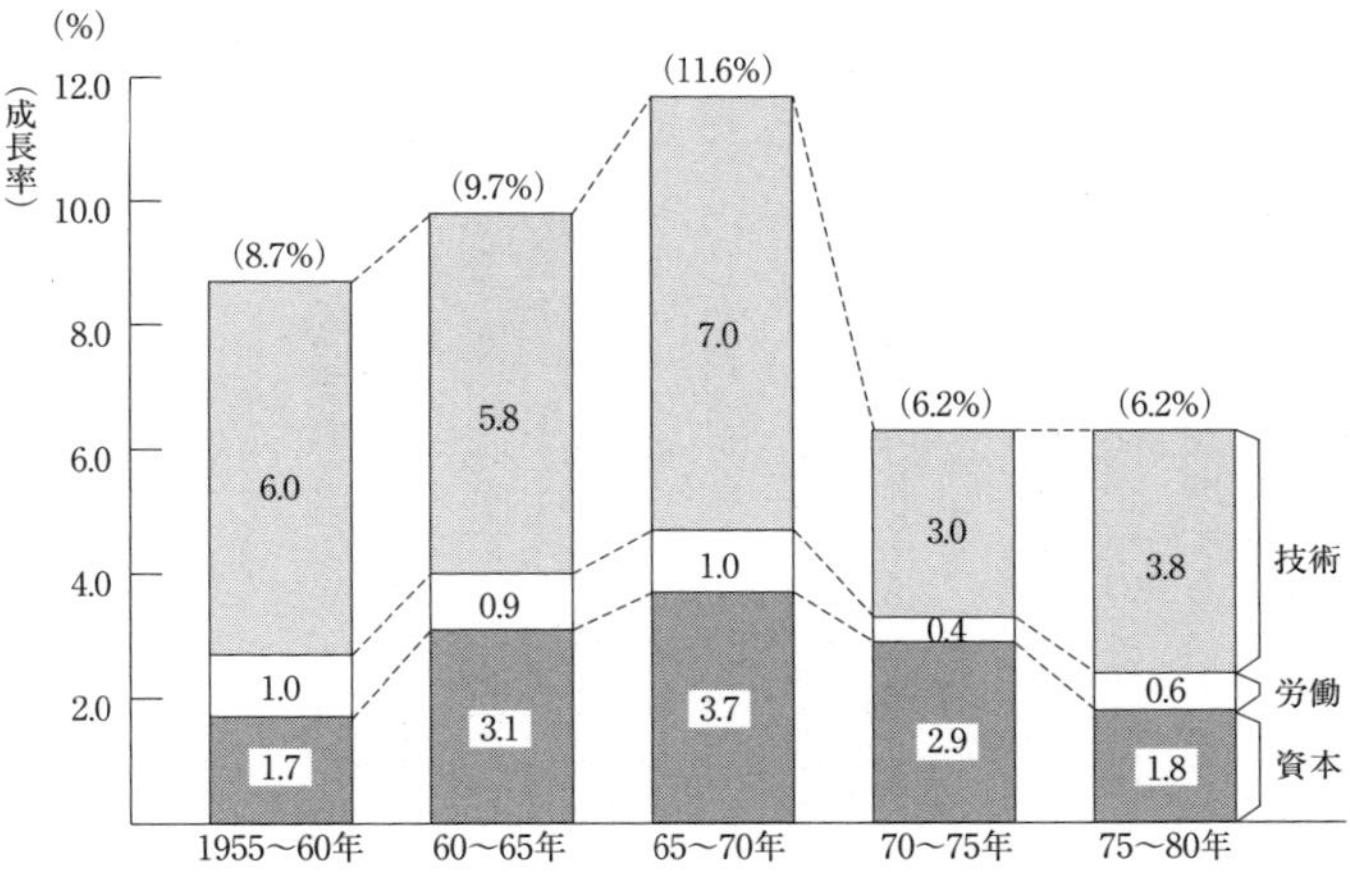

図４−１　高度成長の要因（生産要素別）

（出典）宍戸 1993：114.

ぜなら、経済成長にとって不可欠の設備能力と輸入力とが、当時の企業には不足していたからである。具体的にいえば、低金利と減税の二大政策によって、企業の活発な設備投資を呼び起こす戦略であった。当時、どの企業にとっても、国内競争に耐えるだけの生産水準に到達するためには、最新の生産設備のなかで、石油や鉄鉱石に象徴される廉価な外国産の原材料と、低賃金の国内労働力とを大量に使用して生産した商品を、国の内外を問わず大量に販売するという方式の徹底しか途がなかった。

日本の成長要因

ちなみに、三種類の日本の成長要因では、成長に対する資本の「寄与度」よりも「技術の進歩」の「寄与度」の高さが注目に値する。これはいわゆるイノベーションとして理解できる「技術革新」である（図４−１）。一九五五年から六〇年の平均年間成長率が八・七％の時に、その六％は「技術革新」であり、六五年から七〇年の成長のピークを迎えた五年間では、平均年間成長率一一・六％のうち七％を占めていた。成長要因の半分以上が常に「技術」であったという結果は、「少子化する高齢社会」二一世紀の日本でも、やはり参考になるデータといってよいであろう。むしろ、全体としては一％に達しない「労働」要因の低さや、予想外に低い「資本」要因の「寄与度」に驚く。

図4-1では含まれなかった土地の「寄与度」はもちろん大きい。低金利と減税で刺激された企業の設備投資は、大都市圏内や既設の工業地帯における旧工場の増強に向かう反面、新鋭工場建設のために全国的規模で工業用地を大量に必要とした。結果的に、低価格の中東の石油をタンカーで運び込めて、精製しやすい太平洋沿岸にそれは集中した。すなわち資本の都合や企業活動のしやすさから、地域の再編が強く求められたのである。

これに応じた制度改革が、一九六一年「農業基本法」公布施行、六二年「全国総合開発計画」、六三年「新産業都市・鉱工業設備特別地域指定」などであり、いずれもそれぞれの分野から四大工業地域の再編を狙った。この方針は最終的には一九七二年の田中角栄の「日本列島改造論」に至る。「明治百年は国土維新」を基盤として、資本面への刺激は土地の新たな獲得を促進する施策を不可避とし、その結果として企業の地方進出が助長された。

また、労働が持つ成長への寄与度は七〇年代でも相対的に低く、知識労働の比重が高まる一九八〇年代においてようやく漸増する。トフラーの『第三の波』(1980) は文字通りその先駆けであった。

労働部門はそれまでにも数多くの問題を抱えてきたが、六〇年当時の最大の問題をはらむ社会運動は「三池闘争」であった。六〇年の政治争点が「安保」であれば、資本と労働の激突が「三池」であった。

これへの評価は、二〇年後、総評議長を務めた太田薫によって次のようになされている。「三池闘争で資本とその権力の冷酷さを知った活動家が全国に散ったことで、日本の労働組合は、企業別組合の本質的な弱さにもかかわらず、なんとか前を向いて来たのだと思う。反安保・三池闘争がなかったら、日本の労働組合運動はもっと早く、右傾化してしまっていた」(太田 1981：37)。

今日私は、労働運動の「右傾化」とともに「官僚制化」を読み取り、合わせて労働運動の「制度化」としても考えておきたい。それは産業化の進展の結果、労働者にも「世俗化」が作用して「三種の神器」に典型化される物質的豊かさが獲得できるようになった事情と無関係ではない。しかも豊かさと並行して、企業別組合主義は完全に定着した。それはある業種における一企業の業績が飛躍的に向上しても、業種全体の賃上げや福利厚生には結びつかず、一企業内における莫大な一時金の要求と妥結という今日的な組合の前段階であった。たとえば二〇〇六年に空前の利益をあげたトヨタ自動車の労働組合は、年間一時金の要求額を組合員一人当たり二五八万円としたが、賃金改善の要求金額は一五〇〇円にすぎなかった。これは同じ自動車産業でも業績が思わしくない企業とその組合への配慮であろうが、そこには自動車産業を超えた労働者同士、ひいては市民全般への連帯性への配慮などは微塵もない。そしてその要求に、トヨタ自動車経営者側はほぼ全面的に答えた。

地域移動　高度成長は労働する若者の移動を激しくした。若者はもちろん労働力そのものではないが、資本面への刺激と地域再編政策の結果、生産力増大に不可欠である豊富で優秀な労働力は、全国の中小都市や農村漁村から工業地帯や大都市に、とりあえずは労働する人間として絶えず供給されるようになったからである。それは、臨時の出稼ぎとしても居住地域移動としても、非常に目立つよう

表4-6　地方別人口割合

（%）

	1950年	1975年	2005年
北海道	5.1	4.8	4.4
東北	10.7	8.2	7.5
北関東	6.2	5.2	5.5
南関東	15.5	24.2	27.0
北陸・東山	9.6	7.2	6.7
東海	10.5	11.4	11.8
東近畿	3.1	2.8	3.0
西近畿	10.7	14.0	13.3
中国	8.1	6.6	6.0
四国	5.0	3.6	3.2
九州・沖縄	15.5	12.0	11.5
南関東・東海西近畿の合計	36.8	49.5	52.1

（出典）表4-1に同じ（：155）.

になった。併せて、企業の地方進出を容易にする地域再編のための方策として、既述した農業基本法、全国総合開発計画、新産業都市、鉱工業整備特別地域指定などが具体化された。

それに伴って、全国的規模での地域間人口移動が発生し、拡大し続ける工業生産力水準を支える労働力として、またサービス業従事者や消費者として、地方からの移動者が工業地帯や大都市圏域に定着した。大都市圏（東京・千葉・埼玉・神奈川・愛知・三重・京都・大阪・兵庫）の総人口は、一九六〇年の三四九六万人から七〇年の四五五八万人へと急伸した。比率的にも一九五〇年と一九七五年とを比べると、表4-6のようになる。結果的には南関東の一人勝ちであるが、国土に見る人口配置構造は二〇〇〇年以降でも基本的に変化していない。すなわち高度成長が実際に終焉した一九七五年以降の日本社会における人口配置構造は、一世代が完全に交代した三五年を経過した二〇〇八年でも不変であり、現代日本の骨格を作り出した四〇年前の経済の高度成長の凄まじさが感じられる。

「疾走」する日本社会

企業側の技術革新、高水準の設備投資、高度の分業、労働者側の持つ手段的能動主義のエートス、都市と農村を巻き込んだ消費生活革命という高度成長の要因群がうまく連鎖し、一九六〇年から七〇年までの年平均の実質経済成長率は一〇・六%にも達し、文字通り経済大国への道を一直線に「疾走」していたのが当時の日本であった。しかし当然ではあるが、経済大国ならではの各種の公害も水質汚濁、大気汚染、土壌汚染、騒音、光化学スモッグなどとして誕生した。なかでも四大公害としての水俣病、イタイイタイ病、四日市喘息、第二水俣病は全国的に被害者も多く出た。食品レベルでは、団塊世代はその成長期にチクロ入りの食品を大量に摂取している。これは蔗糖の三〇倍の甘味を持っていたので、人口甘味料として六九年まで使われた。すなわち団塊世代は二〇歳までこの発がん性のある甘味料とともに、防腐剤入りの魚肉ハムやソーセージで育ったのである。これらが高度成長の影の側面だとすると、光の側面の筆頭は乳児死亡率が激減したことである。

表4-7　乳児死亡率の推移
（出生 1000 人対）(‰)

1900年	155.0
1940年	90.0
1950年	60.1
1955年	39.8
1960年	30.7
1965年	18.5
1970年	13.1
1975年	10.0
1980年	7.5
2005年	2.8

（出典）表4-1に同じ（：72).

表4-7は乳児死亡率の一〇〇年間の推移であるが、高度成長しなくても着実に下がっていたことは事実である。ただし、一九六一年に国民皆保険が実現し、本人でもその扶養家族でも、ともかくも全国民が医療保険に強制加入したことで、治療とともに予防までも保険で可能になり、これが乳児死亡率の長期的な激減にとっては大きな意味を持った。そしてそれ以降、出生一〇〇〇人当たり乳児死亡率は一桁時代に入り、今日でも約三‰は変わらない。

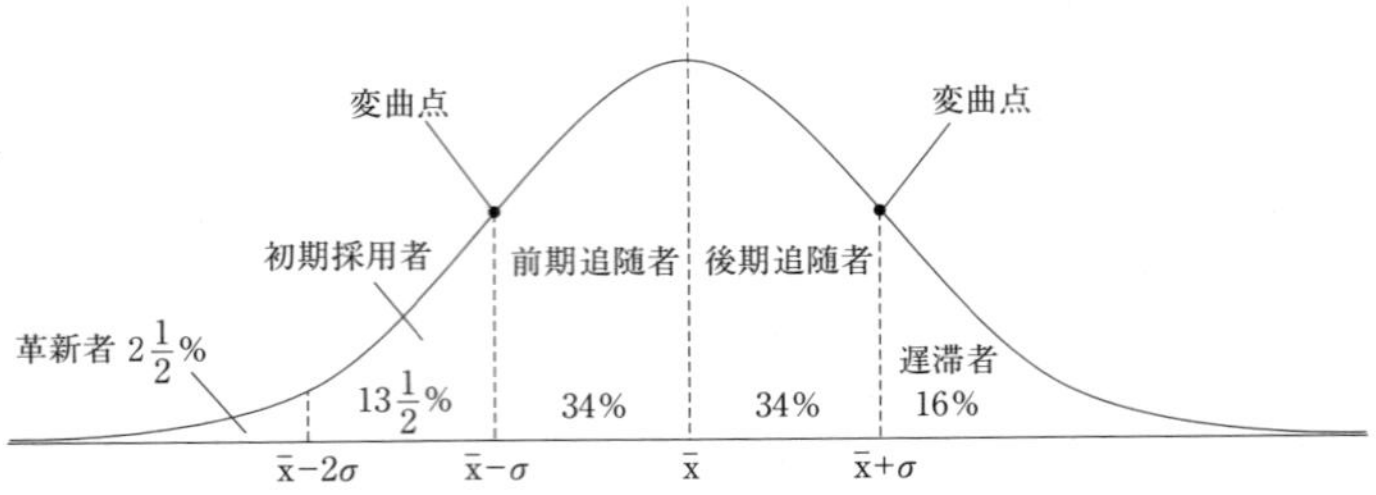

図4－2　普及に関するイノベーション・モデル

個人が１つあるいは複数のイノベーションを採用する時期によって測った革新性の次元は，連続的である。しかしながら，この変数は採用の平均的時期からの標準偏差で区分することによって，５つの採用者カテゴリーに分けることが可能である。

（出典）Rogers 1962（＝1966，藤竹訳：112）.

天然資源小国の日本が、外国産の鉄鉱石や石油などの各種資源に依存しながらも高度成長路線を「疾走」できたのは、相対的に安価な海運の最大限の活用と、その輸入と製品の輸出を前提とした太平洋沿岸の臨海工業地帯の形成にある。後者は一九五〇年代にすでに成立しかかっていたが、全国総合計画や新産業都市指定で最終的に完成した。そのうえ、「資本主義の精神」を体現した勤勉性は国民的エートスでもあるし、超安定終身雇用と経営家族主義を軸とする日本的経営システムが労働者のモラールを高める役割を果たした（Dore 1973=1993）。これは一九八〇年代まで「ジャパン・アズ・ナンバーワン」として世界的に評価されたシステムであった。それら特徴の相乗作用によって、国内外に向けての大量生産・大量販売の経済体制が作り上げられた。

この体制のもとで、減税政策に伴う可処分所得の増加による国民の消費意欲の昂進が見られた。さらに、耐久消費財の普及とともにマスコミ特にテレビが発達し、ガルブレイスのいう「欲望の依存効果」を完全な形で生じさせ、ここに大量生産・大量販売に呼応する大量消費のシステムが完成した。

表4-8　媒体別広告費

（億円）

	テレビ	新聞	雑誌	ラジオ	4媒体広告費計	その他	総計
1955年	9	337	35	98	479	130	609
1960年	388	684	100	178	1350	390	1740
1965年	1110	1233	192	161	2696	744	3440
1970年	2445	2653	418	345	5861	1699	7560
1973年	3522	3721	572	496	8311	2457	10768

（出典）矢野恒太記念会編 2006：504.
（注）「その他」はダイレクトメール，屋外広告，輸出広告などの合計.

耐久消費財の普及については、(1)普及度が高まるにつれて量産効果によりコストも価格も低下し、それがさらに普及を促進したこと、(2)その過程でデモンストレーション効果が強く作用したこと、(3)他方、耐久消費財の普及とともに中流階層意識が一般化していったこと、(4)普及過程は新製品のライフ・サイクルを典型的に現していたこと、などが指摘される。多くの場合、その急速な普及過程は、ロジャースのイノベーション・モデルと整合していたように思われる（図4-2）。

マスコミの膨張　同時に、欲望を刺激する典型的な資本主義的産業である宣伝・広告を専門とする企業や、放送局に代表されるマスコミ産業の膨張もこの時期に始まっている。矢野恒太記念会編（2006）によれば、一九五五年から七三年までの総広告費は約一八倍の伸びを見せ、七三年には一兆円を突破した（表4-8）。

このうち一九五三年に放送開始のテレビは、二二年目の一九七五年にそれまで広告費第一位を占めていた新聞を抜き去り、それ以降は同じ状態にある。テレビに象徴される耐久消費財をテレビによって宣伝し販売効果をあげた代表として、三菱電機による力道山人気の「プロレス中継」やナショナル劇場や東芝劇場などを挙げておこう。特に「プロレス中継」は五七年から七二年までの一五年にも及び、この中継提供期間は、完全に高度成長期と符合している。家電メーカーがテレビの番組スポンサーとなり、それが人気を呼んでますますテレビが売れるという仕掛けが完成した。

また、生徒から学生になりつつあった団塊世代に向けて、たくさんのアイドルやスターたちが映画とともにテレビを媒体に活躍した。それは歌う映画俳優・石原裕次郎（一九三四年生）のスクリーン、燃える男・長嶋茂雄（一九三六年生）のグラウンドでの躍動、天才・美空ひばり（一九三七年生）の歌声、若大将・加山雄三（一九三七年生）のエレキ、ホームラン王・王貞治（一九四〇年生）の世界新記録八六八本につながっていく本塁打量産に象徴される。また、ビートルズのジョン・レノンとリンゴ・スターが一九四〇年生まれであり、ポール・マッカートニーが一九四二年、ジョージ・ハリソンが一九四三年生まれであったことも団塊世代には幸いした。

その多くの暮らしは大都市でも小都市でも農漁村でも貧しいものであったが、団塊世代が幸せだったのは、小学校高学年までの一〇年間はテレビがなかったものの、テレビ購入後の茶の間には、今日的にも比類のないすばらしいスターたちがたくさんの夢を届けてくれたことにある。それらに励まされ、進路を見出し、現在も活躍する団塊世代もまた多い。

以上その特質を概観した高度成長に向けて「疾走」していた一九六〇年代の日本は、まさしくそのために、社会システムの各部分で変化が発生した。もし、社会変動が発生し、それが何らかのかたちで「危機」と結びついているならば、高度成長期の研究は、その「危機」にも言及することが求められるであろう。本章では、変動を地域空間構造とりわけ農村地域と都市地域とに分けて、そして社会構造と社会心理の変容を加えて考察するが、そこでの「危機」は統合システムの解体と「粉末化」された個人の析出にあるとひとまずまとめておこう。

2　農村地域の変動

構造改善

農業生産の選択的拡大と構造改善を目指し一九六一年に成立した「農業基本法」は、農業・農村・農民に大きな影響を与えた。なぜなら、伝統的な国策としての小農維持政策の改変をそれは意味するからである。たとえば一九二九年に柳田國男は次のように書いた。「米田一色と称する部落でさえも、畦《あぜ》には大豆を播《ま》き、土手の根には菜を作り、軒には鶏を飼い、背戸《せど》には竹の子を育てて、売れるならそれも売ろうとしている。……一戸で十五種二十種の作物を、それぞれ作り分ける技倆を有《も》っている農夫は、おそらくはわが邦以外にはおらぬ」（柳田 1991：368）。このような伝統を改変して選択的に拡大することは、単一の優良作物に特化し、多種類の作物を零細規模で作っていた農法をやめることにつながり、やめた作物の多くは輸入によってまかなわれることになった。その結果、食料自給率の連続的な低下が始まった。表4-9はそれを示すものである。

表4-9　食料自給率（供給熱量自給率）（%）

1960年	79
1965年	73
1970年	60
1975年	54
1990年	47
1995年	43
2005年	40

（出典）表4-8に同じ（：214）.

食料自給率の低下

現在では、基本的には米の自給を除き、あらゆる食料品は輸入に頼っているといっても過言ではない。『日本国勢図会 2008/2009』（：139）によれば、高度成長期以降、着実に自給率は一貫して低下してきた。ちなみに、二〇〇六年の自給率では、大豆が五％、小麦が一三％、野菜が七九％、果実が三九％、肉類が五五％、魚介類が五二％、鶏卵が九五％、牛乳・乳製品が六六％になっていた。

細かく見ると、米と野菜と鶏卵はなんとか自給可能ではあるが、鶏のエサも輸入であるから、結局は米、野菜、近海の魚介類、塩しか自給できていない。換言すれば、大豆と小麦が自給率低下の最大要因になる。

高度成長時代を通じて、米と鶏卵以外の食料自給率はかなりの落ち込みを見せている。特に、麦、大豆、濃厚飼料の低下が激しいが、これらはいずれもその大半がアメリカをはじめとする諸外国からの輸入という形で処理された。家電、自動車、情報機器を外国に売り、石油と食料を外国から購入する貿易システムは、二一世紀の今日でも依然として堅固なままである。

構造改善事業は、零細経営農家群から自立農家の育成を進めようとしたが、土地の保有高が選別の主な基準となったため、多くの零細経営農家では逆に営農意欲の低下をもたらした。農家の間に、農業の商品化を通じて大規模経営を展開する層と、むしろ農業は自家消費に充当する程度にして、月曜から金曜までは兼業収入によって生計を維持しようとする層との分化が強まった。しかも、一九八〇年代以降は、全体として農工間の生産力格差が強まる傾向にあり、そこには、もはや田舎の豊かさと都会の貧しさという組み合わせはなかった。それは、「技術の進歩は、同一生産物の生産に要する単位あたりの生産費を引き下げる」（富永 1965：213，傍点原文）という産業化の命題が、より工業部門で該当するためであった。

加えて、高度成長期における国際的な工業競争力をつけるための製造業部門への政府の厚い保護と配慮がなされた。日本企業の国際化は進んだが、国際的競争力をもつ業種はその当時から今日まで限られていた。具体的には鉄鋼、家電、産業機械、自動車、繊維製品、造船、化学工業などが時代のリーディング・インダストリーであったが、時代により浮沈が大きかった。二一世紀の今日では、家電と自動車に加えてパソコンや半導体などの情報機器それにアニメ産業などが代表的であり、残りの出版、マスコミ、食品、建設、薬品、不動産、金融保険などを含む大半は、国際化の中でも国内市場を軸として生存競争を展開しているような印象を受ける。

離村向都

今日のアジア諸国と同じく、一九六〇年代の高度成長期における若者の良質の労働力供給源として、そして大都市や四大工業地帯の若者が勤務する工場で生産された商品の販売市場として、農村および農家生活は位置づけ直された。まず、自立農育成方針のもとで旧来の零細農は次第に専業化できなくなり、最初に独身の次、三男が離農して、大量に都市や工業地帯に移動した。

それまでの農作業は、流出した次、三男の無償労働力を含む家族全員や同族団、それに近隣のいわば人力と若干の畜力とで行われていたが、無償労働力の提供者が離村し、人手不足になると、人力作戦よりも機械化路線が採用されるようになる。そこで農業構造改善事業の実施指定を受ければ、機械の購入費の半額が国から助成されたので、機械化農業が急速に浸透し、農機具メーカーが業績を伸ばした。

産業化が共同体を弛緩させる

ところで、家族全員や同族団、近隣との共同的な農作業では、伝統的な知恵と経験とが威力を発揮する場合が多く、それに富む家長および年長者が指導力を持つ。家としてのまとまりも村落の共同体構造も強固である。しかし、機械化はそのような伝統的な知恵と経験

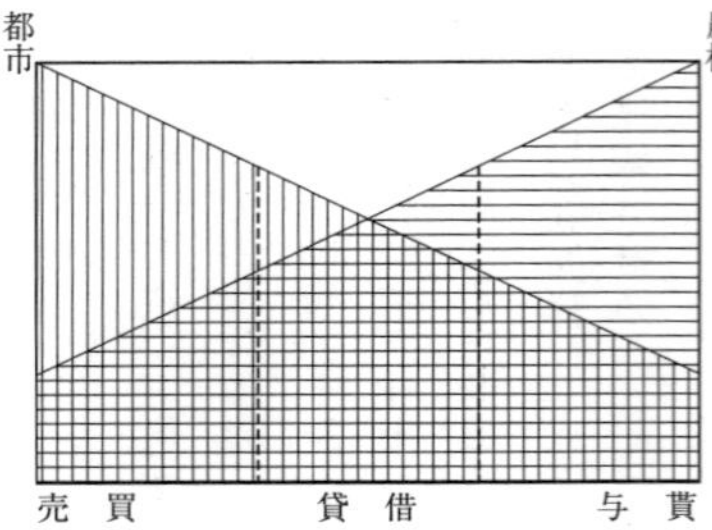

図4-3　都市と農村の社会関係の質
（出典）金子 1982：244.

に依存しなくても、農作業を容易にしかも省力化する。その結果、年長者や家長の貴重な経験が顧みられず、指導力が著しく低下した時、農村を支えていた共同体構造は弛緩を始め、家制度も変動を開始する。高度成長期後半には、世帯主や長男跡取りの離農さえ発生した。

この社会変動のなかで、人力を前提としない機械化された作業形態が普遍化し、農薬や化学肥料依存型の農業構造が完成したのである。「自然」から化学肥料という「人為」への転換が農業ですら認められ、産業化を推進する母体の一つである農業機械、農薬、化学肥料という商品の販売活動が活発となった。そして、これらを使う農業自体が手段的能動主義を基盤とする産業へと変質した。

この構造転換で一番問題なのは、人力と有機肥料とに代わる農業用具のすべてで現金購入を余儀なくさせられた点である。確かに最初の機械導入では国費補助が得られたので、費用は半分で済んだ。しかし、機械の耐久年度が過ぎ、買い替えの時期がくれば、もはや全額を自前で払うよりほかに途がない。それを拒否すれば、昔の人力と畜力依存型の農業しか残っていないが、三大都市圏への人口流出は進み、人手不足はむしろ激しくなっているから、それにも戻れない。したがって、機械、農薬、化学肥料の購入のため、無理してでも現金収入を求めるようになり、兼業や出稼ぎが常態化する。あるいは農協に対する莫大な借金が残ってしまう。

農村社会学・都市社会学の泰斗である鈴木栄太郎は社会関係を売買、貸借、与貰の三様式に分け、農村の一般的な社会関係様式は「与貰」であると指摘している（図4-3）。もちろんこの区別は相対的なものではあるが、高度成長期すでに市場経済に組み込まれ、自給自足体制が崩壊しかかった農村では、都市と同様「売買」関係が基本とならざるをえなかった。そしてその「売買」関係の維持は、現金収入によってしか保障されない。

機械化貧乏

このように農業構造改善のための機械化は脱農・離農を促進し、兼業や出稼ぎによる現金収入志向を強めた。生産・生活面での協業と共同の衰退は村落構造を弱め、現金収入が「与貰」を中心としてきた独特の社会関係を破壊した。石炭から石油へのエネルギー革命を主軸とした高度産業化は、産業化に適合的な製造業中心の経済社会システムを成長させ、そうでない農業などの産業部門を縮小させるという構造変動を次々に作り出すことによって、既存の構造をいずれにせよ壊し続けてきた。

本来省力のために導入したはずの機械が、一五種も二〇種もの作物を作り分ける古来の農業技術を放棄させ、伝統的な生活様式を変えてしまった。新しい時代を牽引する産業化が、確固とした家族の絆を弛緩させてでも適応しなければやっていけない農業・農村を生み出した。農機具や化学肥料の宣伝でも売り上げを伸ばしたマスコミからは、その一方で「機械化貧乏」という流行語さえ誕生したのである。

欲望の依存効果

他方、当時の国内企業側からすれば、戦前戦中からの大陸市場やサハリンや台湾市場を失った分だけ、どこかで新しい市場を開拓しなければならなかった。その背景のなか、歴史的に「自家生産—自家処理」を基軸とし、貸借と与貰を軸として売買関係はあくまでも傍流であった日本農村の市場化こそが、大量生産・大量販売方式の成否を決めるカギとなっていた。農業機械、農薬、化学肥料メーカーももちろん例外ではない。これらとともに、台所用洗剤や洗濯関連商品などの日用雑貨、それに家電と自動車と百科事典に典型化される多数の新型商品が売り込まれた。

結果的に、その試みは新規参入したテレビをはじめとするマスコミの力と「欲望の依存効果」によって成功し、都市生活を越えて農村生活にも膨大な商品が浸透するようになった。耐久消費財の購入速度ははやく、都市世帯とともに農家でも多くの商品が急速に浸透した。

このような市場化は「売買」が基本だから、農家では現金収入の必要性がさらに高まり、貸借と与貫関係ではもはやどうにもならず、世帯主や長男までもが出稼ぎや兼業志向を強めた。

共同体の崩壊

この層が離村すれば、もはや村の担い手はいなくなる。農村共同体は日常的な水利や共有地の管理、労働の交換、自然災害や火事などの緊急時における防衛面での分業によって支えられているから、その中心となるべき世帯主や長男の出稼ぎや兼業は、共同体の崩壊を引き起こさざるをえなかった。人手不足の農業は、機械化、農薬、化学肥料の大量使用で、村に残された「三ちゃん」によってもひとまず可能であり続けたが、道普請、清掃、祭りをはじめとする地域共同作業や田畑をめぐる協業は縮小した。同時に農村生活の関心は村落を超出し、都市で働く出稼ぎ者や移住者と残された家族や友人との関係に移った。きだみのるが参与観察で描いた村落社会でも、濃厚なソーシャル・キャピタルに基づくコミュニティが消失した。

ラジオとテレビというマスコミの世界では、ふるさとから都会に出かけた家族や友人知人に向けての「ふるさと派歌謡曲」が作り出されたし、都会生活の孤独をかみしめつつも、そこにしか生きられない都市居住者の側からの「都会派歌謡曲」もラジオやテレビから流れるようになった。高度成長前半では、聴取者がどちらに属しても、当時の日本人の心理を巧みに表現した歌謡曲黄金時代が現出したのである。

3 高度成長の結果と社会問題

成果としてのモノの豊かさ

まず、一九七二年までの高度経済成長の成果として最初に挙げるべきは、何といっても日本社会が物質的に豊かになったことであろう（図4-4）。一九五〇年代半ばごろから、家団塊世代も含めて当時の個人の生活面を見ればこれは明らかである。一九五〇年代半ばごろから、家電製品の白黒テレビ、電気洗濯機、冷蔵庫のいわゆる「三種の神器」という言葉が流行した。家電製品の中で是非とも欲しいものばかりだが、当時の日本の家庭ではまだ全部揃ってはいなかった。それを計画的に「月賦」で揃えることが、当時の日本人の持った大きな夢の一つであった。「いつかは我が家も」という主婦の気持ちには、強烈なものがあった。五〇年後の現在から思えば、信じられないくらいささやかな望みではないか。

しかし、これが当時の現実だった。ちなみに、日本人にこよなく愛されてきたテレビはまったく高嶺の花であった。初めて民間のテレビ放送局が開局した一九五三年には、一四インチの白黒テレビが一八万円もした。当時の大卒初任給は一万円に達していなかったので、超贅沢品であった。

ただし一九五四年のテレビ受信契約数は一万件程度にすぎなかったのに、五五年には一〇万件を突破し、『経済白書』で「もはや戦後ではない」と宣言された五六年には、実に三〇万件へと急増した。さ

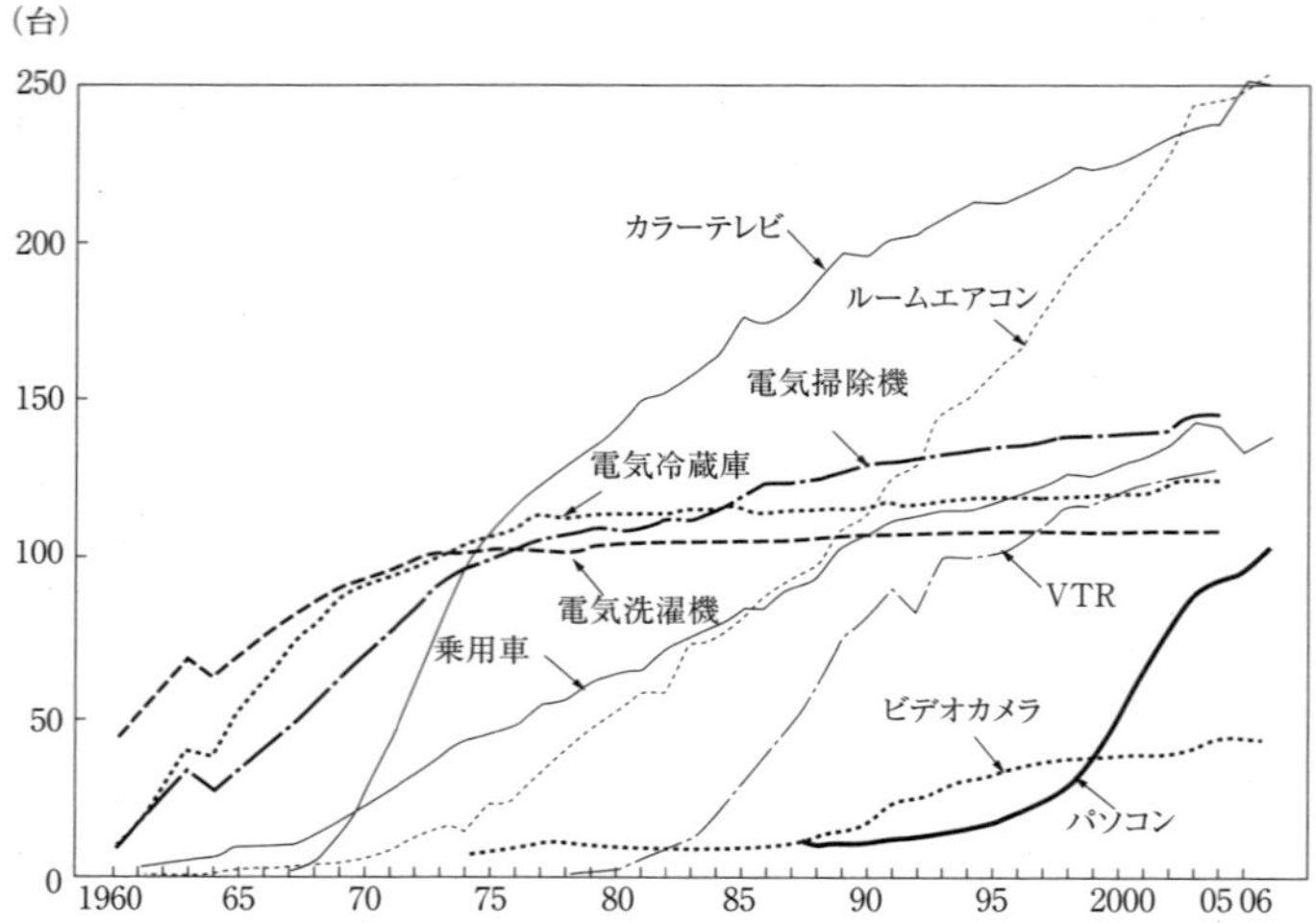

図4－4　耐久消費財の浸透（100世帯あたり保有数量）

（出典）表4－8に同じ（：516）.
1963年以前は都市部のみ．対象は全世帯．ただし，電気冷蔵庫，電気洗濯機，電気掃除機および乗用車は1963年まで，ルームエアコンは1965年まで非農家世帯のみが対象．1966年はデータがないため，65年と67年を結んだもの．

らに、五八年には一〇〇万件の大台を突破することになった。わずか四年の間になんと一〇〇倍に膨張したのである。この驚異的なスピードが、豊かさを追求しはじめた当時の日本社会の熱気を物語っている。日本史上空前の豊かさへ向けての離陸であった。

一九六〇年代中期には、「新三種の神器」が登場する。これは、3Cともいわれた、カラーテレビ、カー（自家用車）、クーラーであった。一〇年の間に、白黒テレビ、電気洗濯機、冷蔵庫からカラーテレビ、カー、クーラーへと、憧れの商品がグレード・アップしたことになる。しかも、高度成長の頂点に近い七〇年には、カーの普及率が四世帯に一台にまで増加し、自動車保有台数では、アメリカに次ぎ世界第二位まで成長した。カーも憧れの対象ではなく、生活に密着した商品になってきていた。

これらが、高度成長のもたらした豊かさの実感である。エネルギー源が石炭から石油に代わり、それに合わせた新しい技術の導入が進められ、スケール・メリットを追求した重化学工業界では大型の設備投資が積極的に行われ、産業構造の高度化が進展した。そうした産業界の発展に伴い、個人の所得も増加し、「欲望の依存主義」に依拠した消費拡大が可能になったのである。

欲望の依存主義

このように、驚異的なスピードで日本社会は物質的には豊かになっていった。しかし、高度成長が日本社会にもたらしたのはプラスの成果だけではなかった。まず、国際関係面で生じた変化と問題点を見てみよう。一九四五年以降一九五〇年代の前半までの日本は、輸入超過による慢性的な外貨不足に悩み、国際収支の赤字が景気の天井を低いものにしていた。

しかし、こうした経済体質は六〇年代に完全に改善された。産業化が飛躍的に進んだ日本工業の生産力は、クルマや家電といった耐久消費財を中心とした高性能製品を、手頃な価格で世界市場に送りだす力量を備えはじめたのである。トヨタの看板車であったクラウンがビバリーヒルズを登れずに、フォードに牽引されるという屈辱が起きたのは一九五七年であったが、一〇年後には高性能のクルマと家電を軸とした大衆消費社会が到来した。しかもその供給力は、日本国内市場を超えるまでに成長したのである。そうした状況下で、クルマや家電メーカーが海外市場の獲得を目指したのは、当然であった。六九年の「日米繊維交渉」から年中行事化した大幅な輸出超過による貿易摩擦の種が、この時期に蒔かれた。

表 4-10　高校進学率，短大・大学進学率

	高校進学率			短大・大学進学率		
	総数	男	女	総数	男	女
1955年	51.5	55.5	47.4	10.1	15.0	5.0
1960年	57.7	59.6	55.9	10.3	14.9	5.5
1965年	70.7	71.7	69.6	16.9	22.4	11.3
1970年	82.1	81.6	82.7	23.6	29.3	17.7
1975年	91.9	91.0	93.0	37.7	43.0	32.4

（出典）表4-1に同じ（：150）

職業威信の変化

次に、国内的な側面では、経済優先主義や企業中心社会の基盤がこの時期に形成された。また、産業部門の発展とそれに伴う都市への急激な人口流入は、住宅不足と交通渋滞と公害に象徴されるいわゆる都市問題を発生させた。

また、自営業から離れた組織労働者が大量に発生した。このサラリーマン化という社会的な流れは、日本人の職業観に大きな影響を与えることになった。大都市中心部にあるビル街に通勤する大企業ホワイト・カラー層の持つ職業威信が高まったのである。具体的には「丸の内社員」と「大手町OL」と「霞が関エリート」神話が生まれ、これらは今でも健在である。

一般的にいえば、学歴を経由しての階層間移動はヨーロッパに比べ日本のほうが容易であったから、しかるべき能力を身につけるのではなく、学歴さえ取得すれば大企業の社員になり、終身雇用制度のなかで出世するのは簡単だった。一九五五年までは日本人の半数が中学卒業で終わっていたのに、やがて大企業に入社し上昇移動するには高学歴が重要だという考え方が一般的化していった（表4-10）。いわゆる高校全入に近くなるのは進学率が九〇％を超えた一九七五年からであり、それ以降は九六％前後で今日まで推移してきた。したがって、日本の学歴社会神話はまだわずか三〇年の歴史しかない。

団塊世代が高校入試に直面した六五年前後ですら、高校進学率は七〇%程度であったし、大学入試の時期であった六六年から六九年の進学率は、短大込みでも一六%から二〇%程度だったのである。

一五年にわたる高度成長の結果、一九六〇年代の後半には工場用地や工業用水や電力など生産要素に余裕がなくなってきた。物流を支える交通網にも、飽和の兆しが現れてきた。

都市問題

若年層を中心に人手不足も無視できない状況に達していた。こうした問題を解決するには、より効率的な生産システムの構築が不可欠になるとして、一九七二年に登場したのが、工業基地開発と高速道路網などを核とした「日本列島改造計画」であった。

しかし、列島改造計画は本来の目的を果たさないうちに、日本全国に土地投機ブームを生み出す結果となってしまった。地価の高騰が契機となりインフレ懸念が強まる状況下の七三年に、石油ショックが発生したのである。エネルギーの大半を輸入の石油に依存していた日本にとって、石油価格の大幅な上昇は致命的であった。諸物価は急騰し、経済は大混乱に陥った。インフレを押さえるため、徹底した総需要抑制策と金融引締めが実行され、七四年度には戦後ただ一度しかないマイナス成長を記録することになったのである。

さらに第二次石油ショックが追討ちをかけ、いよいよ高度成長路線の維持が困難となり、安定成長路線への転換が重要な課題と認識されるようになった。こう見てくると、石油ショックにより経済成長が鈍化したと考えられるかもしれない。確かに、直接的な影響はそうであろう。しかし、より根本的には、日本経済が欧米諸国へのキャッチアップを完了したことの影響と理解したほうがいい。キャッチアップの完了は、需要面と技術面の両方から成長のポテンシャルを低下させる方向に働いたからである。

安定成長

一九七〇年代に入ると、年率一〇％であった日本経済の成長率は五％程度に低下した。また、サラリーマン化という社会的な流れは、職業観にいろいろな影響を与えることになった。大都会中心部にある近代的なビルに通勤する、大企業ホワイト・カラーに対する職業威信が高まっていった。この層の動向が持つ社会的な影響力は大きくなった。「くたばれGNP」や「モーレツからビューティフルへ」などの生き方や働き方の転換にも、このホワイト・カラー層は中心的役割を果たした。加えて生活費の急上昇にもかかわらず、労使一体となって過度な賃上げを自粛したり、単身赴任もいとわず、また時としてサービス残業も行い、ひたすら企業の拡大に突進した。こうして、高度成長期に基盤が形成され、日本企業の強さの根幹といえる会社中心主義と会社人間化が進み、年功序列、終身雇用、企業別組合を内包する日本的経営形態が完成した。

ただし、サラリーマンはいわゆる社会の規範と会社の規範というダブルスタンダードの規範体現者にならざるをえず、出社拒否、自殺、うつ病その他の職業病が新しく発生することになった。

他方、農村の共同体は破壊され、都市では徐々に匿名性原理が浸透した。自由ながらも規範全体が「粉末化」する現象が認められたので、高度成長後期以降の企業の成員は企業そのものを新しい共同体と認知した。

企業という「共同体における規範、慣行、前例などは、もはや意識的改正の対象とはみなされず、あたかも神聖なるもののごとく無批判の遵守が要求されるようになる」（小室 1976：152）。団塊世代までの大半は、この社会規範と会社規範によるダブルスタンダードに馴染んだままで、定年を迎え始めたのである。「高年齢者雇用安定法」がカバーする六五歳までの雇用を離れたら、少なくとも日常的な企業規範が消滅するのだから、残されるのはシングルの社会規範のみである。団塊世代の六五歳定年後は、はたしてどのような精神的均衡が維持できるであろうか。

日本的経営

一九八四年に晩年の尾高邦雄は、産業社会学の立場から「日本的経営」を表4-11の一〇項目に整理した。これは江戸時代からの日本文化に配慮した非常に包括的なまとめであった。しかし、当時の日本社会を見つめる尾高の視線は、高度成長期から七〇年代後期へと向かった不況時代における「日本的経営」のメリットとデメリットの分析に固定されていた。

表４-11　日本的経営の特徴

①終身雇用の慣行
②丸抱え的な一括採用
③平均的な会社人間をつくる定型訓練
④ジェネラリストを育成する職場遍歴
⑤年功による処遇と地位の序列
⑥競争の抑制と人の和の尊重
⑦稟議制度
⑧おみこし経営と集団責任体制
⑨権威主義的であるとともに民主的，参画的な組織
⑩私生活にまで及ぶ従業員福祉への温情的配慮

（出典）尾高 1984：114-115.

その後今日に至るまで、日本的経営システムは再編の方向に動いてきた。表4-11のなかで比較的に今でも受け入れられそうな「日本的経営」指標は、「権威主義的であるとともに民主的、参画的な組織」への探求くらいである。それ以外の「終身雇用の慣行」から「従業員福祉への温情的配慮」までは、この二〇年間でほぼ消失した。

とりわけ八〇年代以降の高齢社会における経営システムの再編に当たっては、三つの原理が活用された。一つは、専門性に高い評価が置かれることから派生する本格的な業績・能力主義の導入である。これによって労働市場の流動化は不可避となるが、業績・能力主義への不適応者の増大が膨大な失業者層を形成する危険を回避するために、一方では長期雇用体制を確実に維持しておかなければならない。ここに派遣社員、パート社員の生まれる素地ができて、正社員とともに共存し、競合するようになった。

しかも同時に、管理職も含む中高年男性の自殺が、業績・能力主義社会では失業と仕事上の失敗によってもっと増えることが予想されるので、企業内外ともにこの対応は緊急となった。今ですら、男性二〇歳から四四歳までの死因の筆頭は自殺である。

高度成長期である六五年の死因のうち自殺は第九位だったが、二〇〇〇年以降の自殺の順位は第六位に上がっている。社会規範と自分が長年持ち続けてきた内面的基準が大幅に逸脱すれば、その個人には不適応が発生する。それは適応できないがゆえのアノミー的自殺の原因になるのである。

併せて二一世紀では、保養所や文化施設・体育館などの企業内福利厚生の見直しが進んでいる。もはや終身雇用ではないのだから、丸抱え的に包括的な福利厚生に力を入れるよりは、従業員の健康管理と職場の安全対策に集中する戦略が時代に適合している。福利厚生事業の優先順位は、雇用の確保と生産性の向上に寄与できるかどうかで決定されるようになった。

最後に、企業が独自に専門性の適正な評価基準を開発することが挙げられる。専門能力の観点から従業員を客観的に評価して、これに見合った報酬を用意する。評価と報酬が適切ならば、従業員の専門性にはますます磨きがかかる。このためには、一括採用を見直し、随時採用を含めて営業、研究開発、技術、経理、法務、広告など種類別に一定数の専門家を採用して、スペシャリストを育成することが望ましい。そして、入社五年から一〇年をめどにして、専門の変更を認め、人事に柔軟性をもたせる。企業内部の専門性はこれらの工夫によって、大いに高まるであろう。もっとも団塊世代以上には、このような人事戦略は適用しにくいが、団塊世代はまもなく引退するので、その配慮は必要ではない。

以上、団塊世代が育った戦後日本社会の時代とその社会変動を概観してきた。次は社会的な側面の代表として主に「家族」と「地域社会」に絞って、戦後日本社会の変遷をのべてみたい。

4　家族変動と都市変動

人間の一生で重要な節目には、誕生、結婚、子どもの誕生、子どもの就学、子どもの就職、子どもの結婚、本人の退職、配偶者の死亡など家族ときわめて密接に結びついているものが多い。このようなライフステージはまさしく家族とともにある。

小家族化

一九六〇年からの都市化に伴う転勤に適応した世帯形態が単身世帯と核家族世帯であり、そこから小家族化が二一世紀に向けての現代日本で進んできた。日本企業の強さは、日本の伝統的な文化である家族主義を根拠としているからという主張は根強いものであった。日本的経営の神話もそれを含みがちではあるが、現在ではもはや壊れかかっている。高度成長期にはある程度の経営家族主義が、企業にも従業者にも、効果的な機能をもっていた。今日でさえも株式を公開しない大企業は存在するし、社主が父親で従業員は家族であるといった言説が、マスコミで流れる企業もまだ残ってはいる。

通説によれば、日本の伝統的家族の特色は、「大家族」と「家制度」にまとめられる。農村型社会であった日本では、農民は一カ所に定住し、いわゆる「一所懸命」に大家族で農作業に取り組んできた。したがって、「大家族」は農村型社会の伝統に根ざしたものという見解が存在する。一八九八年に制定された明治民法は、社会の構成単位としての「家」を明確に位置づけている。明治民法は、父・夫・兄という男性の強い権限を認めており、主として江戸時代の武士階級の規範を受け継いだものといわれている。つまり、「家制度」は封建時代からの社会規範に基づいているのである。

しかし、全国的に見ると、末子に相続をさせる南九州の慣行（内藤 1978）に象徴されるように、全国一律に家族形態が同一とはいえなかった。特に一九四五年以前の日本では、若者宿の伝統の有無をはじめ、家族の構造にも地域ごとの独自性が強かった。また、「家制度」に関しても、武士階級の規範に根ざしたものであるとはいえ、一般的な日本の伝統に即したものとは考えられなかった。なぜなら、当時でも武士階級は、人口的にはせいぜい一割程度の少数派だったからである。農村型社会だったことにより、農民の比率は八〇％に達していた。

明治以降の義務教育のなかで強調された家父長を重視する家制度は、当時の日本社会に合致していた。福祉の伝統に乏しく、国家観念が弱かった時代には、最終的に依存できるのは家族であり、血縁であった。そこで多人数が一つの屋根の下に生活を共にする大家族は農村型社会でも重宝なので、それが日本の伝統になった。

したがって、家族のあり方は社会状況によって規定される。欧米や東南アジアと比べれば、日本的な家族の特徴は確かに存在するであろう。だから、高度経済成長期に適応すべく生じた小家族化もまた、その時代に適した形態なのであった。

敗戦後の民法改正が、日本の家族観に大きな影響を与えたことは事実であるが、経済の高度成長による社会構造の変動が家族の実質的変容を促進した。そうしたことが合わさって、日本家族は大きな変貌を遂げることになった。高度成長が目立ちはじめた一九六〇年の普通世帯（居住と生計を共にしている人の集まり、および一戸を構えて住んでいる単身者）の平均世帯人員は四・五人であったが、安定成長に移った七五年では三・五人に減少していた。減少した分は東京、大阪、名古屋の三大都市圏に移動していたのである。これらから、大都市圏への人口集中による都市化の進展と小家族化は、高度成長と密接に関係していることが理解される。

大都市における人口集中と核家族化　この動きをさらに細かく見ると、大都市における人口集中現象にとどまらず、次第に大都市の周辺部や地方都市へ波及していった様子がうかがえる。六〇年代前半にピークを迎えた都市化の動きを、一都三県別に分解すると、東京都の転入超過の中心は五〇年代、神奈川県は五〇〜六〇年代、埼玉県は六〇〜七〇年代となっているのが分かる。それ以前にも、地方小都市や農漁村から大都市へと移動が始まっていて、大都市圏のなかでも人口移動は認められていた。都市への流入人口の主体は、伝来の田畑を相続できない農家の次、三男、そして次女以下を主としていた。しかし、高度成長期における人口移動の勢いは未曾有の激しさであった。その末期には、農家の次、三男にとどまらず、長男や長女までも大都市へ移動した。

農村型地域社会の崩壊　農村型の地域社会は、日本の地域社会の典型のように考えられた時期がある。農村型社会では、地縁と水利共生を不可避とする農業という二重の結合要因で結びついていたので社会結合が強かったが、高度成長に伴う人口の社会移動と就業形態の変化によってその根幹が壊れた。しかも、地域活動の中核となる若年層が男女ともに離村してしまったから、致命的な社会変動が発生したことになる。それは移住先の都市社会の変動につながった。この変動には二つの側面がある。

男性専科から女性の優位へ

まず男女の比率から取り上げよう。都市は元来男性優位の群化社会（神島 1961）であったが、都市社会では高齢化の進展とともに女性比率が高まった。「都会は略奪闘争の場であり、消費的文化の象徴であるから、闘争の緊張をほぐし、またそれをかきたてるためにも、……異常な消費が刺激されざるをえなかった。……感覚化・末梢化が進められるとき、反応はますます直接的、刹那的となり、感覚的行動によってひとはしばしば群集行動におちいりやすい」（同右：75-76）。略奪闘争も群集行動も、この主体には女性ではなく男性が想定されている。

表4-12で示すように、従来の日本都市では女性よりも男性が多く、それゆえに男性のための女性特有の職場が形成されるという傾向があった。しかし、一九六〇年代からの高度成長期に、地方からの男性を追う形で都市に集住した女性がやがて中年期から老年期を迎えると、都市の男女差は逆転し、女性比率が高くなる都市が出てきた。一九七〇年がその転換点であり、女性比率が男性比率よりも高い政令指定都市が半数を超えた。同時にこの年は高度成長期の頂点であり、日本の高齢化社会元年でもあった。二〇〇〇年でも首都圏の千葉、川崎、横浜は男性が多いが、東京都区部は女性比率が多くなっていることに注意しておきたい。これが都市変動指標の筆頭である。

減少する地域間移動

第二の変動指標は地域間移動の減少である。かつての高度成長期のような年率八%もの地域移動の時代は終わりを告げ、低成長と高齢化によって地域移動よりも地域定着の時代へと移ってきた。表4-13は日本人の国内移動率の時系列的な推移であり、七〇年をピークとして移動率は徐々に低下してきており、八五年には高度成長離陸時点よりも割り込んだ。国内移動率の低下と定着志向それに女性増大は、高齢化する「都市品格」創造にも正の影響を与えるであろう。

表４-12　政令指定都市の性比（女100に対する男）の推移

	1930	1950	1970	1980	1990	2000
札幌市	104.8	103.7	99.2	97.2	93.8	91.9
仙台市	103.1	104.5	98.3	98.8	98.2	96.6
千葉市	105.6	98.6	103.5	102.0	102.3	102.0
東京都区部	112.7	102.1	103.1	100.7	100.0	98.2
川崎市	106.7	108.4	110.5	109.2	111.0	103.0
横浜市	106.8	102.0	107.7	104.4	105.3	108.4
名古屋市	105.8	98.1	103.0	100.4	100.0	98.7
京都市	107.5	93.9	96.6	96.0	94.2	92.6
大阪市	113.3	99.4	100.1	97.1	97.1	97.1
神戸市	105.7	98.0	97.7	94.7	93.2	92.8
広島市	103.8	98.0	97.9	97.4	96.8	95.1
北九州市	110.7	100.9	94.0	93.3	90.7	90.5
福岡市	101.2	95.8	95.8	97.3	95.3	92.2

（出典）1930〜1990年は国勢調査結果，1999年度の『大都市比較統計年表』大都市統計協議会より。2000年のみ2000年３月末の「住民基本台帳」より。『地域経済総覧2001』東洋経済新報社 2000，より筆者が算出．

表４-13　日本社会の移動率（県内，県間）

（%）

	1955	1965	1970	1975	1985
移動率総数	5.80	7.56	8.02	6.78	5.39
県　内	3.29	3.78	3.92	3.46	2.80
県　間	2.51	3.78	4.10	3.32	2.59

（出典）国立社会保障・人口問題研究所編 2008：151.
（注）移動率とは、人口100人当たりの移動者をいう．

このように、農村から出てきた農家の跡継ぎが都市に定着することにより、農村では家制度が崩れた。また、人口が集中した都市地域でも、旧来の家意識は薄れ、子ども夫婦が親夫婦と一緒に暮らさないようになってくる。これによって、核家族化が急速に進んだ。移動よりも定着が進んだことで、社会構造に一種の安定感が得られるようになった時代では、現状維持という意味での「改革拒否派」が台頭してくる。

産業構造と就業構造の変化　この意味での都市化の原因はいうまでもなく産業化であり、結果としての産業構造の変化である。明治以降の近代化の過程で、日本は産業化を進め、第一次産業の比重を低下させ、第二、第三次産業の比重を上昇させていった。しかし、それでも就業者に占める農業の比率は依然として高く、昭和初期になってもほぼ半分近くを占めていたし、一九五〇年まではほとんど変化しなかった。高度経済成長がはじまろうとする五五年になっても、第一次産業の就業者割合は四割を超えて、農業だけでも三八％となっていた。戦後一〇年を経た「もはや戦後ではない」時代の日本は、依然として農業国の様相を色濃く残していた。

ところが、高度経済成長とともに、第一次産業から第二、第三次産業への急激な就業者移動が発生した。この動きは単に産業間の就業者移動だけではなく、農村から都市への地域移動を引き起こした。要するに、高度経済成長は日本全体の就業構造を変化させ、都市化を進展させ、核家族化を普遍化したのである。この核家族化の動きは六〇～七〇年代に顕著であり、都市化の進展と重なっている。当時の核家族化は、近いうちに三世代同居の直系家族が日本社会から消え去ってゆく前兆ではないかと考えられていた。しかし高度成長期が終わり、安定成長期に移行すると、核家族化の動きはゆっくりしたものになった。ちなみに核家族の比率は六〇年が五三・〇％、七〇年が五六・七％、八〇年が六〇・三％、九〇年が五九・五％、九五年が五九・一％である。

もちろん、経済の成長速度が鈍化したとはいえ、引き続き成長は続いていたから、就業者の移動や都市化の進展も止まったわけではない。核家族が完全に主流になったとはいえ、二世帯住宅が登場し、三四世代同居も残っている。また、子ども夫婦が結婚直後は別居しても、親が年老いて介護が必要になると同居を始めるケースも多く見受けられるようになった。

戦後の職業変遷

そして、小家族化に呼応する形で女性の社会進出が目立つようになる。これは「戦後、女性も働くようになったことを指す」と表現されることがあるが、総務庁の「労働力調査」によれば、二一世紀の今日よりも六〇年代の方が女性の労働力率は高い。むしろ六五〜七五年にかけて女性の労働力率は低下した。労働力率という指標でとらえるならば、高度経済成長期にはそれ以前と比べて女性は働かなくなったといってよい。

女性全体では六〇年に五五％であった労働力率が五年ごとに低下して、七五年には四五％の底を打った（図４-５）。その後は盛り返すが、最終的には五〇％程度に落ち着く。このデータはいくつかの点で示唆的である。まず、その一つは、女性の社会進出をただ単に「働くようになったこと」するのは不正確だということであろう。女性の雇用者率は戦後ほぼ一貫して上昇しているから、「女性の社会進出とは、女性が家庭を出て、雇用者として働くようになったこと」と表現しておきたい。

表４-14から、男女ともに雇用者の比率が急進して、自営業者と家族従業者は激減したことが理解できる。高度成長期をかざるにふさわしい歌謡曲のジャンルとして、この時期に、雇用された職業や職種

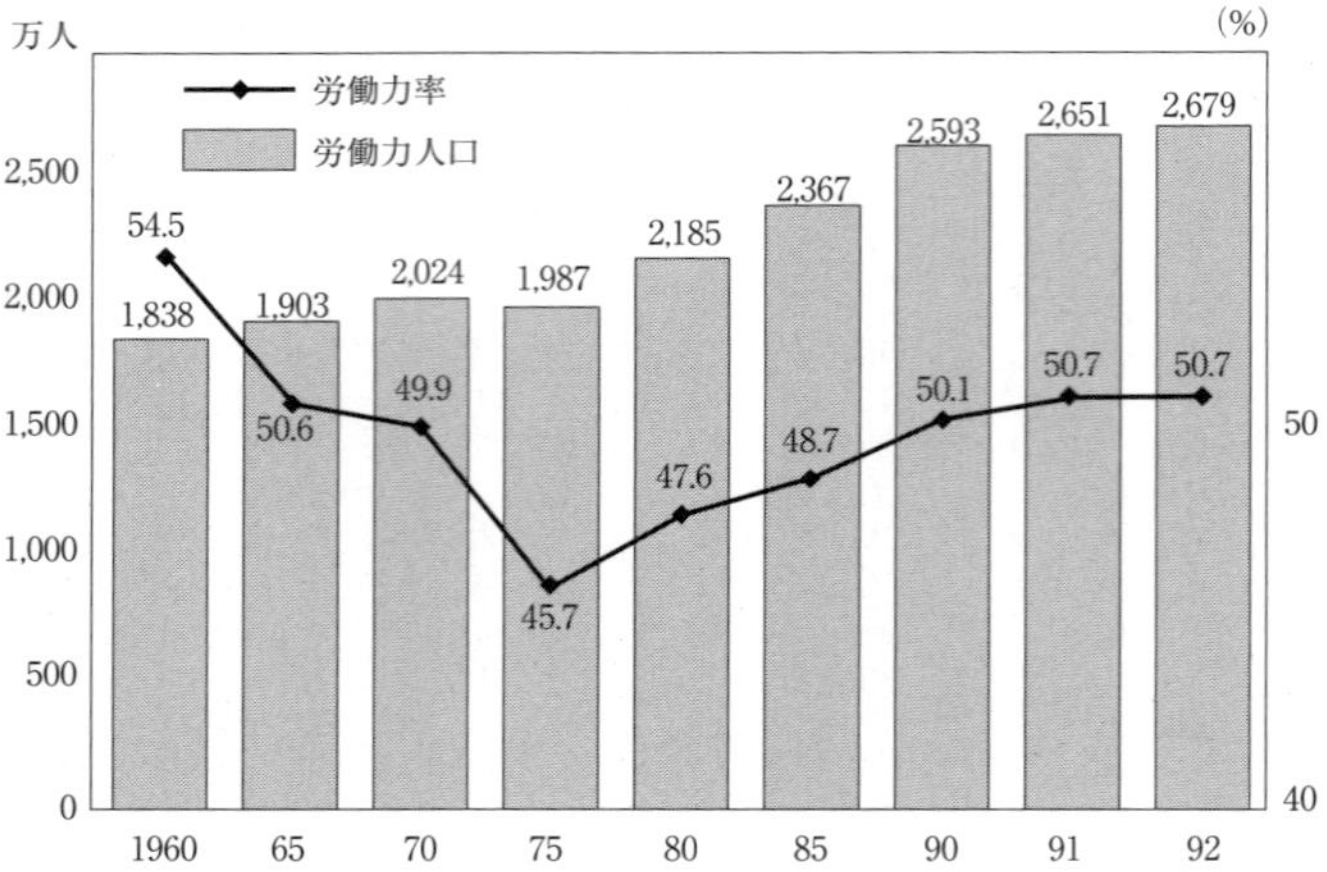

図 4－5　女性の労働力人口と労働力率

（出典）ＰＨＰ研究所 1995：320.
（注）労働力人口とは，就業者と完全失業者を合わせたもの，労働力率は 15 歳以上人口に占める労働力人口の割合.

表 4－14　従業上の地位

	自営業者	雇用者	家族従業者
1955年	24.0	45.7	30.3
1960年	22.1	53.9	24.0
1965年	19.7	60.7	19.5
1970年	19.5	64.2	16.3
1975年	17.7	69.1	13.1
2000年	11.4	83.0	5.6

（出典）表 4－1 に同じ（：144).

を歌いこんだ歌が量産されたことは、決してこの動向と無縁ではない。「越後獅子」、「サンドイッチマン」、「リンゴ農家」、「靴磨き」、「炭鉱夫」、「船方さん」、「灯台守」、「船頭」、「郵便船の船長」、「連絡船の船長」、「バスガール」、「流しの運転手」、「温泉芸者」、「お巡りさん」、「新聞配達」、「板前」、「マドロス」、「船乗り」、「パイロット」、「サラリーマン」などがたちまち揃う。

これらの職業は村に残った「リンゴ農家」の家族従業員や、渡し船の「船頭」や小島通いの「郵便船の船長」などを除けば、大半は都会の職業であり、雇用関係のなかで働くものであった。

女性労働力率の低下

また、女性労働力率が七〇年代半ばまで低下したことは、それまでは家業としての農業労働に従事していた女性が多かったこと、石炭産業などの鉱業に女性も従事していたのに産業自体が壊滅したこと、および高度成長期に農業への家族従事者などが急激に減少したことを裏づけている。さらに、既婚女性の労働力率の低下は、これと表裏をなす非労働力率、つまりほぼ専業主婦と見なされる女性の比率上昇を意味している。このことは、専業主婦が高度成長期に増加したことの裏づけと考えられる。

ここで興味深いのは、前掲図4-5で分かるように女性の非労働力率は戦後上昇を続け、七五年に五五％でピークを示していることである。高度成長が増加させた専業主婦もまたそこに含まれる。この事実は、専業主婦が主婦の本来のあり方という一般的な通念があるとしたら、それは間違いだということを意味している。つまり、「主婦は家庭にあって家事や育児に専念するのが当然」という考え方は、歴史的にも、統計的にも、はっきりとした根拠を持っていないことを示している。母親の働き方を見て育った団塊世代は、そのような女性労働率の推移にも敏感であり、それは配偶者選択や団塊ジュニアの就職結婚に直面した時にも、高度成長期における経験がそれらの判断を左右する。

次に、既婚女性の非労働力率が底を打った七五年以降の動きについてのべておこう。都市化・サラリーマン化・小家族化の動きは持続していたのに、なぜに女性労働力率は反転したのであろうか。いくつかの説明例を挙げてみよう。一つは、家電製品の普及が家事の負担を軽くし、女性の時間的なゆとりを増大させ、仕事への動機づけが高まったという説明である。また、地価の高騰や受験戦争などにより、マイホームのローン返済や子供の教育費など家計の負担が増大し、家計の助けに収入を求める動きが活発化した、という意見もある。

さらに、女性の高学歴化が進み、より高度な仕事に取り組みたいという女性が増加し、そうした影響で専業主婦に飽き足らない女性が増加したという指摘もある。しかし、こうした説明は必ずしもきちんと証明されているわけではない。ただ、進学率データで見たように女性の高学歴化は統計的に確実であり、社会参加意欲の高まりも意識調査などで確認できる。若年労働力不足を補う存在として、企業は有配偶者の中高年女性に着目したとも考えられる。ことに一九八〇年代から、学生アルバイトと主婦のパートタイマーの間にはある種の代替関係が成り立ったし、それは今日までも続いている。

一九五五年から七二年までの高度成長期は、それまでの日本社会を根底的に変質させた。とりわけ経済部門と文化部門、都市と農村の姿、国民生活水準、国民意識などにそれが感じ取れる。

コラム　郵政民営化

郵政民営化の基本方針が九月に閣議決定された。市場原理を活用し、「国民に大きな利益をもたらす」という。一方、一〇月の朝日新聞調査によると、郵政民営化反対・慎重の意見書を採択した自治体議会がすでに全国の半数を超えた。過疎化が進んでいる自治体ほど反対の度合いも強い。郵便局が歴史的に果たしてきた安心機能を考えれば当然の結果だが、その消滅が日本の社会構造に及ぼす影響は看過できない。

地域が成り立つには、最小限六つの機能が必要だ。義務教育（小中学校）、交通（バス停、港湾、鉄道駅）、医療（内科・小児科・外科診療所）、商業（商店街）、治安（交番）、コミュニケーション（郵便局）の機能である。

このうち郵便局は近代日本の一三〇年間、郵便、貯金、保険に加えて、国内すべての地域で安心機能を担ってきた。安心機能とは、郵便および郵便局を媒介として確認できるコミュニケーション相手の存在が、個々人にもたらす心を安らかにする作用である。それは新潟県中越地震の被災者が全国からの温かい支援物資に感謝しつつ、郵便物およびそれを配達する郵便外務員を楽しみに待つ姿に象徴される。郵貯批判の常套句である「見えない国民負担」ではなく、「見えにくい国民貢献」だ。

郵便、貯金、保険業務に限れば、それらはそれぞれ宅配業、銀行、保険会社に担わせられる。しかし安心機能を肩代わりする機関は民間に求めにくい。しかも安心機能は過疎地ほど重要なのである。だがたとえば過疎地で暮らす高齢者に日用品を届けたり、励ましたりする「ひまわりサービス」も民営化後は打ち切られるだろう。

民営化が「国民に大きな利益」をもたらすとはいえないことになる。

民営化は効率性を追求するので、過疎地では閉鎖に追い込まれる郵便局が増加する。少子高齢化が同時進行する過疎地のコミュニケーション機能が衰えるなかで地域の安心機能も弱まる。そうなれば、義務教育、商業、医療、交通、治安機能も順次消滅し、小泉内閣が掲げる「地方分権」も絵に描いた餅になる。

郵便局が有する安心機能は、都市にも及んでいる。二〇〇一年一二月の郵政官署法の施行後、高齢者などの状況確認や廃棄物の不法投棄についての情報提供サービスを、郵便局と契約する自治体が急増中だ。

郵便外務員が火災の第一発見者であることが多いことから防災協定を結ぶ自治体も増えた。多くの郵便局がその役割を担っている「子ども一一〇番」は、地域の子どもたちの健やかな成長を目指し、子どもたちを不審者から守る役割も果たしてきた。相次ぐ地震や台風災害で過疎地が孤立し、そこでの安心機能がいかに重要かも改めて浮き彫りとなった。どれも現今の郵政民営化論議で顧みられない点である。

本格的な「構造改革」とは、少子化で年少人口が減る半面、長寿に伴い高齢者人口が激増するという社会構造に、いかに適応していくかという問題である。

たぶん、「構造改革」のような大きな仕掛けは、世界規模での構想によってのみ正当化される。しかもそうした大きな仕掛けには、コミュニティレベルでの小さな支えが不可欠である。

市場原理だけの郵政民営化を拙速に進めず、地方分権の礎をなす地方の文化と歴史を視野に入れることが必要なゆえんだ。今の構想の郵政民営化は不要不急といわざるをえない。

第5章　二次資料からの社会分析

——地球温暖化論を素材にして——

グローバルな世界のなかのグローバルな社会学的課題は移民の問題であり、immigrant と emigrant を問わず各方面から研究されている。加えて自然科学と融合する分野に、本章の地球温暖化問題が浮上した。社会分析で有効なデータが、すべてオリジナルな性質を持つとは限らない。費用や労働力の点で、いつでも潤沢に調査ができるわけでもない。むしろ、誰もが簡単に入手できるデータでさえ、解釈次第では有益な結果が得られる場合もある。地球温暖化論はまさしくそのような分野である。気象学や大気物理学など自然科学の理論展開が主流ではあるが、温暖化論では実験が不可能であるから、過去のデータの加工と将来へのシミュレーションを多用せざるをえない。

この性格が社会科学からのアプローチを可能にした。合わせて炭素税や排出権により、国民のライフスタイルの転換が主張されるために、社会学からの積極的発言が求められることになる。コントのいう「予見するために見る」(voir pour prévoir) 精神の徹底が、この分野でも具体化されるべき時代である。

1　地球温暖化論の社会学的位置づけ

CO_2濃度の上昇で地球全体が被害を受ける？

二一世紀になってから日本マスコミによる地球温暖化報道は、過去数十年にわたり地球全体では持続的なCO_2濃度の上昇があり、それが温暖化の主因であり、将来的にもCO_2濃度が上がるならば、地球全体の被害は甚大であるという内容に完全統一されている。これ以外にも疑問を感じる報道内容が目立つ。以下箇条書きにすると、

(1)　地球温暖化とはまだ仮説にすぎず、加えてCO_2やその他の気体による温室効果の具体的発生も証明されていないのに、両方とも断言する傾向を持つ。

(2)　CO_2温室効果のみによって、地球全体の大気の平均温度が上昇すると報じる。

(3)　この仮説をなぜマスコミが信じるのかについての説明はされない。

(4)　国民の多くが、週間天気予報や三カ月先の天気予報ましてや五〇年先の気象変動を本当に信じているかどうかは不明であり、加えて三カ月先すら正確な予報ができないのに、五〇年後や一〇〇年後に地球環境が大気の温暖化によって激変するという仮説を、わざわざ特集ページまで用意してくり返す。

(5)　一八世紀からの産業革命時期の化石燃料燃焼はわずかであったが、その期間でも気温の上昇が認められるのは何故かには決して触れない。

(6)　日本の産業化が頂点を極めた高度経済成長期は、大量の化石燃料燃焼すなわち膨大なCO_2の排

出を背景に達成されたが、この一九六〇年代から七〇年代の地球全体はもちろん、日本も寒冷化を示していたことは黙殺されてきた。

(7)　温暖化論者が必ず依拠するハワイのマウナロアでのデータは、一九五〇年代から一貫してCO_2が上昇傾向にあることを示しているが、一九六〇年代から一九七〇年代までの寒冷化論のなかでもその濃度上昇が一貫していたことは無視されてきた。すなわち温暖化論に都合のよい事実のみが選ばれてきた。

(8)　誰でもが感じる疑問の一つに、地球温暖化防止対策推進派からの正確な説明がないままの、常時CO_2排出削減のみの高唱がある。これは「予測では、北海道の一部地域の平均気温は今世紀中に四℃も上昇するといわれています。……毎日のくらしの中からCO_2削減に取り組みましょう」（『北海道新聞』二〇〇八年三月二六日）というような記事に象徴される。

(9)　国民が知りたい問題は、①地球温暖化は着実に進行しているのか、②温暖化の主因はCO_2の濃度上昇だけなのか、③地球温暖化は数十年後に深刻な問題を引き起こすのかの三点にあるのだが、納得できる具体的な説明はどこからもなされていない。

(10)　温暖化によって、北海道産米の品質が向上して高価格で取り引きされる商品になったが、北海道庁や新聞ではなぜかこの評価をしない。

(11)　氷河が融けて、南極で氷山が崩れても、それによって世界的に海水面が上昇しているという証拠は今のところはなく、誤差の範囲に収まる温暖化による気温上昇のデータしかない。むしろ都市化によるヒートアイランド現象の寄与率が憂慮される。

(12)　生物多様性の減少、生物生息地の縮小、オゾン層の破壊などもCO_2による地球温暖化だけが原因かどうかは不明なのに、あたかも全部が正しいようにマスコミは針小棒大に書いてきた。

これらが二一世紀初頭において、日本のマスコミが示す地球温暖化報道姿勢の概要である。これらを点検する前に、関連した気象予報を日本人がどの程度信頼しているかを確認しておこう。

日本人の天気予報評価

気象庁は過去三回「天気予報に関する満足度調査」を行い、その最新版は二〇〇八年三月に公表された。調査は郵送法とWEB法に分けられた。郵送調査では、二〇〇七年一二月三日から一四日に、小樽市、弘前市、市原市、熊谷市、新潟市中央区、豊橋市、東大阪市、北九州市八幡西区、那覇市の九都市で、それぞれ二〇歳以上の五〇〇人を住民基本台帳から無作為抽出して、調査票を郵送して回収した。すなわち四五〇〇人に調査票を送ったが、有効回収数は一五八七人（三五・三％）に止まっている。地区バランスを考えると、中国四国地方の都市が皆無であったことが気がかりである。

一方、WEB調査では、二〇〇七年一二月三日から一七日の期間に、気象庁、各管区・沖縄気象台ホームページからアンケート画面にアクセスした一九六三人からの回答を集計したが、母集団やサンプリングという発想がないために、ここでは郵送法の結果のみを使うことにする。

まず、「今日・明日・明後日の予報」（天気）の重視度は八九・五点（一〇〇点満点法、以下同じ）であり、満足度も七〇・五点であった。これが「週間予報」（天気）になると、重視度が八七・四点、満足度は六六・八点になる。さらに一カ月予報では重視度が六二・七点、満足度は六三・八点に下がり、三カ月予報では重視度が四八・六点、満足度は五七・五点にまで落ちる。この結果は天気予報への日本人全体の正直な評価であろう。すなわち今日や明日の予報を重視するのは、日常経験からそれが当たることも多いからである。しかし、週間予報、一カ月先や三カ月先の予報重視度が着実に低下するのは、半ば当たらないと観念しているからである。

一〇〇年後の気象予報への信頼性

ところが、温暖化論者が依拠するＩＰＣＣ（Intergovernmental Panel on Climate Change：気候変動に関する政府間パネル）などの発表は、五〇年先や一〇〇年後の気象予報なのである。三カ月先の予報でさえ過半数が重視していない現状で、五〇年先や一〇〇年先の気象予報をシミュレーションで行うことに、どのような意味と意義があるか。この質問をかわすために、温暖化論者の大半はＩＰＣＣと同じく、「気候システムの温暖化には疑う余地がない」と断言するだけである。それは、五〇年先に東京直下型地震が必ず発生するという予測と同質ではないか。もちろん、地震の発生予知をもとにした「地震対策税」の創設は不可能であろう。国民が正確な地震予知を信じていないからである。しかし温暖化論者は「今後、二一〇〇年までに、大気中に増やすことのできる炭酸ガスは、およそ七三五〇億トン」（橋爪 2008：185）と断言して憚らない。

私はこのような議論には疑問を持つ。三カ月先の予報すら国民の半数以上が信頼しないのに、いきなり、「今世紀末には北極の海氷が消滅」とか、「二一〇〇年の海面水位は四〜六ｍ上昇する」という予測を下して、「炭素税」や「環境税」を創設するわけにはいかない。

このような立場から、地球規模のCO_2濃度上昇は本当であるのか、二つには地球温暖化の主因にそのCO_2濃度上昇だけを位置づけてよいか、という疑問点を本章では中心に考察する。まずCO_2濃度上昇は本当かという問題から点検してみよう。

地球温暖化論で使用されるCO_2濃度上昇の根拠は、ハワイ・マウナロア観測所におけるCO_2の観測結果データと、南極の氷床に含まれるCO_2濃度データを基本とする。このうちマウナロアの観測自体は、五〇年以上も継続されているのでそのデータは貴重ではあるが、結果のグラフ化には統計学的にも疑問が残る。なぜならそれは変化を大きく見せる「びっくりグラフ」(Huff 1954=1968)の様式になっているからである。

この無自覚的な引用は、CO_2地球温暖化論の急先鋒である宇沢(1995：29)だけではなく、手元の市販の書籍や論文でも実に多く認められる。マウナロアの観測データとして、たとえば小西(1994：179)、米本(1994：13)グレーデルとクルッツェン(1995=1997：147)、佐和(1997：12)、広瀬(2002)、ワート(2003=2005：51)や北海道大学大学院環境科学院(20007：56)、『別冊宝島1507』(2008：22頁)、そして二〇〇七年の *Annual Report on the Environment and the Sound Material-Cycle Society in Japan* の図(Ministry of the Environment 2007：2)(図5-1)、さらに二〇〇八年の Wikipedia での'Global warming' における Greenhouse gases in the atmosphere のなかでも、年代こそ違うが同じ様式のグラフが引用された。

統計でウソをつく法

しかしこれは「統計でウソをつく法」の一つである。これはグラフのなかのCO_2濃度で単位〇～単位三一〇までを捨ててしまったために、「わずかの上昇が、視覚的には大きく見える」(Huff 前掲書：97)だけであり、通常のグラフは図5-2のようになる。しかしともかくも、近代経済学者だけではなく自然科学者までが、世界的に見て貴重なマウナロアの時系列的なCO_2濃度の推移を、「統計でウソをつく法」で実行したこと自体が驚きであるとともに、ここで

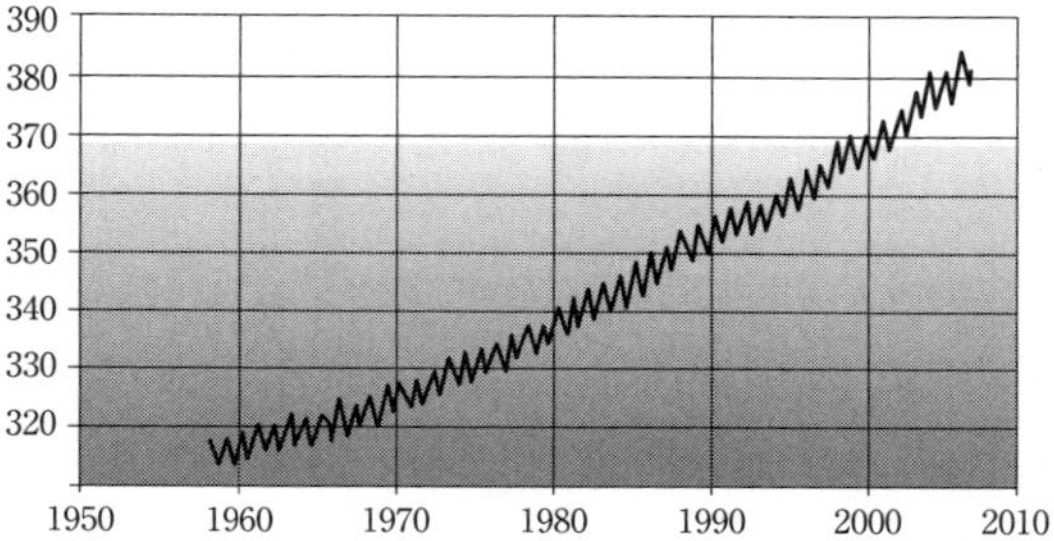

図5-1　マウナロア観測所のCO_2の濃度（びっくりグラフ様式）

（出典）北海道大学大学院環境科学院 2007：190.

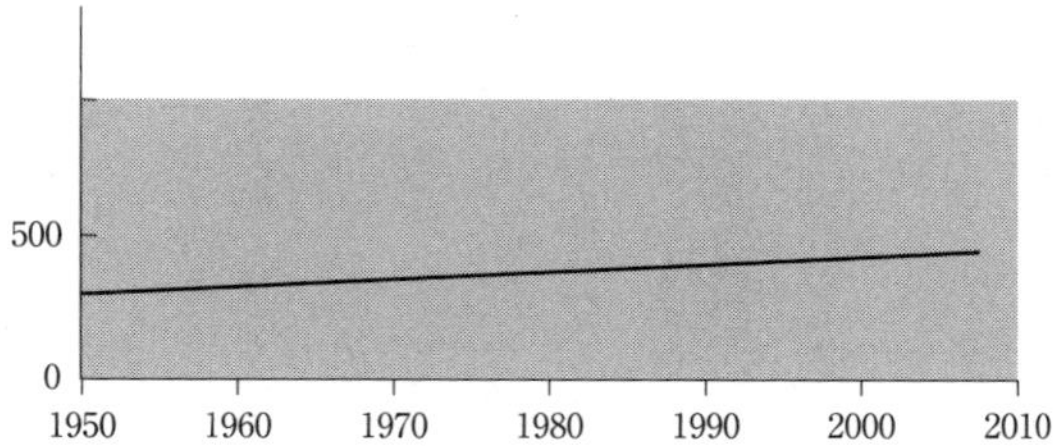

図5-2　CO_2濃度の推移（通常のグラフ様式）

（出典）マウナロアデータを0 ppm から500ppm のグラフとして金子が再構成.

の疑問の理由になる。

もちろん観測データが示したように、一年間で三ppmのＣＯ^{2}濃度上昇はあり、平均すれば一〇年間で一〇〜一五ppmのＣＯ^{2}濃度上昇はある。しかしこのことから、ＣＯ^{2}濃度上昇だけが、地球温暖化の原因であるとはいえないであろう。そもそも一〇年間で一〇〜一五ppmの濃度上昇が、地球温暖化にどの程度寄与するのであろうか。地震予知と同じで、この関連は自然科学的な正確さで証明されているとは思われない。

このようなＣＯ^{2}地球温暖化論は「複雑性の単純化」(Duppy 1982=1987：219-259）の典型である。なぜなら、寒冷化の要因である大気中の塵や火山の噴煙、さらに化石燃料燃焼が引き金となる光化学スモッグなどが、温暖化全体議論では消去されているからである。

加えて政府主導で流布するマスコミ温暖化論の特徴は、地球温暖化による南極大陸の氷の溶解を極端な形で報じるところにある。CO_2濃度上昇が南極の温暖化を引き起こし、その結果氷量が縮減するという。

南極の温暖化で海氷が融解するか

しかし、図5-3を見ても、アメリカパーマー基地以外はすべての基地の年間気温は零下であるから、南極大陸の氷床の溶解がそれほど普遍的に認められるとは思われない。ましてその溶解が海面上昇に影響するかどうかをめぐっては、周囲の大気や海水温の上昇によって流出量が増える一方、氷床のもととなる雪の量も増えるとの見解も根強く、新聞紙面はともかく、学界レベルでの決着はついてはいない。理論的には海氷融解により生じる淡水が増加した分だけ海水膨張も起きるが、同時に海面からの蒸発も盛んになるから、結局相殺されて、海水面の上昇は起こらないという学説への賛同者も少なくない。そして南極大陸の縁では氷が溶けても、温暖化であれば、水蒸気が南極大陸に流れてきて、氷になって積もる。したがって南極では、温暖化こそが氷の融解以上に氷を増加させる（槌田 2007：134）。

すなわち、地球温暖化の影響で南極全体の二％にすぎない南極半島や南極海の氷が溶け、水蒸気が大気中に放出されると、それは雪になって南極大陸全体に降り注ぎ、すべてが凍ってしまい、氷がむしろ堆積する。南極大陸には河川がなく、したがって海に流れ込む真水もないから、温暖化が進むとそれだけ海からの蒸発が盛んになり、蒸発で海水が減少する。すなわち論理的には、海水面は逆に低下する。

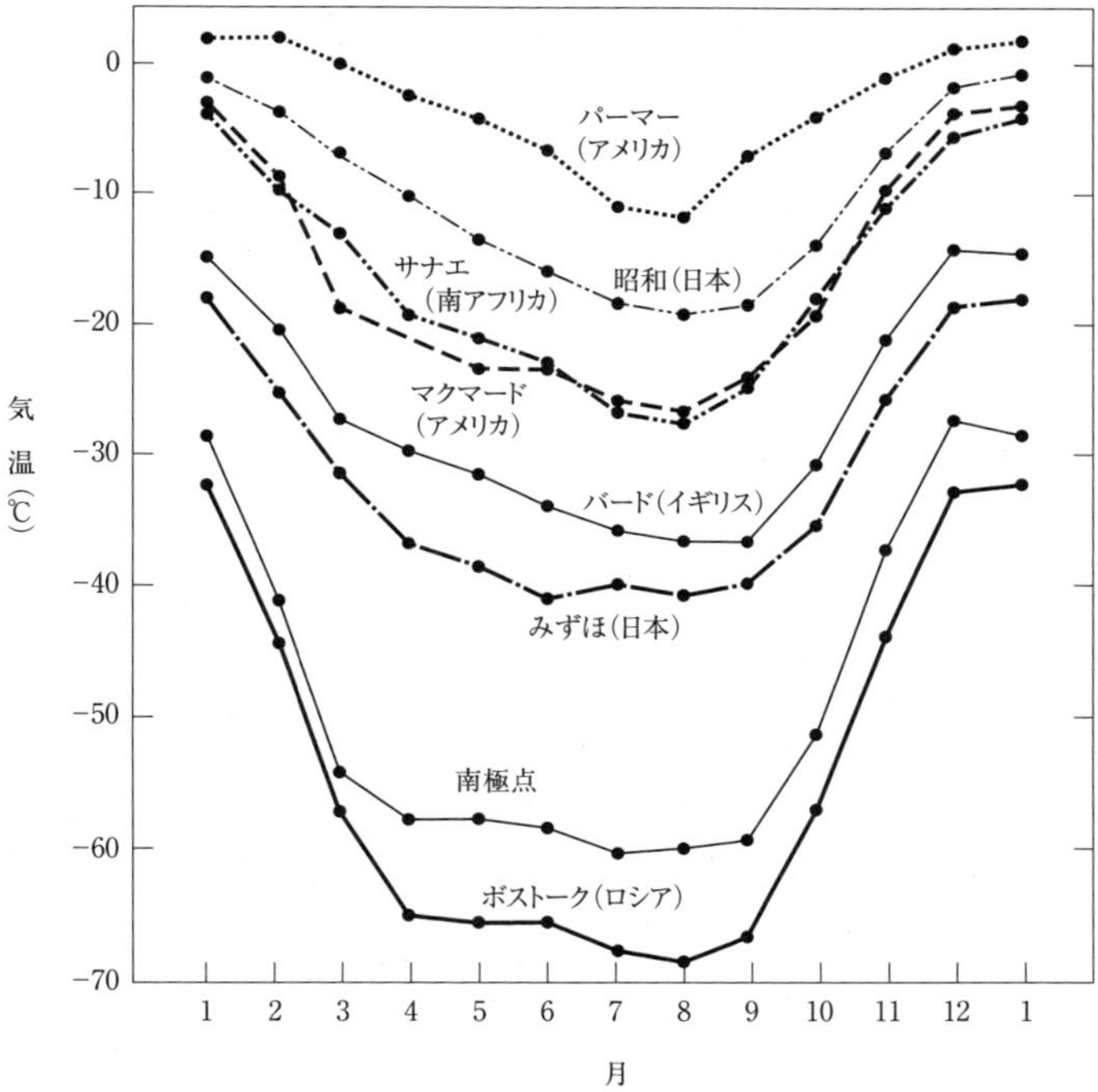

図５−３　各国の基地の気温比較

（出典）環境省地球環境局ホームページ.

北極海の海氷の融解は海面上昇をもたらさない

並行して、南極だけではなく、北極についても情報が多くなった。たとえば世界気象機関（ＷＭＯ）によれば、二〇〇七年九月の海氷面積は一九七九～二〇〇〇年の平均より三九％小さくなり、一九七九年以来一〇年ごとに一〇％、平均で一年間に約七万二〇〇〇平方キロずつ縮小しているらしい。北極海の海氷は約一〇年で融け、北極圏に近いデンマーク領グリーンランドの氷床は三〇〇年で消えると予測される。このように、地球温暖化に伴う海氷の縮小傾向は加速し、それによる海面上昇への危惧とともに、これらの内容もまたマスコミによって何度も報じられている。

その他、地球温暖化の進行で、海面上昇による南太平洋のツバルや世界の臨海都市の水没、異常気象の増大、マラリアやコレラといった熱帯性感染症の中緯度地域における流行などが、合わせて懸念されるという予測記事やコメントも少なくない。これらはすべて地球温暖化による現在の被害ではなく、被害が予想される前兆かもしれないというレベルなのだが、近視眼のマスコミには珍しく、一〇〇年後というような鮮明で遠視的なスパンを持っている。

同時に、このような被害をもたらす可能性がある地球温暖化回避のために、その手段としての風力発電機、太陽光発電所、廃熱利用施設などの大量建設で、脱石油の再生可能エネルギー利用計画の推進などの紹介も後を絶たない。

子ども向けの偏った地球温暖化情報

さらにこのような偏向したマスコミ論調に沿って、子ども向けの地球温暖化情報の特定化が進んでいる。たとえば環境省は、CO^2と地球温暖化とを直接結びつけた『平成一九年版こども環境白書』を作成した。そこでは「このまま二酸化炭素の排出量が増え続けると、一〇〇年後の地球の平均気温は、一・一〜六・四度も上昇する」（環境省 2007a：2）と紹介されている。特記すべきは、CO_2地球温暖化の「悪い影響」として、(1)異常高温、(2)海面上昇、(3)台風の強大化、(4)生きものがいなくなる、(5)水不足、(6)熱帯の病気が流行、(7)作物がとれなくなる、(8)その他（家畜の生産量が減る、魚の収穫量が減る）などが羅列されている点である（同右：4-5）。

もちろん「北極海の海氷」がいくら融けても、それだけが海面上昇の原因にはなりえないのはアルキメデスの原理で証明済みである。

流行のソーラーパネルや風力発電機、それに太陽光発電所などの建設と維持にも、外国からの膨大な化石燃料燃焼による輸送コストをかけて輸入した天然資源を用いるし、施設完成までは化石燃料燃焼によるCO_2排出が当然ありうる。また原子力発電すらも、温排水処理の際に化石燃料を使うので、量こそは異なるがCO_2排出という事情は火力発電と変わらない。

マラリアなどの熱帯地域特有の感染症流行防止には、効果不明なCO_2排出規制による温暖化対策などよりも、熱帯に属す途上国の公衆衛生水準を上げ、医療インフラの整備こそが緊急であり重要であることも間違いない。しかし、表5-1のような「異常気象による健康への影響」をそのまま受け入れてよいか。特定の気候変化が個別の病因と断言できるとは思われない。多くの場合、病因として確率的に高くなる、低くなるというレベルではないか。CO_2濃度上昇による地球温暖化だけが異常気象の原因でもないのに、表5-1は何を狙っているのか。この内容と「気候変動とそれに対応する人間の適応能力も時間と共にダイナミックに変化しており、まだまだ不明な点が多い」（北海道大学大学院環境科学院 2007：191）という著書全体の主張とは整合していないし、現実の医学や自然科学や社会科学レベルでは、

表5-1　異常気象による健康への影響

	原　因	予想されるおもな影響
洪　水	増水，鉄砲水，土石流・泥流，土砂崩れ	溺死，負傷
	浸水	呼吸器系疾患，低体温，肉体的・精神的疲労
	浸水（汚水）	破傷風，皮膚炎，結膜炎，耳鼻咽喉系感染症，肉体的・精神的疲労
	下水道の破損，飲料水の汚染	水系媒介感染症（大腸菌，赤痢菌など），コレラやサルモネラなどの感染症
	ネズミの異常発生	レプトスピラ病
	ネズミとの接触	ハンタウイルス肺症候群
	蚊の異常繁殖	マラリア，デング熱，黄熱病
	化学物質の流失，産業廃棄物の流出	化学物質汚染による障害
	人命・財産の喪失	精神的ストレス
長雨，多雨	土砂崩れ	負傷
	寄生虫の繁殖	寄生虫媒介性感染症
干ばつ，小雨	農作物の不作	免疫力の低下
	蚊の異常繁殖	西ナイル熱ウイルスの感染
	森林火災による煙害(ヘイズ)	目・鼻・喉の炎症，循環器系疾患
熱波，暑夏	異常高温	熱ストレス，熱中症，脱水症，呼吸器系疾患
	光化学スモッグ	喘息，アレルギー疾患
寒波，寒冬	異常低温	風邪，肺炎，気管支炎，循環器系疾患，低体温症，凍死

（出典）北海道大学大学院環境科学院 2007：190.

この「不明な点が多い」が妥当なはずである。

いわゆる「ゴアの方舟」に乗り込んだ温暖化論者は、赤祖父（2008）がまとめたいくつかの自然科学上の疑問に答える義務がある。

(1)北極海の海氷面積の縮小は、北大西洋への暖かい海水が流入したからではないか。

(2)キリマンジャロの氷河融解は、太陽熱による昇華ではないか。

(3)世界的な氷河後退は、一八〇〇年頃から始まった現象ではないか。

(4)上昇は一八五〇年頃より始まっており、過去平均では一・七㎜／年、一・七㎝／一〇年、一七㎝／一〇〇年と見られ、一九六〇年からは一・四㎜／年という指摘に、どう回答するか。

(5)一八〇〇年頃からずっと続いてきた温暖化のうち、六分の五は自然変動、六分の一が人類活動からのCO_2による影響なので、人為的な温暖化制御は無理である。

ＩＰＣＣに依拠する多くの温暖化論者が「論争に応じる余地」を残していないが、自然科学も懐疑を以って徳とするはずだから、温暖化論の積極的主張者はこれらの根本的な批判に答えてほしい。赤祖父の指摘に賛同する立場から、次節では「社会学から見た環境論」を追究してみたい。

2　温暖化情報への疑問と社会学の環境理論

地球温暖化は人為的な影響によるのか

このような問題意識で見ると、既述した環境省による子ども向けの「悪い影響」一覧からは、科学的な賛否論が並立する領域が大半なのに、地球温暖化こそが原因のすべてであるかのようなイメージ操作さえも感じ取れる。

そして経済産業省のパンフとさえ誤解してしまう環境省の「こども環境白書」への最大の疑問点は、省エネ製品に買い換えれば「温暖化防止」に役立つと強調しているところである。そこでは図解入りで、新式のエアコンに買い換えたら消費電力が四〇％ダウン、液晶テレビに買い換えたら消費電力が三二％ダウン、新製品の冷蔵庫なら消費電力が三三％ダウン、低公害車のハイブリッド車なら燃料消費が一五〜七〇％ダウンすると記されている。しかし注意深く読むと、これら省エネのエアコンやテレビや自動車などの製品を製造する過程での鉄、ガラス、プラスチック、アルミニウムその他原材料の加工と化石燃料燃焼では、まったく温室効果ガスなどの排出がないかのような書き方に終始しており、ここには不注意の域を超えたはっきりした作為を感じる（環境省 2007a：8）。

その頂点には、二〇〇八年に始まった電気自動車の宣伝がある。これは朝に充電したら、そのクルマは一日中CO_2を出さないからクリーンだという笑止なＣＭである。半年間はCO_2の排出に全く触れず、七月からは通常の三〇％程度しか出さない、に変わった。また、使えるクルマを捨てて「エコ替え」しようという別の自動車会社のＣＭもある。こちらは資源の浪費が「エコ」でカムフラージュされている。

現今のCO_2地球温暖化論の最大の欠点は、クルマの排気ガスに象徴される化石燃料使用時のみ、CO_2環境負荷が増大するような記述が目立つところにある。これはもちろん誤りであり、クルマの製造過程や社会的共通資本としての道路建設過程のような製造過程でも、使用時と同じようにCO_2による環境負荷が発生することに留意しておかないと、どのような地球温暖化論でも空転せざるをえない。

全国七〇〇〇万台の一斉充電需要を電力会社が満たすには、現在の数十倍の化石燃料燃焼による火力発電や原子力発電が必要であり、したがって発電時点でのCO_2排出量も膨大になる。また自動車組立製造過程では、工場外部で精錬された鉄やタイヤやガラスその他の部品を自動車の全体のなかに加工するが、これらの製造でも膨大なCO_2が排出されている。今後一〇年間で五九兆円が確保された道路建設や、地デジ需要が数千万台見込まれるテレビ製造でも、事情は変わらない。

寒冷化から温暖化への急展開

二一世紀になってからの日本における政官財学マスコミでは、一九八〇年代までの地球の寒冷化から温暖化への急展開の説明不足を露呈させたまま、温暖化原因をCO_2のみに還元してきた。しかし、依然としてその方法への疑問は解消されていない。たとえば京都議定書に縛られないアメリカ、中国、インドの二〇〇五年CO_2排出量合計は、地球全体の四五・五%を占める一方で、温暖化対策に熱心なEUと日本のそれは、地球全体の一七・一%しかない。健全な常識からみれば、わずか四・七%の日本が毎年一兆円を拠出しても、地球全体のCO_2削減は不可能である。温暖化問題にはこれら人口三大国のエゴが鮮明であり、美しい地球に向けての日本的思い込みと力《りき》みだけの解決は無理で、国際政治力学から処方箋を導くしかない。

社会科学とは異なり、自然科学の特色である実験は、CO_2地球温暖化論に限っていえば不可能である。そのため、環境論の持つ技術面での言説に不慣れでも、参照した気象学や物理学的な環境データを収集したり加工する能力が欠けていても、社会科学分野で論理的な環境論を展開することは可能である。なぜなら、いくつかの問題点が指摘できるからである。地球温暖化論では先行的代表者である近代経済学者の宇沢弘文は、温暖化が今日の重要課題という前提で始め、結論も同じになる。これはマッツァリーノが非科学的とした「仮説と結論は同義」（マッツァリーノ 2007：13）の典型である。マッツァリーノはわざわざ「社会学にかぎっては」（*ibid.*：13）としたが、宇沢の近代経済学における温暖化論でもこの指摘が該当するであろう。

仮定法による危険性の強調

宇沢は温暖化のマイナス効果が大きな問題になるといいつつも、具体的な被害がどうなるのかに触れていない。せいぜい将来的に極地の氷が融けて、海水面が上昇して臨海都市が「数多く消滅してしまう危険」（宇沢 1995：6）を強調するだけであるが、そこにはいくつかの仮定法すら組み込まれている。すなわち「ＩＰＣＣの報告通りに地球温暖化がすすむと」（同右：6）そうなるという。ＩＰＣＣは科学者集団というより政治的組織であり、懐疑派は海水面の上昇への疑問や都市の水没という報告内容そのものに疑問を呈しているのだから、宇沢はかなり独断的なデータに依拠して一方的な言動を行っていることになる。

この体質は一三年後でも変わっていない。新しく創刊された雑誌で、宇沢はハワイのマウナロアと南極でのCO_2濃度の「上昇」を理由に、「地球温暖化の現象が科学的に確かめられ、経済的、社会的、政治的観点から大きな問題となってきた」（宇沢 2008：7）とのべているからである。

このように、一九九〇年代から顕著なCO_2地球温暖化にすべての環境問題を還元しようとする思考様式に接して、「科学は新しい発見を行なうことだけで進歩するのではない。現行の考え方が間違っていることや、過去の測定にある偏りがあったことを明らかにすることによっても前進する」（Barrow 1988=2000：106）を噛みしめたくなる。

社会的共通資本の建設にもCO_2が発生する

宇沢温暖化論の第二の欠点は、都市における社会的共通資本が膨大な化石燃料や鉱物資源から建造されたことへの言及が皆無な点である。社会資本概念も社会的共通資本概念も一九六〇年代の日本都市経済学研究で使われ、四〇年以上共有されてきた歴史がある。これを最初に使ったのは都市経済学分野であり、宇沢は近代経済学から、宮本はマルクス経済学から、ほぼ同時にそれぞれの「社会（的共通）資本論」を論じてきた。

たとえば宇沢の分類は「大気、河川、土壌、などの自然資本と、道路、橋、港湾などの社会資本との二つ」（宇沢 1977：169）であり、具体的には「大気、河川、土壌、などの自然資本と、道路、橋、港湾、公園、下水道、電力、鉄道などの社会資本との二種類」（宇沢 1989：247）とされている。

宇沢は「経済学の言葉を使えば、社会的共通資本の利用が社会的に最適だ」（宇沢 1995：141）と結論するが、この数十年間の議論を見る限り、そこには化石燃料の大量消費によって社会的共通資本もまた製造され、建設されるという認識に欠けている。「地球温暖化は結局、石油、石炭などの化石燃料の大量消費と、森林、なかでも熱帯雨林の大量伐採とが、主な原因となっておこっている」（同右：142）という文脈と、社会的共通資本が建設される際に必然的に発生する化石燃料の大量消費も、温暖化の原因になる実態とが、理論化に際して接合されていない。

同じ社会的存在でも、科学的な方法や立場の相違が歴然としていれば、知識社会学が教えるように、「観察の方向は、概念の構成にあたって、すでに観察者の意志に導かれている」（Mannheim 1931=1973：163）。それならば、階級的階層的な同質性は同じ社会的存在を保証しない。「意志の共有」が基本であれば、そこには「利害関係」の同質性が内包されるはずである。「利害」は、階級的階層的異質性だけでなく、知識や技術とは無関係に、世代もジェンダーもコミュニティをも飛び越えて、異なる立場の存在者たちを一致させる。

マッキーバーの環境認識

さて、温暖化関連の自然科学系の議論は外部環境に集中するが、エコの側面からは内部環境としての社会制度や規則が重視され、それに制約される個人習慣こそが地球温暖化という外部環境に直結する。「私たちの習慣や生活様式によって、異なった環境、そのなかでのある違った選択、そして一つの異なった適応を、私たち自らが創造する」（MacIver & Page 1950：74）。これはもちろん真理であり、そのために先進国や途上国での人間活動と地球環境との正しい因果関係を、少しずつでも解明していくことが前提になる。北極海の氷が解けたらたちまち海面上昇が引き起こされるといった似非《えせ》「教育」情報では、日本人だけではなくすべての国民も地球環境を考えたうえでの適応は行えないし、長年の個人習慣や生活様式を変えるわけにはいかない。

CO^2地球温暖化論に潜む「洗脳、煽動、歪曲」された「誤った考え方」を論理的に分析するには、環境の社会学論と社会学的機能分析の観点が有効である。たとえば、一九六〇年代までかなり読まれたマッキーバーとページのテキストには「環境と生活」が独立させてある。そこでの環境は「私たちの周囲にあり取り囲むものすべて」（*ibid.*：73）であり、生活と環境との関係は、このように社会学の文脈でも大変密接であった。また、環境は単一ではなく、多種多様なものであり、社会学的には「私たちの環境は正真正銘の意味で習慣である」（*ibid.*：74）とされている。

この個人的習慣は集積して社会的慣習になるが、歴史的な古層を形成していかなる社会変動にも影響されない部分と、新商品に適応したライフスタイルの変容によって、簡単に廃棄されたり新しく創造される部分がある。前者は年中行事全般に認められるし、後者は家電化による利便性の増大やモータリゼーションの普及による高速化に適応しつつ変化する。新幹線や航空機の発達は時間的距離を短縮し、東京日帰り出張を可能にした。またパソコンメールやケータイメールの普及によって、瞬時に可能となった情報通信機能に象徴されるように、個人的習慣は激変し、社会的慣習も変質した。

正しい情報を受け止めたライフスタイル変容は歓迎できるが、イフを連発した現今のCO_2地球温暖化関連の環境情報には疑わしい内容が含まれており、そのまま個人的習慣や社会的慣習を変えるわけにはいかないと私には思われる。

3　CO_2地球温暖化論と寒冷化論

環境議論の前提　日本人の環境意識の現状とともに、公害論も含んだ環境問題を少し調べてみると、議論の大原則として、

(1)　全体が部分に優先する
(2)　将来が現在・過去に優先する

(3)　普遍性が個別性に優先する
が貫徹していることに気がつく。

まず、「全体が部分に優先する」をCO_2地球温暖化論に応用すれば、そこでの究極的全体は地球環境であり、部分には産業活動や個人生活が該当するので、地球環境を優先して考えて、産業活動や個人生活はいろいろな制約を受け入れようというメッセージになってくる。背景には、社会システムを支える産業活動や個人生活によって、CO_2が大気中に放出され、それが蓄積すると温室効果が高まり、地球温暖化が進むという周知の図式がある。ここでは、将来的な被害予想を行い、それを予防できるような現在の産業活動様式の転換と個人のライフスタイルの見直し重視も、建前としては鮮明である。現在、温暖化による被害は皆無に近いが、将来的な、たとえば一〇〇年後の被害規模を想定して、今すぐ予防をすべきであるという論調が大半である。

CO_2地球温暖化論推進の担い手　このような非常に単純なCO_2地球温暖化論推進の担い手は、これによって「利害関係」が一致して、「同質意識」を共有している人々である。知識社会学の観点でCO_2温暖化論イデオロギーを分析すると、どのような結果が得られるか。マンハイムによれば、「知識が社会的存在に制約をうけている」（Mannheim 前掲書：152）といわれる。これは「理論および思考様式の社会的被制約性」（*ibid.*：152）の一側面である。「同一のことばや同じ概念が、社会的に異なった地位にある人間や思想家の口にかかると、たいていはまったくちがった意味をもつという事実から出発する」（*ibid.*：158）。同じ文脈はマートンにもある。「社会的な慣例や感情は、同一社会でも或る集団にとっては機能的であり、他の集団に対しては逆機能的なことがある」（Merton 前掲書：24）。

具体的には、政治家、経済産業省、国土交通省、環境省などの官庁、都道府県、大学教授、マスコミ、マスコミで仕事する知識人、環境問題の本を出している出版社、電力会社や原子力産業や自動車産業などの企業、研究調査やエコ運動を標榜するＮＰＯなどの「異なった社会的存在」から、CO_2地球温暖化論推進の担い手が作り出されたと想定できる。

長期的な視野とグローバルな観点

第二に、CO_2地球温暖化論では非常に珍しいほど、長期的な視野とグローバルな観点からの発言が行われる。「将来世代のため、現在世代はどれだけのコストを負担すべきか」（橋爪　前掲書：23）と主張されたりする。

表5-2　将来の人口推計

（千人）

年	人口推計値
2006	127,770
2050	89,877
2100	42,979
2150	20,365
2200	9,639
2250	4,565
2500	109
2600	24

（出典）国立社会保障・人口問題研究所編 2008：47.
（注）2006年は確定値.

しかし、人口変動論では全く様相が一変する。たとえば国立社会保障・人口問題研究所は、日本人総数の五〇年半減説を精度の高い予測値としてくり返し発表してきた。最新の二〇〇八年段階での予測は表5-2のようになっている。合計特殊出生率が一・三二、出生性比（女子出生一〇〇に対する男子出生の値）が一〇五・三、平均寿命で男性が七九・〇歳、女性で八五・八歳とした推計値である。この驚くべき予測値に直面しても、CO_2地球温暖化問題には過敏な政治家、官僚、マスコミ、企業、研究機関、ＮＰＯなどは鈍感であり続けている。二〇五〇年には現在よりも四〇〇〇万人も少なくなり、確実に五〇年半減法則の作動が表から読み取れる。約九〇年後は実に四二九八万人になると国立法人が予測しているのである。しかし、数回にわたり指摘してきたように、少子化対策は百年河清を俟つに等しい（金子 2003：2006a：2006b）。

第三の普遍性と個別性については、地球全体平均気温の上昇という普遍性に対して、温度測定地域における個別性という問題が生まれる。個別の南極でもグリーンランドでも基本的には零下の世界だから、環境省地球環境局による前掲図5-3を見ても、溶解する氷が大量に発生するとは思われない。むしろ、南極大陸の二％にすぎない南極半島の部分の氷棚は融解しつつあるが、大陸全体の寒冷化は進み、氷の厚さも増している。さらにこれまでのCO_2地球温暖化論では、平均温度に関しては普遍性を謳いながらも、使用する変数に関してはCO_2という個別性のみに徹してきた。

地球の寒冷化要因

しかし、地球の温度を左右する要因には、歴史的事実にもあるような火山爆発による火山灰、途上国の焼畑農業による噴煙、石炭石油燃焼による煤煙の空中放出、さらに先進国と途上国を問わない大規模な山火事などによる噴煙なども存在する。対流圏の温度を左右するプラスとマイナス要因が合わさって、地上一〇キロの対流圏での太陽放射を制御するから、地球の寒冷化ないしは温暖化が促進されるというのが、おそらくは通常の科学常識である。

周知のように大気圏は対流圏、成層圏、中間圏、熱圏（Graedel & Crutzen 1995=1997：14）に分かれており、CO_2は基本的には対流圏のみに影響するから、一般論として「大気圏の温度」が上昇する（橋爪 前掲書：193）という表現は誤解を招きやすい。矢野恒太記念会編（2000）でも次のような注目すべき記述がある。「一九七九年以後、気象衛星による観測値を利用して求められるようになった対流圏全層（〇～一〇㎞）の平均値は、その経年変化では地表だけの変化に見られるような一方的な上昇は認められず、……サイクル的変化がくり返されている。すなわち、下部対流圏（〇～五km）の顕著な気温の上昇は、上部対流圏（五～一〇km）から下部成層圏（一〇～二五km）にあらわれた顕著な気温の下降によって補償され、打ち消された結果、対流圏全層の平均値には一方的な気温の上昇は認められなくなっている」（2000：31）。

このあとさらに重要な指摘が続く。「下部対流圏における気温上昇の原因として、人為的なCO_2等の温室効果ガスによる上昇が注目されてきたが、現在現われている顕著な上昇は、人為的上昇から期待される大きさのおよそ三倍であり、しかも位相的には、気温の上昇がCO_2等の増加に一～一・五年先だって起っている」（同右：31）。

すなわち、単純なCO_2地球温暖化論への批判は二〇〇〇年当時にも存在していた。そこでは、対流圏を上部と下部に分けてその気温補償機能を考慮すると、気温の一方的な上昇は認められないと見なされていた。さらに、人為的な上昇よりも自然の対流循環の上昇が三倍もの効果があり、しかも気温の上昇がCO_2の増加よりも一～一・五年先立つなどの指摘を総合すれば、流布している単純なCO_2地球温暖化論に私は同意できない。当時の指摘が誤っているという気象学や地球物理学の成果が、現在どこに出されているかが不明だからである。

CO_2地球温暖化論に対して、途上国の無規制に近い化石燃料燃焼の煤煙が作り出す大気塵による寒冷化を対置させ、焼畑農業の噴煙などを補った表5-3は、錯綜した諸議論を整理するために私が作ったものである。温暖化要因の放出も寒冷化要因の排出も、先進国と途上国を問わず輻輳している。周知の火山の噴煙と砂漠の砂塵は、先進国や途上国を問わずに対流圏の温度に作用している。

表5-3　地球レベルで寒冷化と温暖化を引き起こす自然現象と人為的現象

	自然現象	人為的現象
寒冷化	火山灰（先進国，途上国） 山火事の噴煙（先進国，途上国） 砂漠の砂塵（先進国，途上国）	化石燃料煤煙の放出（先進国，途上国） 焼畑農業の噴煙（途上国）
温暖化	メタン（先進国，途上国） 水蒸気（先進国，途上国） CO_2（先進国，途上国）	CO_2（先進国，途上国） フロン（先進国，途上国） 一酸化二窒素（先進国，途上国）

途上国に心情を寄せた個別性だけではこの世界的問題は解決できないから，「宇宙船地球号」

「宇宙船地球号」という認識の普遍性志向

という認識の普遍性志向が依然として有効である。この意味で，流行の「持続可能性」（sustainability）は現状の格差固定を内包しているので，途上国は先進国からの「持続可能性」政策を拒絶するであろう。「京都議定書」だけではなく，新たな「低炭素型の世界システム」も模索はされているが，「持続可能性」概念だけでは打開の道は切り開けない。「持続可能性に富む開発は焦点を失い，不可能なほどに拡張して，あらゆる人々のすべての問題を請け負うという危険性を持つ」（Sutton 2007：126）。概念が拡張するだけ，その有効性は低減する。

　もし地球環境の危機があるとしても，それは個別的なCO_2による温暖化だけが原因なのではない。太陽黒点の活動の変化や水蒸気のほうが温暖化を左右する場合もある。さらに逆の寒冷化もあり，数年前からの西日本一帯における中国からの汚染物質の越境は，光化学スモッグを発生させ，地球危機の一部に該当する。そのなかに含まれるメタン分子は，「CO_2分子の約二〇倍の温室効果をもっていた」（Weart 2003=2005：163）。これらはCO_2濃度に比べて全部誤差というほどの微量ではない。だから政治的文脈を離れて，科学論だけからも，表5-3に例示した諸要因による寒冷化効果と温暖化作用の双方への普遍的な配慮が求められる。

地球環境の寒冷化要因や温暖化要因には、先進国も途上国もともに深く関与している。相対的に見て、化石燃料煤煙ではインドや中国などの途上国が先進国より無処理で放出している比率が高く、焼畑農業の噴煙は途上国しかないことの二点で、途上国による地球寒冷化への影響も大きい。しかしその他の火山灰からメタンや一酸化二窒素までは、途上国でも先進国でも、量こそは異なるが等しく排出しているという実態がある。

これに加えて、気象や地球環境への人為的影響力よりも、太陽黒点活動をはじめとする自然の力による気象や地球環境への影響が数倍も大きいとする立場もあり、私はこちらを支持する。

4　CO_2地球温暖化論の機能分析

機能分析の立場

大気汚染を含む包括的な環境問題研究を中断してまで、CO_2地球温暖化論のみをその環境問題の代表例に持ち込むメリットはもちろんある。マートンに準拠して、機能分析をCO_2地球温暖化論に適用してみよう。ここにいう社会的機能とは「観察しうる客観的諸結果を指すもの」（Merton 前掲書：20）である。また、「機能とは、一定の体系の適応ないし調整を促す観察結果であり、逆機能とは、この体系の適応ないし調整を減ずる観察結果である」（同右：46）。さらに「顕在的機能とは、一定の体系の調整ないし適応に貢献する客観的結果であって、しかもこの体系の参与者によって意図され認知されたもの」（同右）であり、続けて「潜在的機能とは、意図されず、認知されないもの」（同右）として理解しておこう。

すなわち、機能分析とは⑴ある現象が持ちうる目に見える正常な作用、⑵隠れた場面で発生する作用、⑶目に見える逆の作用、⑷隠れた場面における逆の作用に分類できる。いわゆる顕在性・潜在性の軸と正機能と逆機能の軸を組み合わせると前掲表1-2（一三頁）のような四象限が得られる。私が危惧するのは、CO_2地球温暖化論のみを取り上げる姿勢の背後に、潜在的逆機能としてのCO_2以外の環境問題要因が後回しにされ、大気汚染が進み、グローバルな越境汚染も激しくなって、全世界的に環境破壊が深刻化するという点にある。加えて、温暖化論争の決着がついていないうちに、地球寒冷化が訪れて、結果的に世界的な食料危機が慢性化することへの不安がある。

まずCO_2地球温暖化論隆盛による顕在的正機能としては、意識面での環境配慮が国民レベルで進むという効果がある。省エネもレジ袋使用控えも、それだけを取り上げれば正しい側面を含んでいる。CO_2排出規制の一環としての古紙リサイクルをはじめとする各種資源リサイクル運動が広範に展開されてきたことも、地球温暖化という外部環境への内部環境対応の形として、個人習慣や社会慣習を見直す実践であった。これ自体は歓迎すべき変容といえる。ただ最新のデータが教えるのは、CO_2の排出量は四グラムのレジ袋一枚の製造販売からは六グラム、プラトレイ一枚からは八グラムにすぎないという事実である。これは、燃費リッター一五キロのクルマが一キロメートル走行する際の排出量一五七グラムに比べれば、相対的無力感を増幅させるに十分である。

さらに四〇〇〇万世帯が毎日買い物をするとして、使用するレジ袋総数からの年間CO_2合計は八万七六〇〇トンと想定されるのに対して、二〇〇六年の環境省推計による総保有台数七四〇〇万台のうち営業車を除いた自家用車からの排出量合計は年間一億二四四六万トンであった。

地球温暖化防止を狙った「京都議定書は途上国の排出量になんら制限を設けなかった……京都議定書で決まった上限値が永久に守られるとしても……何もしない場合にくらべ、二一〇〇年までに温暖化が〇・一五度ほどましになる」（Lomborg 2001=2003：492）。それなのに、二〇〇九年三月に日本政府は購入費用を秘匿したままに、わざわざウクライナからCO_2排出枠を三〇〇〇万トンも購入した。地球の総排出量を削減しなければならないときに、他国の分をお金で購入するとは不思議なことである。

これらの事実から、マッキーバーのいう「社会環境としての習慣」の一部になる買い物におけるレジ袋控えも、やらないよりもやったほうがいいが、CO_2による地球温暖化防止にはノーカーデーのほうに確実に軍配が上がる。

電気料の節約はCO_2削減に直結しない

また、顕在的正機能である電気料の節約が、CO_2削減に直結するという誤解すらも蔓延している。発電所の段階ですでにCO_2は発生しているから、電気料の節約は個人のライフスタイルの一環としては選択できる合理的行為ではあっても、これによるCO_2削減の効果はありえない。『不都合な真実』でノーベル平和賞受賞のゴア邸では「年間三万ドルもの電気を消費している」（土屋 2008：68）という指摘もあるし、反原発運動参加者が今日の全電力量に占める原発分の三割の節電を実行している比率はどれほどだろうか。まことに「自分がしないのならどんなきれい事も言えます」（武田 2000：172）。

したがって、これは環境をめぐる「生き方」への問いに直結する。脱税者が納税を、カンニング実行者がその防止を呼びかけても失笑以外の何ものも生まないように、毎月の電気代が一ドル一〇〇円換算で二五万円にも達するアメリカ人が、CO_2削減を主張してノーベル平和賞を受賞したこと自体、何らかの意図をそこに感じるであろう。

大気汚染は進行している

次に顕在的逆機能としては、CO_2以外要因を後回しにすることによる大気汚染の進行とその被害の増加が指摘できる。包括的な環境論では、公害問題に象徴的なように、大気汚染、水質汚濁、悪臭、騒音、振動、土壌汚染、地盤沈下などへの目配りが広くなされていた。そこで取り上げられた汚染物質は二酸化硫黄、二酸化窒素、一酸化窒素、一酸化炭素オキシダント、浮遊粒子状物質、降下煤塵などであった。日本人の環境意識では「大気汚染」をもっとも気にしている（金子 2008：101）。なかでも大気汚染の判断指標に、二酸化硫黄、二酸化窒素の組み合わせは最近まで利用されていた（環境庁 1977：102-171）。

そして、その当時、温暖化の元凶とされているCO_2への配慮は皆無であった。もちろん『環境白書』（2007）でも、それらの有害物質の記述はあるが、公害問題が激しかった時代とは異なり、まずは「地球温暖化対策」が先頭に置かれているという時代特性が顕著に認められる。

寒冷化による食料危機

二一世紀初頭から、官民連携に加えて、マスコミが増幅させて広く国民意識に浸透したCO_2地球温暖化論は、それまで二〇年続いた地球寒冷化論を忘却させるという顕在的逆機能を発揮した。地球寒冷化による食料危機で、人口爆発する途上国では餓死者が増大するという世界的危機論がいつのまにか消えたのである。しかしようやく最近では、「超食料危機」が特集され、エネルギー危機、食品相場の急騰、世界人口の急増、農業労働力不足、食料生産用の土地

表５-４　生産量日本一の北海道農産物と全国シェア

	生産（収穫）量（2006年産）			道外移出率
	全国　(t)	道内　(t)	全国シェア(%)	(04年)(%)
小　　麦	837	514	61.4	89.8
そ　　ば	33	14	43.0	※
大　　豆	231	70	30.4	
小　　豆	64	56	87.6	
いんげん	19	18	94.2	
馬鈴しょ	2,752	2,150	78.1	50.3
たまねぎ	1,087	587	54.0	70.5
かぼちゃ	234	109	46.3	57.0
生　　乳	8,285	3,861	46.6	12.5

（出典）農林水産省（農林水産統計），北海道農政部．
（注）※は計数資料なし．生産量：馬鈴しょ以下は05年．

不足、水不足、気候変動、肉食志向の八点が指摘されるようになった（『ニューズウィーク』2008/3/26：76-77）。これらはすでに世界的な顕在的事実といってよい。翻って日本の食料自給率は、カロリーベースで二〇〇五年以降は四〇％前後にすぎない。

北海道は日本の都道府県のなかで唯一食料自給率が二〇〇％を超えており、温暖化による農産物の収穫が期待される。表5-4によれば、小麦、小豆、馬鈴しょ、たまねぎ、かぼちゃなどが日本一の生産量になっている。道外移出率（道外向け出荷量÷総出荷量×一〇〇）は五〇％を超える作物が多く、表中の小麦、たまねぎの他、米、ながいもも七〇％を超えている。

現在程度の地球温暖化は、北海道におけるこの収穫量増加を推進するはずである。生命環境科学における推計では、一九五二年から一九八二年の米の収穫量平均を基準とすると、北海道のみが二〇三〇年代には一・一二一倍、二〇六〇年代には一・一二三倍になると予測されている。残りの関東、甲信越・北陸・東海、九州は二〇三〇年にはそれぞれ〇・八六七倍、〇・九〇八倍、〇・九一四倍に低下するという予測がある（林 2008：39）。「地球は巨大な熱交換機関である」（同右：53）という結論は二一世紀の現在でも真理であるが、温熱効果があるCO_2への異常な配慮に比べて、冷却効果の火山灰や焼畑農業の噴煙や化石燃料燃焼に煤煙それに砂漠の砂塵などが、同じウェイトで論じられていないのは不思議な印象を与える。

利権となった環境

CO_2地球温暖化論の潜在的正機能としては、この温暖化対策を掲げると利益が見込まれるという判断によって、CO_2地球温暖化への関心と衝動が官民双方に発生したことが指摘できる。当初は権力を維持する手段として政治家が環境を位置づけ、クリーンさとグローバルな志向を表明することで、内外へアピールした。同じく環境省や経済産業省などの官庁も環境志向がクリーンさと国際性を保証することが分かり、予算獲得戦略の筆頭に位置づけた。このあたりは少子化対策と同じ構造を持っている。要するに、炭素税や排出権がらみで、CO_2地球温暖化対策はさまざまな利権の一部となってしまった。環境をブーム化する動きと呼応して、それ自体は無害なCO_2による温暖化への対策で、政治家も官庁も予算獲得に動くようになった。自然に恵まれたはずの北海道では、植樹用として森林環境税の導入が模索されている。

また日本におけるエコによる非社会性が、官僚主導で行われた地デジ対応切り替え開始の二〇一一年七月前後のテレビ買い替え時期に必然的に顕在化する。地デジ対応先進国アメリカで行われはじめた一クーポン・四〇ドル（四二〇〇円）の補助には、もちろん税金が使われる。アメリカでは一世帯当たり二枚までのクーポンだから八〇ドル（八四〇〇円）である。現在の日本円価格が四万円程度であるから、この補助ならば、八〇％は個人負担になる。

日本の地デジ転換で同じことをやれば、二クーポンで八四〇〇円として五〇〇〇万世帯への税金によるクーポン配布で四二〇〇億円になる。このようにしてチューナー購入を支援しても、数年で数千万台が廃棄され、短期間に買い替えが集中するであろう。これは電波の双方向性や映像の美しさ効果をマイナスとするに十分である。膨大な廃棄処理コストに加え、新たに数千万台のテレビを製造する資源加工とコストこそ、日本発の新しいCO_2地球温暖化の原因になる。この近未来の確実な予想について、与野党政治の無為無策が続いている。

政治家、官庁、業界、専門家集団の「異床同夢」

マスコミは販売部数や視聴率が伸びればよいので、話題は温暖化でも寒冷化でもかまわない。似たような構造はすでに骨密度、血糖値、コレステロール、メタボリック、ＡＥＤ（自動体外式除細動器）、介護予防などの集中的キャンペーンに読み取ることができる。これは医薬品業界や医療福祉に関連する機器メーカー、医師などの専門家集団、厚生労働省などの官庁が三位一体化した特定情報を、マスコミで増幅して国民に周知させた結果である。いずれも関連商品をマスコミで集中的に流し、対応がなければ大変なことになるという恐怖心を煽り、短期間の販売普及を実現させた。このような業界、専門家集団、官庁という三位一体化は、成熟段階に到達した高度資本主義国の必然的結びつきの事例である。

「地球温暖化は目には見えず、ただの可能性にすぎず、現在の可能性でしかなく、何十年後、あるいはそれ以上あとになってようやく現れると予想されていることでしかなかった」（Weart 前掲書：197）。このような段階にもかかわらず、化石燃料の燃焼によるCO_2地球温暖化論は北海道洞爺湖サミットまでくり返された。

それが終わり、政権が交代しても、地球温暖化論は残っている。しかし、化石燃料燃焼による排出された煤煙や越境汚染、焼畑農業からの噴煙という社会的産物と砂漠の砂塵、それに火山爆発の際の噴煙と火山灰という自然的産物が結合することで、地球寒冷化が進み、食料問題が深刻になるという報道もなされるようになった。

階級階層を超え、党派性も無視して、同一の宗教的基盤にも乏しい人々が、CO_2地球温暖化論を期せずして大合唱しているという印象を、二〇〇九年前期までのマスコミ報道からは振り払えなかった。それらは同床異夢ではなく、まるで「異床同夢」なのであり、数年後は「史上最悪の科学スキャンダル」（渡辺 2008：32）という評価が下されるであろう。

マッキーバーの環境論にはこの点でも正確な認識があった。それは社会的ジレンマ論の先駆けともいうべき内容である。「各特殊集団は、機構化された利害集団（interest group）となって、自分自身の利益をもとめるために、全体の社会をきずつける……特殊利害の追求は、このようにして、共通利害にマイナスとなる」（MacIver & Page *op. cit.*：85）。このような思考方法が全地球環境を守る際にも有効だが、温暖化論者は個別利害のみを強調し、先進国のCO_2削減を主張しながら、途上国のCO_2排出は容認する。ないしはその分を、ビジネスとしての排出権という形式で、先進国に売り渡すのはかまわないというスタンスが鮮明である。

すなわち、単純なCO_2地球温暖化論の推進によって、日本国民の中に「環境に優しい」、「環境を守る」、「温暖化防止に役立つ」商品の開発と普及を行い、国民全体にその購入を増加させ、使用頻度を拡大させ、これにより「利害関係」の一致を図ろうとする社会的勢力が存在する。CO_2削減を謳えば、むしろ環境負荷が多くなっても古紙リサイクルを善行だとする環境保護団体は今でも存在する。

しかしこのようなNGOやNPOは研究する力量に限りがあり、一方的な意見しかのべてこなかったので、これからは距離を置いたほうがいい。なぜなら、「大衆の利益は守られていない。われわれは何の資格もない活動家によってだまされている」（Singer & Avery 2007=2008：184）や「充分知識がない人たちが、地球温暖化問題について叫んでいる」（赤祖父 2008：152）というような批判が生まれているからである。

階級階層を超え、特定利益を求めた人々が、一時の部分的な利害ばかりに目を向けて、将来的で全体的な功罪を理解しないままに、CO_2地球温暖化論を大合唱している。なかでも「大変屋」（同右：18）、「温暖化商人」（同右：32）、「アラーミスト」、「警鐘屋」（同右：139）と命名された環境NPOやNGOが行う活動には批判が強い。


「生き方の問題」にすりかえない　単純なCO_2地球温暖化論への私の危惧は、その潜在的逆機能が、読み間違えた寒冷化作用によって、世界的な食料減産による飢餓危機に直結するところにある。

CO_2地球温暖化のみ最優先した環境論の流行が「科学的根拠にもとづいて、地球温暖化の事実を認識している」（橋爪 前掲書：63）のならばかまわない。しかし、実際は「地球温暖化は本当なのかという、科学的『真理』の問題ではない。……これは生き方、態度の問題だ」（同右）という指摘すら同じ本人から出されている。それなら、議論自体に疑問を抱かざるをえない。歴史的に見ても「科学的根拠」そのものが疑われるし、五〇年先の気象シミュレーションは部分的にすぎず、地球温暖化すべてを説明しきれていない。

橋爪が力説した「生き方、態度」という文脈は「問題が粗大」としても乱暴であり、社会学の側からのアプローチとしてもふさわしくない。なぜなら、これは「科学を超えた」宗教に近く、論理的な説得力には乏しいからである。

橋爪のような論理展開では、科学論における誤った推論方式になり、この思考方法ではCO_2地球温暖化論の証明は不可能である。温暖化促進要因だけのCO_2をいくら分析しても、寒冷化促進要因の塵や二酸化硫黄と水蒸気の結合である硫酸塩エーロゾルの放出が野放しでは、地球大気全体への温暖化効果は不鮮明なままである。「塵による汚染の増加はCO_2の増加と逆の働きをするのだから、寒冷化と温暖化のどちらが起こるのか誰にもわからない」（Weart 前掲書：118）。

同時にフロン、メタン、一酸化二窒素など三〇種類もの微量気体には温室効果があり、それらを「合計すると、CO_2そのものと同じくらい大きな地球温暖化をもたらす可能性がある」（同右：162）から、CO_2単独温暖化論にはそもそも論理的な無理がある。

5　科学的予測の問題

自然科学の予測困難性　コントが社会学を構想して、その学問像を描き出した際の準拠点は「予見するために見る」にあったが、困難な場合も少なくない。ここでは、二〇年前の予測値と現在値を比較対照できるCO_2濃度の予測問題を取り上げる。

まずは、自然科学の予測困難さを例証する。ＩＰＣＣが設立された一九八八年一一月の一年半前に、日本の気候学分野でもCO_2濃度の予測がなされた。たとえば、「二酸化炭素の循環や二酸化炭素の増加の気候影響について、自ら信ずるに足る確固たる科学的知見を得るということが、当面の急務である」（田中 1987：43）とする立場から、日本人自然科学者グループによって、予測を含んだ一般書が出されている。ちなみに一九八五年時点では、温暖化論というよりもまだ寒冷化論が勢いを残しており、CIAインパクトティームが「気象の陰謀」とした「地球寒冷化」が、世界全体で激しく論じられていた（CIAインパクトティーム 1977=1983）。

一九五八年からのハワイ・マウナロア測定値（前掲図5-1）は、今日まで有益なCO_2濃度の時系列的な標準を構成しており、予測がなされた一九八六年初頭におけるCO_2濃度は三四五ppm（田中 1987：25）であった。これを受けてグループの一人の自然科学者は、CO_2濃度が毎年一ppmずつ増加するから、「来世紀後半頃に大気中の炭酸ガス量は、現在の二倍に達する」（同右：95）と予想した。かりに一九八七年における「来世紀後半」を一〇〇年後の二〇八七年としても、一〇〇ppmの増加だから合計しても四四五ppmでしかなく、「現在の二倍」の六九〇ppmには達しないので、この推論は不可解である。

同じ内容は「二十一世紀には、大気中の二酸化炭素の量が現在の二倍になると予想されている」（山元 1987：194）としても表現されている。当時も現在も、温暖化論者たちのCO_2濃度データの根拠になっているのは、時系列のマウナロア測定値である。二〇〇七年時点の測定値は三八〇ppmだから、二〇年前に山元たちが予想した、二一世紀では二倍弱の六九〇ppmとは雲泥の差がある。この予想が当時の「コンピューターによる大気大循環の数値実験の結果により得られたものである」（同右：194）ならば、それから二〇年後の今日、気候学によるコンピュータ・シミュレーションはどのような科学的水準に到達したか。また、わずか二〇年前の自然科学者たちによる予測値すら大幅に外れている事実を、現今の温暖化論者たちはどのように総括したのか。

同時に全体的な結論部分には、「二酸化炭素やイオウ酸化物の排出を制御するのは、一国だけでは駄目であり、各国が協定をする必要がある」（高橋 1987：220）とのべられた。これは二〇〇八年七月の洞爺湖サミットでもくり返し語られた内容であり、先見の明はあるが、二〇年前から何も問題が変わっていなかったともいえる。洞爺湖サミットでは、二〇五〇年までに人為的な化石燃料燃焼によるCO$_2$濃度の半減を、「諸国と共に検討し、採択を求める」という議長総括で幕を閉じた。これは「何もしない」という業界用語なので、むしろ賢明な判断であった。

コンピュータ・シミュレーションの限界　いくらコンピュータ・シミュレーションを強調しても、二〇年後の世界すら予測できなかった歴史事実があれば、シミュレーション偏重の五〇年先の予測を取り入れた研究方法を見直すしかない。いわんや不確実な予測のみで、政治的政策判断を求めたり、国民の価値を一定方向に誘導したり、ライフスタイルの変容を要請することは危険であろう。

さらに社会保障領域では、地球温暖化などよりももっと重要でかつ緊急な課題があるので、「裏付けもないコンピュータ気候『モデル』に対するすさまじい政府支出」（Singer & Avery 前掲書：30）への見直しもはじめたほうがいい。

地球温暖化論における二〇年前の予測は、今日では完全に外れたことがはっきりしているのに、依然として政府が地球温暖化対策に毎年一兆円の支出を続け、臨時に「排出権」さえも諸外国から購入しようとしているのはなぜか。なぜマスコミ経由であやまった言説が国民に刷り込まれてきたかは、知識社

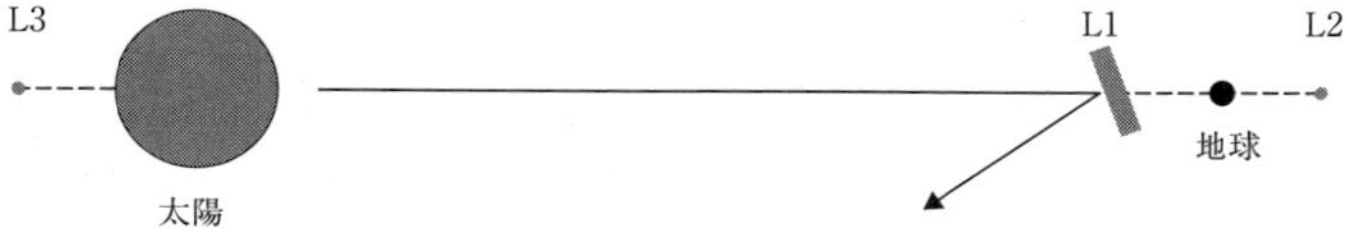

図５-４　人工衛星を打ち上げて鏡を置くモデル図

地球に降り注ぐ太陽放射の入射量を減少させるために地球―太陽系のラグランジュ点に置く太陽光反射板の概念図.
ラグランジュ点は合計５点あり，そのうち，３点を図示してある．他の図示されていない２点は地球と太陽を結ぶ線を一辺とする正三角形の頂点である．これらの点に置かれた物体は重力と遠心力がちょうど釣り合うために安定である．L1は地球太陽間距離の１％の距離の所となる．
（出典）Graedel & Crutzen 1995=1997 : 226.

会学における「価値がどのようにしのび込んでいるか」のモデルケースとして分析する意味がある。

私がこのように危惧するのは、研究者が政治がらみから自由ではなく、人類への危険を忘れた、予算増大目当ての言説すら認められるからである。たとえば二〇世紀末にグレーデルとクルッツェンは、地球温暖化を防止するための地球工学的手法をいくつか紹介したことがある。一つは宇宙に大きな鏡を置いて太陽光を反射させる寒冷化方法であった（Graedel & Crutzen 前掲書：225）。人工衛星をたくさん打ち上げるので「膨大な資金が必要であり、政治的に困難である」（同右：226）とはしたが、政治的に可能ならば、これを行いかねない勢いがあり、わざわざ図（図5-4参照）までも用意していた。しかしそこには、この地球工学が地球および人類に与えるはずの負影響への配慮は皆無であった。

地球環境を破壊するミサイル法

人工衛星に加えてグレーデルとクルッツェンが紹介するのは、ロシアのブディコがいった「成層圏に毎年三五〇〇万トンの二酸化硫黄を注入する」という地球環境を破壊するようなミサイル法であった。（同右：226）。第三には、二酸化硫黄の代わりにすすを打ち込む」ことも「地球を冷やす効果」として紹介されている（同右：226）。そこではミサイルを撃ち込んだり、何千もの飛行機を成層圏に送り込むというSFもどきが紹介されている。

しかし驚くことに、「もし適正に行えば、ブディコ達のアイデアは本来の目的を果たすかもしれない」と結論されている（同右）。あるいは「この賭けは、非常に大胆な人のみができる……人々は合意に達することができるかもしれない」（同右：227）という予測であった。

これが一九九五年に刊行された地球温暖化論者による著書であったことは衝撃的である。なぜなら、二酸化硫黄が有毒であることは当時もすでに周知の事実であり、『広辞苑』など国語辞典レベルですら記載していた。今日でも同じ認識であり、SO$_2$は粘膜を冒し、「四日市ぜんそくなどの公害病や酸性雨の原因となっている」（環境省 2007：403）。そのような有害物質を毎年三五〇〇万トンも成層圏に注入すると主張するのは狂気の沙汰であり、人類への犯罪である。この二人の気候学者から、「オッペンハイマーの原爆」や「テラーの水爆」までは最短距離にある。この意味で、「科学の社会的脈絡」（Merton 前掲書：487）への配慮は当然である。

地球工学的手法の限界

しかし厄介なことに、寒冷化論者が主張する地球工学的手法も同工異曲である。寒冷化論に立つ丸山茂徳は、地球温暖化を進める手法として、京都大学による「太陽エネルギーをレーザーで地球に運ぶ研究」や、アメリカによる「レンズをつかった太陽光の屈折による地球温暖化方法」を紹介している（丸山 2008）。温暖化論者のグレーデルとクルッツェンは、宇宙空間の鏡による太陽光の反射による寒冷化の方法を主張したが、丸山はこの逆の温暖化法を紹介した。

巨大すぎる予算による他の科学的研究分野での減額だけではなく、たくさんの人工衛星を打ち上げてレーザーで太陽エネルギーを地球に運ぶ際の失敗や、人工衛星によるレンズをつかった太陽光の屈折が抱える問題への配慮が皆無であることを考えると、自然科学の包括的志向性には疑問が強くなる。この点で、「地球温暖化問題には『恐怖と利益』はあるが、『理性』はない」（伊藤 2008：259）は真実である。

自然科学系の地球温暖化研究や寒冷化論で紹介された地球工学の予算規模を考えると、「先端巨大科学」への手放しの賛美が両者には窺える。

おそらく、気候学や大気物理学という科学の中心的方法が「観察された事実」に基づく客観性とともに、極度のコンピュータ・シミュレーションを多用化するところからくる限界が、このような一元的で非現実的な主張の原因なのであろう。まさしく「コンピュータのモデルを証拠と勘違いしている気候科学者たちも責めを負わねばならない」（Singer & Avery 前掲書：15）。

しかし問題は、自然科学だけにとどまらない。シミュレーション優先の予測そのものが問題なのである。その事例として、社会科学の根源的基礎である人口予測にすら限界があることに触れておこう。

社会科学における人口構造の予測困難性

一九七七年にアメリカのカーター大統領の指示により発足し、一〇〇人の政府機関専門家が三年間の審議と研究を踏まえて一九八〇年に刊行したのが *The Global 2000 Report to the President—Entering the Twenty-First Century* であった。翻訳はアメリカ合衆国政府特別調査報告として、『西暦二〇〇〇年の地球　１　人口・資源・食糧編』（1980）と『西暦二〇〇〇年の地球　２　環境編』（1981）として家の光協会から刊行された。

それは二〇年後の地球世界における各国や各領域の予測集であった。このうち日本の例では、「二〇年後の日本における人口比率予測」が誤りだったことがはっきりしている。

表5‐5　日本の人口構成比率についての，1980年におけるアメリカ予測値(1980)と日本確定値(2000)

（%）

	アメリカ予測値(1980)	日本確定値(2000)
0～14歳	20	14.58
15～64歳	66	68.06
65歳以上	14	17.36

（出典）アメリカ予測値は『西暦2000年の地球1 人口・資源・食糧編』：27.

表5‐5から分かるように、一〇〇人のアメリカ政府機関専門家が三年間の審議と研究を踏まえて予測した日本の二〇〇〇年時点での年少人口構成比率は、一四・五八％の確定値によって裏切られた。二〇〇〇年日本の〇～一四歳比率をアメリカの予測は二〇％としたが、一九七五年から二〇〇八年までの三四年間の連続した比率低下を、その予測では読み取れなかった。また、二〇〇〇年の日本高齢化率についてのアメリカ予測は一四％であったが、日本確定値は一七・三六％であった。この予測は「外れ」に該当するであろう。

そして次の合計特殊出生率予測では、「大外れ」になる。すなわち、一九八〇年におけるアメリカによる二〇〇〇年日本の合計特殊出生率推計では、高位推計としてのアメリカの予測値は二・三〇、中位推計では二・一〇、低位推計では一・八〇とされていた。しかし、日本での確定値は一・三六であった。まさしく予測の難しさがここに集約されている。

人口問題研究所の予測も外れ

なお、当時の厚生省人口問題研究所の専門家による一九六九年での予測も、完全に外れている。すなわちそこでは、一九八五年日本の合計特殊出生率予測として、高位推計値が二・四三五、中位推計値が二・二三一、低位推計では二・〇二七（舘・濱・岡崎 1970：94）とされたが、確定値は一・七六四であった。これらから、予測の失敗が、自然科学だけでなく社会科学にも存在することに留意しておきたい。

このアメリカ合衆国政府特別調査報告では、自然科学系の予測もなされた。念のために関連が深いところを引用しておこう。「予測によると、一九九〇年の二酸化炭素排出量は一九七〇年代中期の約二倍になるであろう」(『西暦二〇〇〇年の地球　1　人口・資源・食糧編』: 258) とある。しかしマウナロア測定値によれば、一九七五年のCO_2濃度が三三〇ppmであり、一九九〇年のそれは三五〇ppmであったから、実際の濃度上昇は一・〇六倍にすぎなかった。これは「約二倍」とはまったくかけ離れている。

このように、いつの時代でも誤った予測は混乱の原因になる。

「宇宙船地球号」からの視点

世界的に見て早い時期に「宇宙船地球号」という視点から「エコダイナミクス」を論じたボールディングですら、「大気中のCO_2濃度の上昇が化石燃料の燃焼により生じ、これが温室の役目をして、太陽からの高強度の輻射は取り入れるが、地球表面からの低強度の輻射の放出は阻止する。……しかし、今や恐れなければならないのは新氷河時代であるようで、地球は非常に急速に冷却しつつあり、過去二〇年に未曾有の気温低下があった。だが、誰にも理由は解っていない」(Boulding 1978=1980 下: 101-102) とのべたのは三〇年前である。その後どのような事情が生じたか。「地球は明らかに非常に大きなシステムに掌握されているのであって、それに比べれば人間の活動などはまだ泡である」(同右: 226) という認識は消滅して、人為的コントロールの有効性のみが叫ばれている。そしてボールディングが恐れるのは誤った「引き金システム」(trigger system) の作動である。CO_2のみの地球温暖化論を、私は誤った「引き金システム」として考えている。

もし一九七〇年代のボールディングが古ければ、「科学者というものは、ある科学的な疑問に対して提案された答えを『真』または『偽』に分類することはめったになく、むしろ真である可能性がどれくらい高いかを考える」（Weart 前掲書：67）という指摘はどうか。今日、CO_2だけの地球温暖化論で、「真」にどこまで近づけるか。

CO_2地球温暖化論のように、現在からの予想される未来論が有効か、寒冷化論で示された過去からの観察された結果に基づく現在論が正しいか。不思議なことに寒冷化論の時代にはエネルギー節約が叫ばれなかったのに、温暖化論ではレジ袋使用控えや古紙リサイクルが大合唱されている。

寒冷化論は不要か

一九八〇年代までの経済成長論では、化石燃料資源をたくさん燃焼させて、GNPやGDPを増加させて、結果として膨大に排出されたCO_2による温暖化効果で寒冷化を抑止したかったのだろうか。もし、ハワイのマウナロア・データが教えるように、一九五〇年代からの着実なCO_2濃度上昇が進んでいるのならば、六〇年代から八〇年代の経済成長期にでも、温暖化が認められたはずである。しかし経済成長の二〇年間は、なぜか地球寒冷化論しか言われなかった。

CO_2濃度上昇が人類にとって困ったことならば、化石燃料燃焼によりCO_2濃度を維持する温室効果もマイナスシンボルになってしまう。反面グリーン・ハウス・エフェクトは、「大気中の炭酸ガスなどが太陽からの熱、光線を通すと同時に地表からの放熱を妨げて大気の温度を保持する現象」（『コンサイス英和辞典』1975）という理解ではなかったか。

「グリーン」が隆盛

二〇〇八年環境省「温暖化対策地域計画ガイド」から、無限定的な「エコ」使用の実態が浮かび上がる。エコマネー、エコバック、エコワット、エコドライブ、エコステーション、エコファーマー、エコプロダクツ、エコシティ、エコツーリズム、エコアクション、エココンビナートなどが、実に無造作に使われている。

同時に現今のグリーンカンパニー（環境保護を考えた商品を開発する企業）、グリーンコンシューマー（環境問題を意識した消費者）、グリーンデザイン（環境保護を意識したデザイン）、グリーニング（環境保護政策）、グリーンネス（環境への配慮）なども同じ文脈にあり、グリーンウォッシュ（greenwash：環境に優しいふりをする）であると見られる。要するに、政府や自治体のグリーン購入・調達による無駄づかいを隠す方便として、「エコ」が隆盛なのである。

しかし、CO_2地球温暖化をめぐる環境論では、ひたすらeco-friendly（環境に優しい）のみが使用され、eco-activity（環境保全運動）がCO_2排出削減とだけに連結されて、世論の求心化が図られようとしている。加えて、本来のeco-friendlyがperson-strictly（人に厳しい）であることも無視されてきた。

その結果、現代社会の課題である(1)病気と健康、(2)悲惨と幸福、(3)罪悪と道徳、(4)破壊と創造、(5)退歩と進歩などの基本的研究が、社会学でも後回しにされるようになった。そこでは社会の趨勢としてのeco-friendlyにこれらがどう関連するかの議論も欠落したままである。

社会学的想像力を回復しよう

今後は、社会学的想像力の回復により、CO_2だけにこだわる部分的な環境への優しさが全体の環境破壊に結びつく危険性を認識して、「少子化する高齢社会」と環境の連関を広く観察することが望ましい。なぜなら、かりにCO_2地球温暖化が阻止され、美しい地球環境が取り戻せたとして、そこには三五％にも達する三五〇〇万人の高齢者がたたずむ光景が普遍化しているからである。そして、子どもの声は聞こえない。

食料自給率が低下し、輸入も制限された結果、「食育」が困難になった数十年先の社会では、一九六一年から三世代にわたって受け継いできた医療保険も、二〇〇〇年から継承してきた介護保険も、ともに消滅していると想定される。少子化、高齢化、総人口の減少という三位一体の変動に加えて、人口、環境、食料の拡大三位一体のテーマを追求していくことの重要性は二一世紀になってから増してきた。

振り出しに戻るが、コントのいう「予見するために見る」精神の徹底が、今こそ社会学のなかで具体化される時期である。

コラム 「ゴアの方舟」から離脱を

七月上旬に開催された洞爺湖サミットでは、二〇五〇年までに人為的な化石燃料燃焼による二酸化炭素（CO_2）の半減を、諸国とともに検討し、採択を求める」という議長総括で幕を閉じた。これは「何もしない」という業界用語なので、むしろ賢明な判断であった。なぜなら、地球温暖化は五〇年後か一〇〇年後かの可能性の一つにすぎないからである。

経済活動の萎縮と同義

京都議定書に縛られないアメリカ、中国、インドの二〇〇五年CO_2排出量合計は、地球全体の排出量の四五・五％を占める一方で、温暖化対策に熱心なEUと日本のそれは、地球全体の一七・一％しかない。健全な常識からみれば、わずか四・七％の日本が毎年一兆円を拠出しても、地球全体のCO_2削減は不可能である。

とりわけ一九八七年以降の日本では、CO_2排出量と経済活動の指標であるGDPが完全な正比例関係に達したので、CO_2削減が総発電量を筆頭とする経済活動の萎縮と同義になった。だから本気でCO_2半減をするのなら、まずは総発電量の半減から始めることである。この順序逆転が日本ではたして可能か。

折しも「低炭素社会づくり行動計画」が閣議決定され、社会活動の停滞と経済活動の低迷に向けて、政府が音頭をとるらしい。そこには、「排出権」という一時的な利益に目を向けたCO_2地球温暖化論があり、「ゴアの方舟《はこぶね》」という権威にすがる「異床同夢」が垣間見える。首相は「地球環境問題で、リーダーシップを発揮していかなければならない」と強調したとされるが、二〇五〇年を目指す政策の優先順位を間違ってはいないか。

ジェット機対象外の不思議

たとえば今日の政府主導の地球温暖化防止運動は、省エネ行為と発電所からのCO_2削減とが無関係なことさえ、国民に周知させていない。温暖化論者が主張するCO_2削減方針は恣意的であり、論理的に首尾一貫していないのである。国民的エコの代表はレジ袋使用控えだが、その一袋分の製造と販売を合計しても、CO_2排出はわずか六グラムでしかない。

一方、三五〇ミリリットル缶ビール一缶の製造・販売で二九五グラムのCO_2を排出し、ジェット機が一分間の飛行で排出するCO_2は約六〇〇キログラムである。この膨大なジェット機排出のCO_2を削減対象にせずに、排出総量が六グラムのレジ袋を槍玉にあげるのは不思議なことである。

このままでは、地球科学における「仮定」の推論が導く恣意的な政治的対策しか残らず、社会保障費の伸び二二〇〇億円までも圧縮して捻出する巨額の温暖化対策費は単なるばらまきに終わり、次世代への借金を増やすだけであろう。

重要課題無策からの逃避

しかし、盛りを過ぎた日本は、五〇年先の「仮定」の世界に遊ぶほどの余裕はない。二〇一〇年に期限切れの「過疎法」をどうするか。全国的な限界集落の増加に何をするのか。また、二〇〇七年で高齢者が六割を占める「農業就業人口」で、国策としての「食料自給率」をどのように上げるのか。

そして、八〇〇万人の団塊世代全員が六五歳になる二〇一五年に向けて、年金と医療と介護を軸とする社会保障制度の根本的革新の可能性はあるのか。これまでの与野党による政治と行政は、これら国民不安の主因を解消してこなかった。むしろ「ゴアの方舟」が向かう地球温暖化論は、それら無為無策の逃避先に使われた印象がある。

空しさが募る「仮定」の積み重ねによる二〇五〇年「低炭素社会」計画よりも、人口減への対処と食料増産という課題に、地域が確実に直面する二〇一〇年問題、および総人口構造が激変する「少子化する高齢社会」による二〇一五年問題に、正面から最優先して取り組むことを与野党による政治に期待したい。

第6章　行政資料による地域福祉分析
――児童虐待問題に関連して――

福祉や介護それに医療に関する国民生活面では、膨大な行政データが毎年公表されている。政府統計は白書に代表されるが、それに収められない調査資料もたくさんある。都道府県や市町村自治体でも同様であり、市民世論調査をはじめとする各種の調査結果は社会学にとっても有効なデータとなりうる。そのためには関連する理論の検討により、問題点を鮮明にして、分析に役に立つ二次データを収集して、その加工を行うことである。ここでは地域福祉の理論を精査して、実態としては都市の児童虐待の現状をデータから分析した。そこから問題解決への方向性を探った。

虐待されている児童は無言の「助けてください」（"aidez-moi"）を発信している。今日の行政でも地域福祉社会学でも、この叫びに敏感であることが要請されるとした。

1　地域社会の構造変動

劣化する共同社会

「社会関係の全様相がますます共同社会から遠ざかっている」（金子編 2003：4）や「個人はただ自己の力をたのみ自己の力によって立つほかはない」（同右）が高田保馬によって書かれたのは一九五三年のことであり、その先見の明には脱帽するしかない。なぜなら、半世紀後の日本社会では、その傾向がますます強くなってきたからである。

高田保馬逝去の一九七二年は高度成長期の終末でもあった。第4章でのべたように、高度成長は経済活動全般におけるエネルギー革命と日本的経営を駆使した企業改革、そして生活水準の上昇を志向した大衆消費社会の成立によるところが大きい。それらの相乗効果が、企業生産力と販売力、そして国民の消費力の相互連関的な連続的増強を生み出した。企業の投資水準の拡充と国民の消費性向の増大が産業化の出発点であり、同時に帰結点でもある。

産業化は集積の利益を前提とするために、一カ所に集結しての生産が効率的となる。そのために、工場立地が進んだ太平洋岸ベルト地帯とりわけ首都圏へ、日本全国から農家の長男長女を除く男女が移動し、大量人口の地域移動が発生した。これら移動層は高度成長を支える主力の労働者として大都市に集住し、その結果として産業化が引き起こした都市化が急速に進んだことはすでにのべた。

都市化　都市化は社会構造における異質性を強める。とりわけ県内移動ではなく、県を越えた移動では方言も含めた文化的な差異が強まる。都市におけるサブカルチャーが大量に発生する（Fisher 1984=1996）。日本における県間移動は一九六二年に初めて県内移動を凌駕して、一九七一年まで続いており、高度成長期の特色である全国的な人口の地域移動をはっきり示している。例外は一九六五年の県内と県間における同率と県内移動がわずかに勝った一九六六年であり、この二年以外では高度成長初期の一九六二年から終末期の一九七一年まで県間移動が優勢であった（国立社会保障・人口問題研究所編 2007：151）。それだけ広範囲な地域移動と階層移動が、日本社会全体に生じていたことになる。

私化

一方で、この時期から日本社会全体で私化（privatization）が蔓延して、私生活主義が突出し、社会全体の利益社会化がますます鮮明になった（鈴木 1986）。人口の地域移動は一般的には個人にとってのそれまでの社会関係を切断する分離効果を持つから、この時期からのあらゆる世代の日本人は、農村型社会の故郷を捨てて、移動先の都市においてそれまでとは異なる社会関係を築くことを余儀なくされた。

一九五五年頃までの数百年間、日本社会全体を覆いつくしていた農村型生活様式には鈴木栄太郎が発見した「自然村」があり、「協同體成員等の生活規範であって成員等の相互察監相互督勵の過程によって保持され發展されて行く」（鈴木栄 1940：96）自然村の精神が濃厚に認められた。これはまた、きだみのるが東京都西方に位置する恩方村で数年にわたる参与観察で描き出した村の単体性（unité）や集合表象（représentation collective）と重なり合う（きだ 1948：1967）。

方言に代表される言葉とそれに伴う自然村の精神や集合表象などの文化的な差異があれば、「みんなで一緒に」という集団主義は難しくなる。なぜなら集団主義は、成員の思考や行動様式が互いに推測可能な場面でしか生み出されないからである。

自己中心主義

国民意識では、みんなのため社会のためではなく、自己中心主義が顕著に認められるようになる（図6-1）。このうち集団主義は視野の長期性を意味する遠視性に富み、自己中心主義は視野の短期性としての近視性を帯びるといえる。

さらに一方、高齢者が増加して社会全体の高齢化が進むから、ますます視野の近視性が鮮明になる（図6-2）。

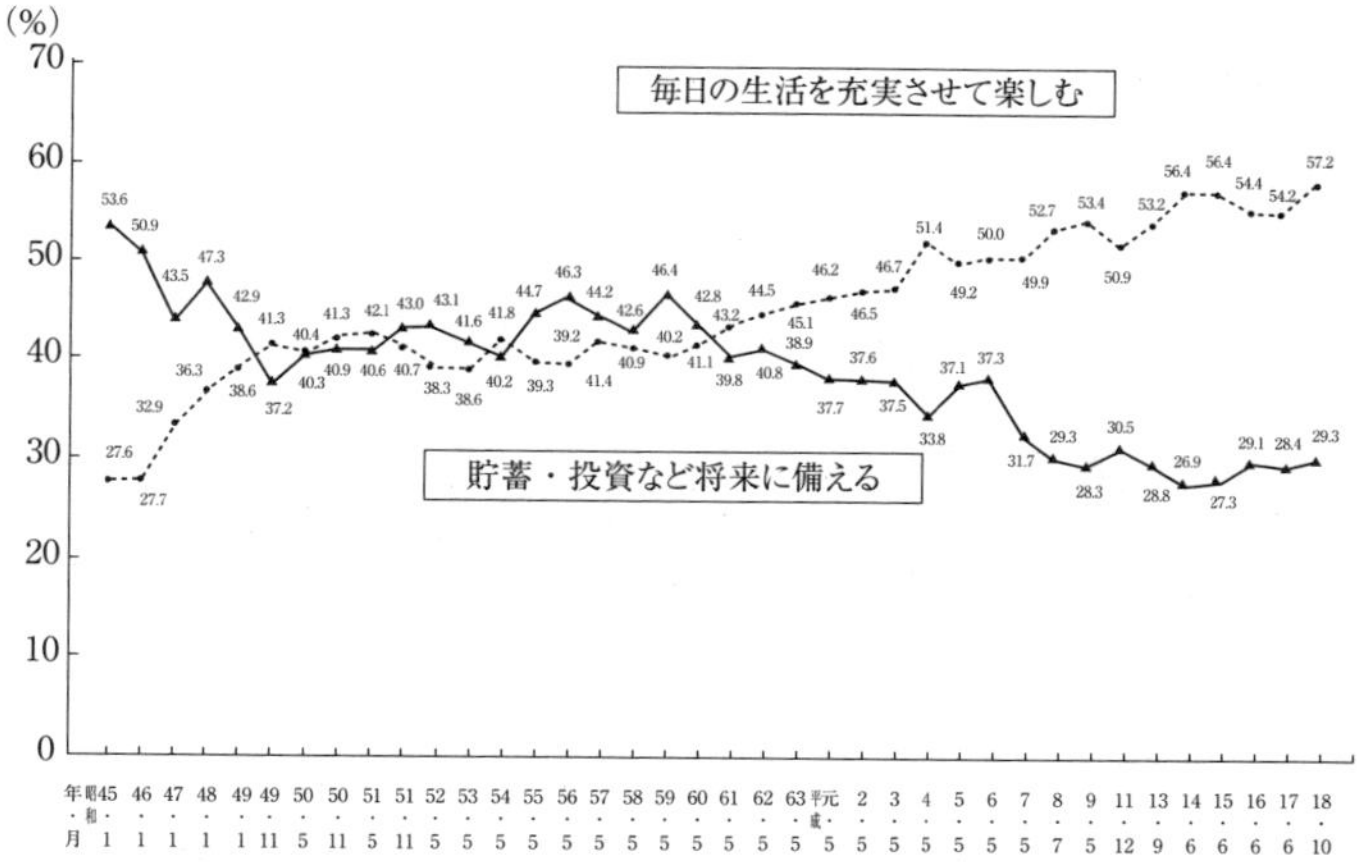

図6-1　将来に備えるか，毎日の生活を充実させて楽しむか（時系列）

（出典）『月刊世論調査』2007/4：62.

そのような動向のなかで、日本社会ではソーシャル・キャピタルの集団文化の根幹となってきた、ほぼ自動加入型集団に属する労働組合組織率と町内会加入率の衰退が著しい。

とりわけ、かつては権力のチェック機能を保持していた労働組合の組織率の低下が著しい。表6-1から高度成長期は三五%前後の組織率であった労働組合が、一九八三年に三〇%を割り、それから一度も反転せずに二〇〇三年に二〇%を割り込み、現在に至ったことが特筆できる。

安定成長期や低成長期、それにバブルの時代とその崩壊の時期に、労働組合組織率が一貫して減少したのは、非正規雇用労働者の激増によるところが大きい。

並行して、選択的集団のNPOへの評価の低さや、各種アソシエーションへの関与も弱いままである。

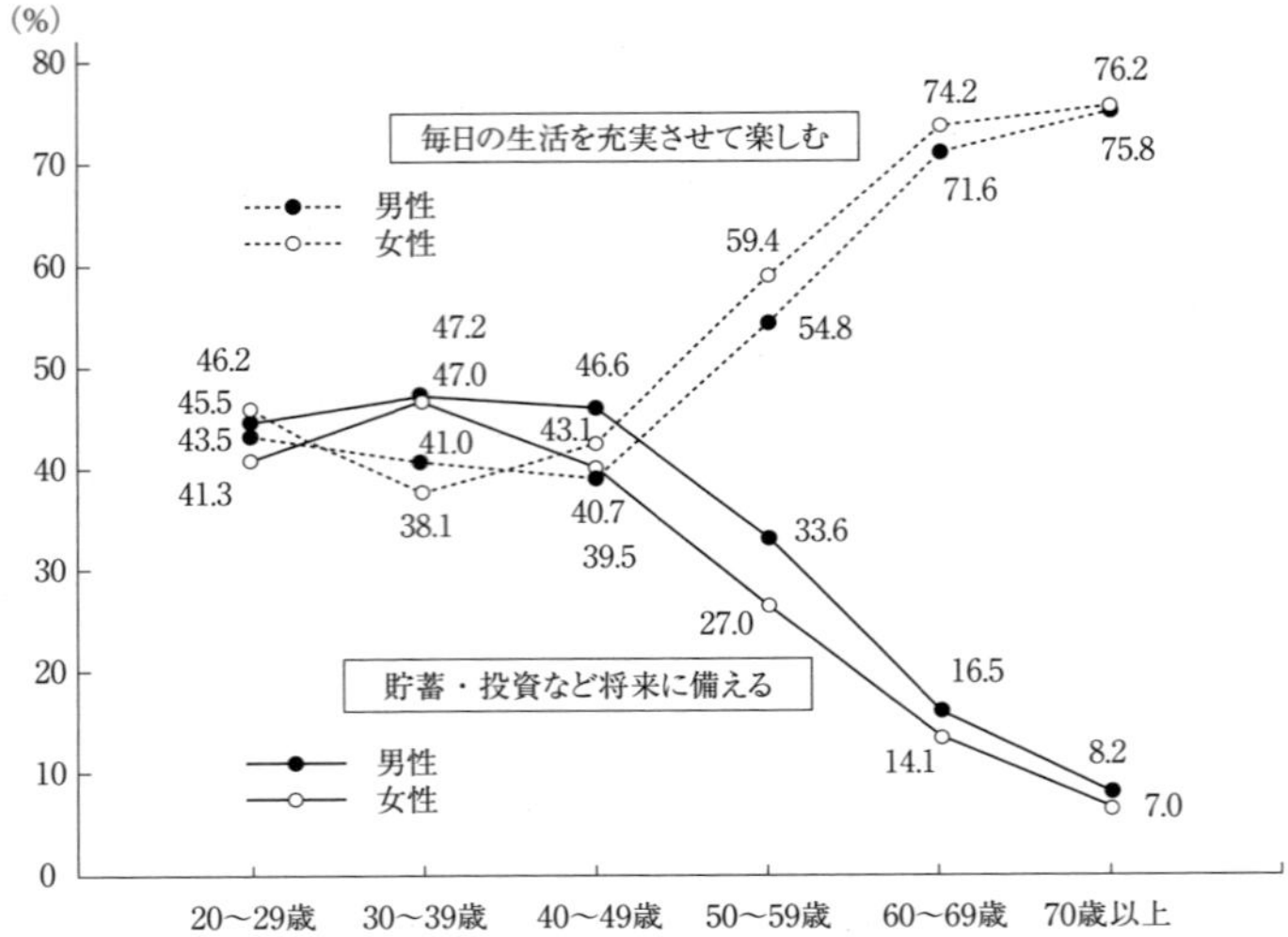

図6－2　将来に備えるか，毎日の生活を充実させて楽しむか（性・年齢別）

（出典）図6－1に同じ．

表6－1　労働組合への組織率

（%）

年	組織率
1955	35.6
1965	34.8
1975	34.4
1985	28.9
1995	23.8
2005	18.7
2007	18.1

（出典）矢野恒太記念会編 2006：98.
2007年のみ，同会編 2008：86.
（注）各年の六月末現在の組織率.

一所不在

企業職場では、長時間労働によって、労働者個人による時間管理が不可能になったうえに、失業、転職、派遣先の変更などで、「一所不在」が通常の状態になった。一九九〇年代初頭に企業や経団連で高唱されていたフィランソロピーも、二一世紀の日本社会では忘れられたままである。

一九八〇年代までのマルクス主義社会学説は、日本資本主義の企業の体質や地域間不均等を告発する内容に満ち溢れていたが、二〇世紀の終盤から社会主義を標榜する中華人民共和国における地域間不均等が日本資本主義の数十倍あることが判明するや、現在までそのパラダイム信者は黙殺と沈黙で過ごしており、イデオロギー的な認識の末路の悲惨さが漂う。

日本社会と日本企業に特有とされた集団主義は、年功序列、協調、努力、温情主義などを特徴としていたが、日本人による研究の大半はこれらを封建遺制として乗り越えるべきものと見なした（日本人文社会科学会 1951：松島・中野 1958）。そこではたとえば直系家族の原理すらも、「封建遺制」とするようなレベルの認識であった（福武 1951：162）。

これは地球温暖化の原因をＣＯ^{2}の濃度上昇のみとする議論と同質であり、複雑な推論をすべて省略して単独要因に還元した「すべてを道に」（tout à la rue）捨てる典型である。その他にも「わが国などでは資本主義の後進性から広汎に残存する封建遺制や、その変質過程など具体的な問題を、最近発達した社会調査の技法を用いて研究する」（松島・中野 前掲書：266）という主張は、高度成長初期には珍しくはなかった。

しかしその二〇年後には、日英工場に関するドーアの正確な科学的比較研究で、批判されてきた集団

表6－2　高齢期を迎えた日本社会の人口移動率（県内，県間）

	1990	2000	2005
移動率総数	5.31	4.89	4.44
県　内	2.73	2.65	2.38
県　間	2.58	2.24	2.06

（出典）国立社会保障・人口問題研究所編 2008：151.

主義は個人主義の延長線上にあるむしろ社会全体のゴールである、という新鮮な少数意見も生み出した（Dore 1973=1993）。

地域移動率の低下　高齢社会を迎えた日本社会の地域移動率は、二〇〇〇年には四・九％まで低下して、二〇〇五年には四・四％になって、移動そのものはすでに落ち着いている（表6-2）。これには一九八〇年以降に急進しはじめた高齢化による社会全体の定住志向性が大きい。とりわけ大都市では、未知の第二次的な接触が日常生活の中心になるのだから、そこに生きる人々は自己中心性を帯びて個人主義に陥らざるをえない。一九六〇年代前期までの濃密な知り合いばかりの「三丁目の夕日」とは反対の世界である。人口移動率の低下と高齢化の進展の中で、一九八〇年代から首都圏とりわけ東京の一極集中と地方の過疎化と市町村衰退が同時進行して、総人口が減り、小家族化が鮮明となり、少子化が顕在化してきた。

たとえば、二〇〇〇年から二〇〇五年までの年平均人口増加率を見ると、四七都道府県のうち「増加」は一五の都府県になる。上位は、東京都が〇・八四％、神奈川県が〇・七〇％、沖縄県が〇・六五％、愛知県が〇・五九％、滋賀県が〇・五五％であるが、少子化の動向が弱い沖縄県の自然増加が際立っている。

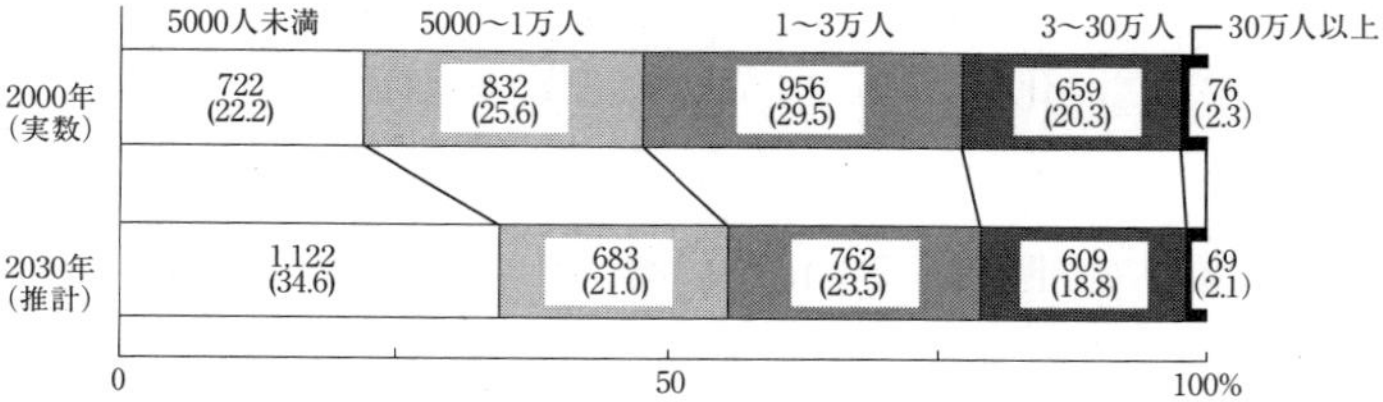

図６－３　人口規模別市区町村数および比率

（出典）国立社会保障・人口問題研究所 2003.

限界集落

人口減少が進む残り三二の県では、地域社会のうちの特定集落自体の消滅さえもがタイムスケジュールに上ってきた。二〇〇五年七月に国土交通省が発表した調査結果によれば、全国市町村の一九％に当たる三八八の自治体が「今後一〇年以内に一部の集落が消滅する可能性がある」と回答した。それをさらに絞り込み、人口一〇万人以上の都市から一時間圏内のまとまりに入らない「周辺地域」に限定すると、実に六一％が「消滅の可能性あり」や「どちらともいえない」になる。これは人口数でいうと全体の九％だが、面積では四五％をも占めている。

図6-3によれば、自治体で人口規模が縮小した人口規模五〇〇〇人未満の自治体の割合は、二〇〇〇年の二二・二％から二〇三〇年には三四・六％へと増加する。これは「少子化する高齢社会」が地域社会に及ぼす影響の一つである。放置していても、自治体レベルでは確実に「小さな地方政府」が誕生する。それを中央の「大きな政府」が救わなければ、日本全国の過疎地域は荒れ放題になるであろう。郵政民営化が完成する二〇一七年には、「少子化する高齢社会」のもとで過疎地域の荒廃が進み、地域社会は個人や家族のセーフティネットにもなりえない危険性が大きい。

二〇〇八年五月に北海道が発表した道内の「限界集落」調査結果も衝撃的である。それによれば、「一定の土地に数戸以上の社会的まとまりが形成された、住民生活の基本的な地域単位」という定義に合致する「集落」は、全一七六市町村で六六二九地区になり、そのなかで「住民の半数以上が六五歳以上で、近い将来に消滅の恐れがある限界集落」が五七〇地区（八・六％）になった。また、住民の半数以上が五五歳の「一〇年後の限界集落」は、全体のなかで二三九六地区（三六・一％）にも達した。

今日流行のCO_2削減をしたり、森林環境税で植林しても、三〇年後の道内の集落では、高齢者のみが医療保険や介護保険もなくてたたずみ、子どもの声も聞こえない状況が浮かんでくる。

地域産業の不振や公共交通が不便になるなかで、上昇した現在の生活水準を維持するには現金収入が必要になり、離農や脱農がますます進む。その結果、村落機能の低下、小家族化による家族機能の縮小、伝統的な地域文化が枯渇する。かつての村落で行われ、一部は都市町内会でも健在であった生活協力機能の内容も変化している。

毎年恒例の草刈や害虫防除、排水路の清掃、地域参加型での葬式、北国特有の除雪なども多くは住民総出の形態を取りえず、葬式では業者への依存が中心となり、除雪も行政によりシステム的に専門サービス化した。北国におけるボランティアによる一人暮らし高齢者宅の除雪は、札幌でもかろうじて「福祉除雪」として存在するが、子供預かりや近隣付き合いといった「三丁目の夕日」的な関わりすらも都市型社会では弱くなってきた。

コミュニティ喪失か

ウェルマンのコミュニティ問題論（Wellman 1979=2006）でいえば、コミュニティ喪失（community lost）のイメージが強いが、部分的なコミュニティへの出入り自由（community liberated）の可能性を、私は長年模索してきた。高度成長期の前もかろうじて直接体験している私は、コミュニティの存続（community saved）でもないコミュニティ変動を受けて、日本の地域社会の優良資産である郵便局、交番、小学校、公民館の四者ネットワーク化による地域福祉システム設計が望ましいと長年主張してきた（金子 1993：1997：2007）。これはウェルマン的には「部分的なコミュニティへの出入り自由」に近い立場であり、その戦略的地点に地域福祉社会学が存在する。

　集団主義に代わって、社会や企業で強くなったのは個人主義としての競争、能力、業績主義である。元来これらは外資系企業の専有理念であった。そしてその個人主義の空間的頂点に今日の大都市がある。そこでは社会軸となる連帯性が弱まり、したがってその共同社会の部分は衰弱し、個人の自己責任が声高く叫ばれつつも、疾病や失業や貧困などの原因で、個人生活の連続性が保障の限りではなくなってきた。

　公営（道営）住宅の入居資格月収が二〇〇七年までは二〇万円だったのに、二〇〇八年から一五万八〇〇〇円に切り下げられた。所得格差が広がり、月収二〇万円を基準にすると、道営住宅の入居競争が激しくなり、より切実な一五万八〇〇〇円未満層の入居が困難になったからである。

地域福祉の三本柱

一九九五年くらいまで、個人主義が強まり利益社会の様相を帯びた日本都市を再構築するために、日本のいくつかの地方都市と台湾台北市を調査した成果に基づき、共同性や公共性をシステム化する方向性を、私は探ったことがある。そこでは地域福祉の三本柱として、コミュニティづくりを目指したボランティア活動（義捐《ぎえん》・微助人《びすけっと》活動）、緊急通報システムづくり、町内会活動の活性化を具体的に提起した（金子 1997：144-158）。このうちボランティア活動はある程度定着し、緊急通報システムの整備も進んできた。しかし、町内会組織率の低減は変わらない。
時代の流れは地域社会でさえも個人化にあり、その勢いは労働組合も町内会もＰＴＡも子ども会も老人クラブも食い止められない。家族と離れた一人暮らし高齢者が、そのなかで確実に増加してきた。

2　地域福祉社会学の構図

格差不安社会と地域福祉　二〇一五年に向けて格差不安社会（金子 2007）が進む今日では、これまでの都市の実証的研究の経験を活かして、地域福祉社会学を、

(1) 社会学の課題である「個人と社会」研究に位置づける
(2) 個人の生き方の側面からは個人生活の連続性を追求する
(3) 地域社会のあり方の側面からは社会全体の連帯性を追求する
(4) 「すべてを道に」(tout à la rue) は地域福祉社会学にはなじまないと宣言する
(5) 個人と社会の両方から「地域福祉」を問いかけ、対象を限定する
(6) 在宅高齢者も権利と義務の主体になる

として、私は包括的に考えている。

学祖コントの時代から、比重のかけ方の相違はあっても、社会学の対象は「個人と社会」である。このうち個人の側からのテーマには生活の連続性がある。なぜなら、社会秩序が崩壊すれば個人生活の連続性は保障されないし、個人生活の崩壊が続くような社会では、成員間の連帯性もありえないからであ

る。その意味で、個人生活の連続性と社会全体の連帯性は表裏一体であり、これらの研究は社会学の最優先課題でもある。

そして、「秩序の目的が進歩であり、進歩の条件が秩序である」というコントの言葉の再確認をしておく意義はますます大きくなってきた。コントから一六〇年後に社会学を学ぶ私たちも、この社会の秩序と進歩を意識しながら、具体的レベルでは個人生活の連続性と社会の連帯性を同時に目配りした思考方法を堅持したい。その象徴的で典型的なテーマの一つに地域福祉が存在する。

「すべてを道に」はなじまない

ただし、「すべてを道に」（tout à la rue）は少なくとも地域福祉社会学にはなじまない。フランス史学の伝統に位置するこの「すべてを道に」は古代中世以降の廃棄物処理方法からの抽象的言辞である。確かにトイレが部屋になかった古代中世フランスの住宅では、人間の排泄物はそのまま「すべてを道に」投げ捨てられていた（Franklin 1890=2007）。この帰結は「あとは野となれ山となれ」であり、神か何かが解決してくれるという甘えた立場と同根である（清水 1978：112）。

個人が自己責任を果たさずに「すべてを道に」を実行することは、個人主義社会における他力本願の見本である。これはある時代のある国での人間排泄物処理では有効ではあったが、近代社会の環境問題の処理方法としては不可能である。そのやり方ではいわゆる外部負経済が大きくなり、結局は内部経済への負の影響が強くなり、社会システムに負荷がかかりすぎてしまい、個人生活さえも機能不全になるからである。

「生活上の困難」では曖昧

ただし地域福祉の対象を、「生活困難」や「生活上の不利条件」それに「生活問題」とする社会福祉学系に見る認識レベルでは、あまりにも漠然としており、学問的な検討には到底耐えない。それは「すべてを道に」と同類であり、あたかもすべての生活困難が「地域福祉」で解決するかのようである。地域福祉に関する岡村重夫の先見的貢献の価値は評価できるが、一世代が経過した三〇年後に、同じレベルでしか議論しないのでは知的怠慢と言われてもしかたがない。

学問としての地域福祉論では、個人と社会の両方から「地域福祉」を問いかけ、「生活困難」や「生活上の不利条件」などの漠然とした内容を乗り越えて、研究対象を限定するしかないであろう。

その際には、一人暮らしの在宅高齢者でも、サービス受益者だけの観点を超えて、権利と義務の主体としての市民だと見なすことが、研究成果の汎用性（diversusages）を高めるに違いない。なぜなら、一人暮らし在宅高齢者の地域福祉サービス受益者としての位置づけは、消費だけの存在という主張になるからである。実際の一人暮らし高齢者のライフスタイルは、地域における交換への依存とも整合する。程度の差はあっても、老若男女を問わず個人生活は、消費と交換の二つの領域から構築されている。

研究成果の汎用性はどこにあるか

二一世紀において、日本的な地域福祉研究が汎用性レベルに達するには、「生活困難」や「生活問題」などの漠然とした領域を対象とした「すべてを道に」（地域社会に投げ出す）の発想を中止して、もっと個別的なテーマを具体的に明らかにしながら理論化するしかない。地域福祉理論樹立に向けても、調査方法でも現実問題の解決でも、その言明が社会学理論の汎用性を高める方向に作用するように努め、問題追究的な地域福祉社会学研究を行うことが道を切り開くであろう。

共助や互助「問題」の発見　それにはまず共助や互助「問題」を発見し、定式化することである。一般的に他者を支援する方式には、公助としての専門サービスがある。介護保険関連のすべてのサービスはここに該当する。これらは多くの場合、無償と理解してきた地域福祉でよりも、行政や団体やそれに商助としての民間機関が提供する有償サービスになる。

長い間、社会福祉学の分野では、「生活困難」や「生活上の不利条件」という漠然とした包括的な領域が公助と結びつけられてきたことは周知の事実であり、それが地域福祉の理論化を妨げてもきた。なぜなら、「生活困難」や「生活上の不利条件」がもう一段具体化され、社会的保護（la protection sociale）の対象としてまとめれば、(1)貧困（la pauvreté）、(2)不衛生（l'insalubrité）、(3)病気（la maladie）、(4)無知（l'ignorance）、(5)失業（le chômage）などになるからである（Montoussé & Renouard 2006：212）。これらが文字通り「生活困難」の主たる原因を構成するのは確かである。しかし、これらの解決に無償の地域福祉サービスを充当するだけでは、全体的な無力感が漂うだけになる。

たとえば貧困の解消やその緩和でも、公衆衛生水準の維持でも、感染症の予防や撲滅でも、政府や自治体による徹底した公助こそが肝要である。また、高血圧や糖尿病などへの対応は健康知識を含む教育が不可欠であり、失業問題の解決でも政府の公共投資や企業レベルの対応である商助が求められる。その意味で、ベバリッジ報告でも取り上げられたこの五領域は「生活困難」の代表的要因ではあるが、その解決に共助や互助のような地域福祉サービスだけでは難しいことを知っておきたい。

3　児童虐待においてソーシャル・キャピタルが果たす機能

「生活困難」は、貧困、不衛生、病気、無知、失業　ベバリッジ報告の時代からの「生活困難」が、貧困、不衛生、病気、無知、失業の五領域に関わるから、これらの解決にはソーシャル・キャピタルに基づく共助や互助を特徴とする地域福祉サービスだけでは有効ではないとしてきた。二一世紀の今日では、他にも「生活困難」を引き起こす社会問題は多くあるので、「生活困難」の事例の個別性と一般性の区分をしたうえで、地域福祉研究の観点から解決策の提示ができるかが問われることになる。その一つに少子化とともに広く社会的に顕在化した「児童虐待」の問題がある。

まずは「観察された事実」として、二〇〇八年に公表された札幌市児童相談所作成による札幌市における児童虐待相談の状況を見てみよう。

児童虐待相談　最初に虐待の内容からまとめる。図6-4は身体的虐待、心理的虐待、性的虐待、ネグレクト（養育放棄）の四分類によるこの三年間のまとめである。二〇〇五年度が二四五件、二〇〇六年度が三一〇件、二〇〇七年度が四七八件と増加傾向にある。内訳はネグレクトと呼ばれる養育放棄が七割近くを占める。食事を与えない、着替えさせない、入浴させない、通園させない、通学させない、家に入れないなどがこれに該当する。親による子どもの殺人事件の多くも、まずはネグレクトによる虐待から始まることは周知の通りである。

加えて、二〇〇七年度では心理的虐待が増加した。これに就学前児童の被害者像を重ねると、社会化

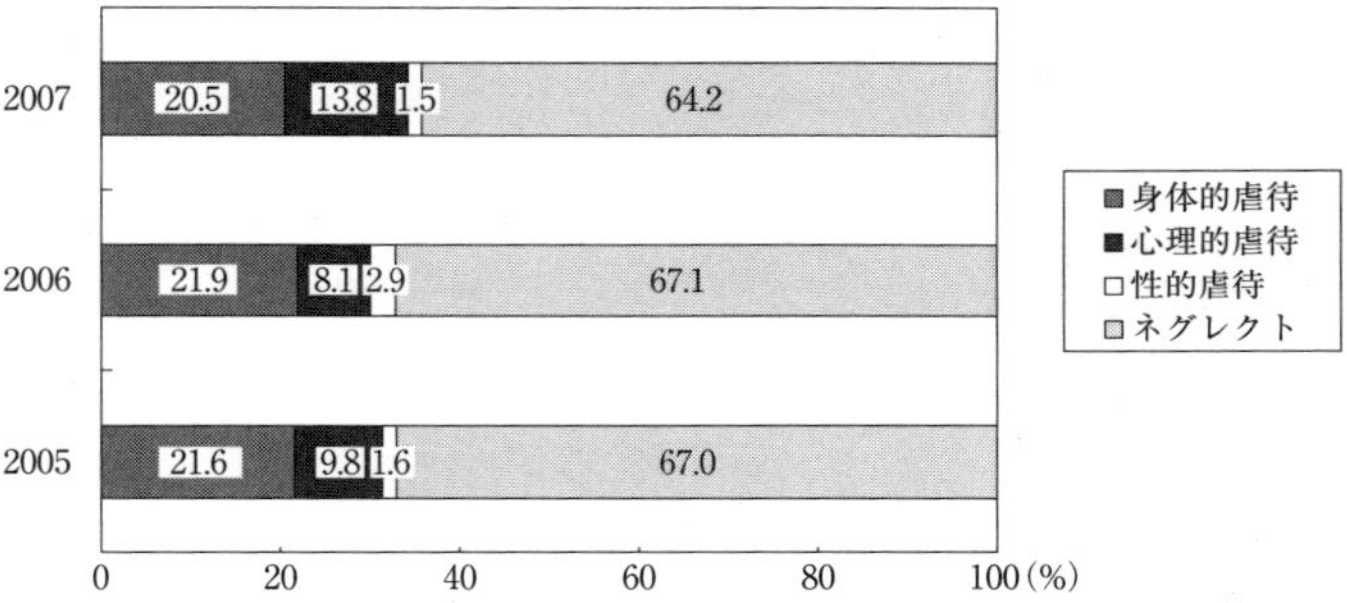

図６－４　札幌市における児童虐待の内訳

$\chi^2 = 8.88$ df=6 ns
（出典）札幌市児童相談所2008年5月22日作成資料.

のうち態度形成時点の年齢（五歳から一〇歳）で、心理的虐待のもつ負の影響の強さを想定できる。

身体的虐待

身体的虐待は文字通り児童への直接的暴力であり、性的虐待と絡み合う部分が存在する。また、身体的虐待による被害は生涯完治しない場合もあるので、児童のその後の人生に悲惨な影響を及ぼす場合も多い。多くは医師の診察で発見され、児童相談所や警察への通報で第三者が知ることになる。

「主たる虐待者」は図6-5の通りである。実に全体の七割を実母が占め、「実父以外の父」も増加傾向にあるが、「実母以外の母その他」は減少した。χ^2検定をすると、この三年度分の虐待者内訳には統計的な有意差が窺える。また各年度で、九割前後が実母ないしは実父であることが分かる。これでは、虐待される子どもに救いがないであろう。

厚生労働省は二〇〇九年度から、親元で暮らすことのできない子どもを、親代わりに育てる里親への支援を拡充した。一般的なタイプの「養育里親」への手当を現在の月額三万四〇〇〇円から七万二〇〇〇円に増額し、障害を持った子ども

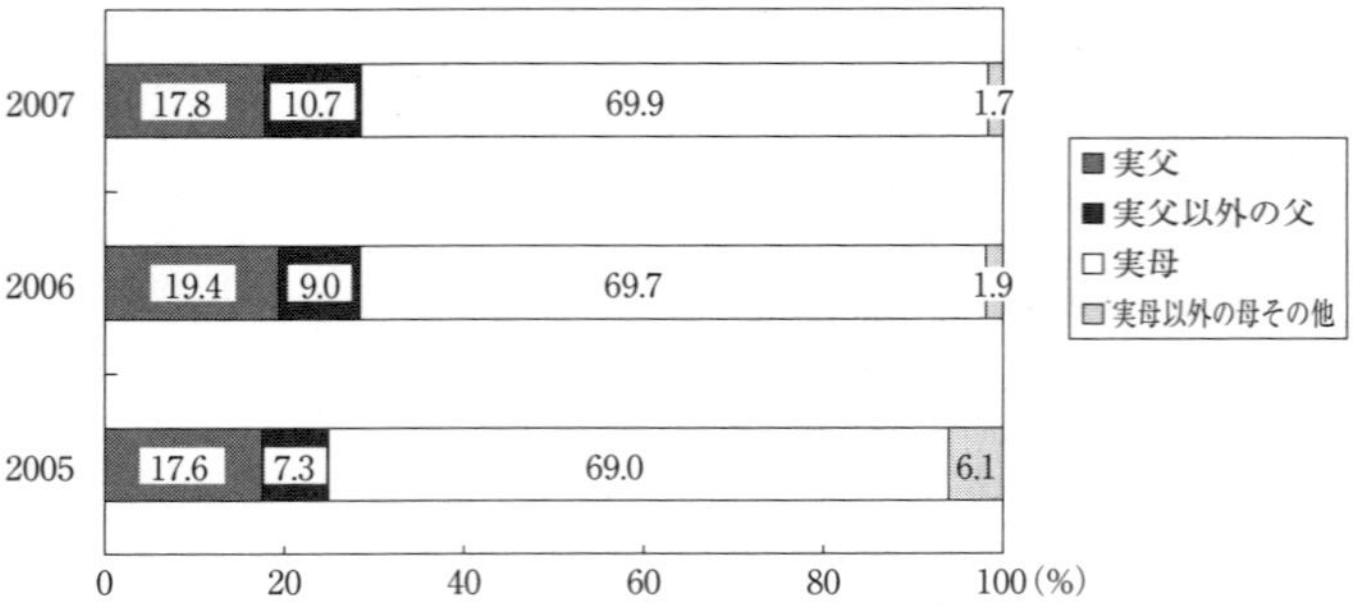

図6-5　札幌市における主たる虐待者

$\chi^2 = 14.43$ df=6 $p < 0.05$
（出典）図6-4に同じ.

や虐待を受けた子どもを育てる「専門里親」への手当を、現在の九万二〇〇〇円から一二万三〇〇〇円にそれぞれ引き上げた。

援助額を増大するのは私も賛成だが、その支給を当てにした偽里親がでないことを痛切に願うものである。託された子どもを食いものにしない方策をしっかり準備しておかないと、さまざまな悲劇が繰り返される危険性があるのだから。

親からの虐待やネグレクト（養育放棄、保護の怠慢・拒否）を受けた子どもにとっては、大規模な児童養護施設よりも、良好な生育環境としての里親家庭に今後の期待が込められる。そのための支援増額では、審査をより厳密にしたうえで、継続的な訪問と見守りをしていくことが、セカンドネグレクトという悲劇を防止するであろう。

ネグレクト（保護の怠慢・拒否）　次に、被虐待児の年齢構成はどうか。「三歳未満」、「三歳～就学前」、「小学生」、「中学生」、「高校生その他」の五分類を使うと、図6-6を得る。これは統計学的には有意とはいえなかった。データの分布からすると、二〇〇六年度から二〇〇七年度にかけ

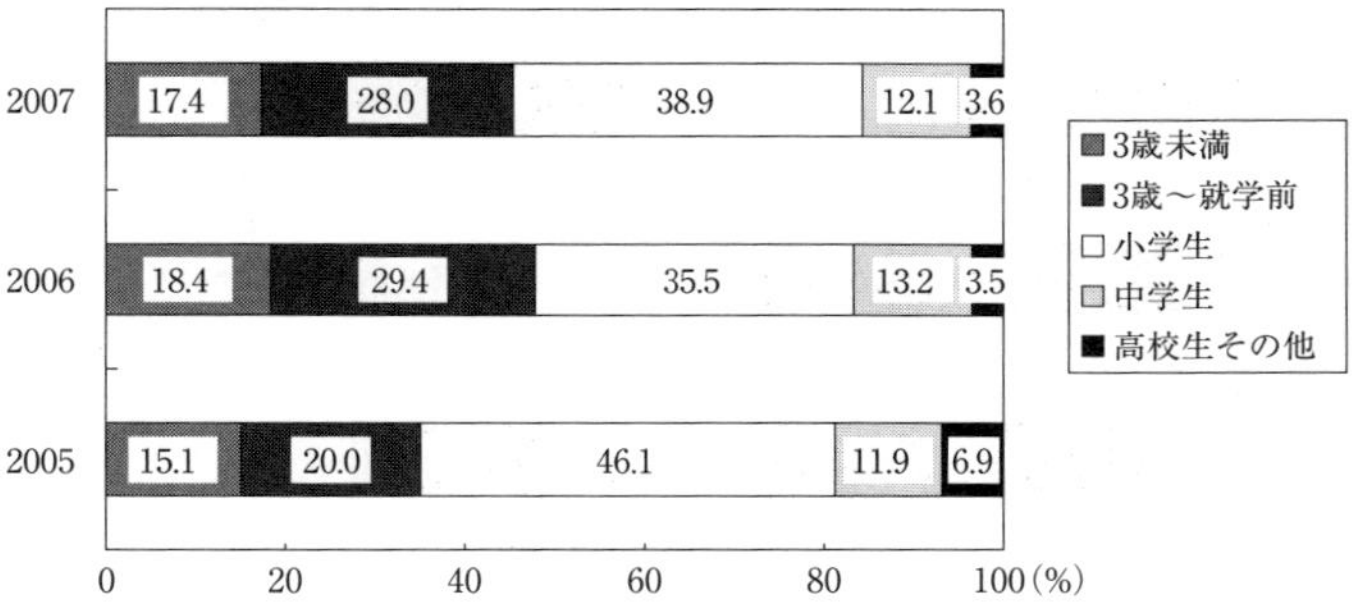

図６－６　被虐待児の年齢構成

$\chi^2 = 14.94$ df=8 ns
（出典）図６－４に同じ.

ては被虐待児の年齢構成が幼くなってきた印象を受けるが、全体としては同じ傾向にあった。すなわち「三歳未満」と「三歳～就学前」で四五％程度、「小学生」が四〇％近くあり、「中学生」と「高校生その他」で一五％になった。

児童虐待の通告経路　では児童虐待は、どのような通告経路から判明するのであろうか。予想されるように、一件の通告受付が重複する場合もあるから、通告件数は児童虐待件数よりも若干増加する。たとえば、ある虐待事例に近隣の通告と医者からの通告が重なり合うことはありうる。そこで統計をまとめると、世帯別で計上した通告受付件数は二〇〇五年度が三一一件、二〇〇六年度が三九八件、二〇〇七年度が四五七件となった。

その通告経路の集計に際しては、調査における家族、親族、児童本人を「家族」、近隣知人はそのままに「近隣・知人」、福祉事務所、児童委員、保育所、福祉施設機関を合わせて「福祉事務所・施設」、保健センター、医療機関を「保健・医療機関」、学校、警察、その他を「学校・警察その他」とした。すなわち五分類にまとめ直したのである。

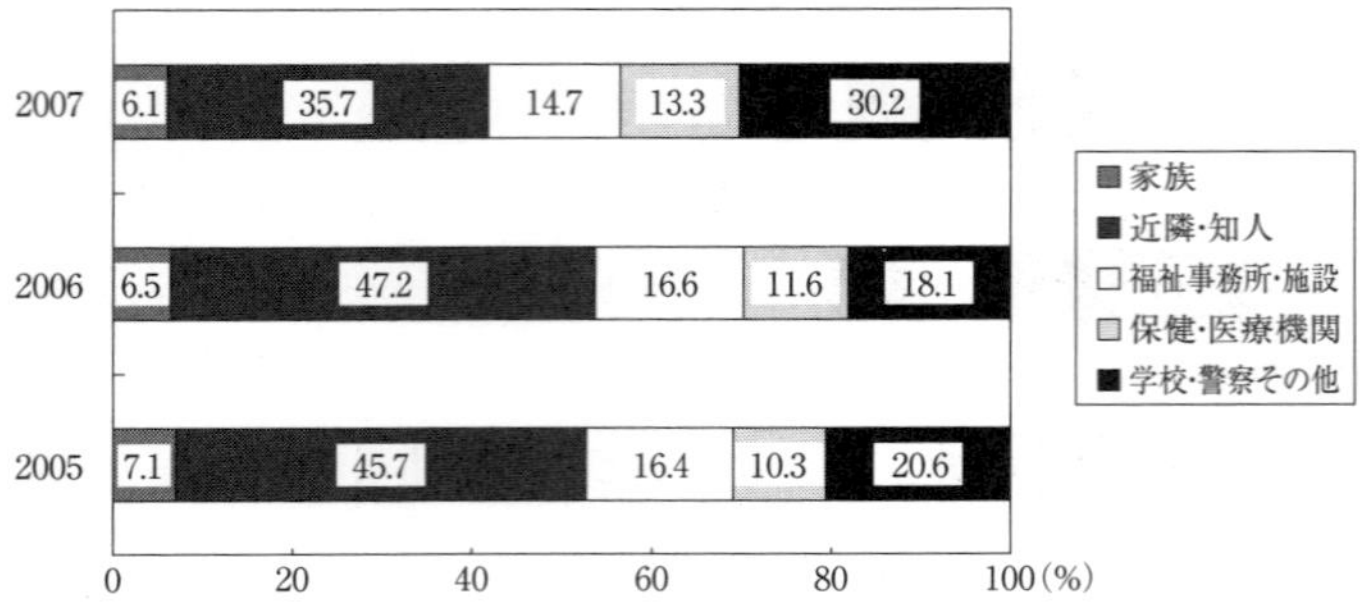

図6-7　虐待の通告経路

$\chi^2 = 25.71$ df=8 $p < 0.01$
（出典）図6-4に同じ.

図6-7から統計学的には三年度間で相違があることが判明した。一つの特徴として、「近隣・知人」による通告経路が半数近くを占めていた二〇〇六年度までとは異なり、二〇〇七年度のそれは三五％までに低下したことがあげられる。一方、二位を占めていた「学校・警察その他」は二〇％程度の比率だったのに、二〇〇七年度では三〇％を超えた。この一位と二位の急接近は、地域の防犯意識の低下と専門機関の対応の強化を示している。

これらの後に、「福祉事務所・施設」と「保健・医療機関」が続く。「家族」がわずか六％程度であるのは、「主たる虐待者」の九〇％が実母と実父だからである。自らが子どもの虐待をしていれば、警察その他に通告することはありえない。ただし実父による虐待が目に余り、実母が子どもを連れて児童相談所に相談するケースは少なくない。この場合は通告にはならず、調査結果次第ではそのまま児童相談所による「虐待認定」に計上される。

このうちで児童相談所が調べて、実際に「虐待認定した比率」である「認定率」は表6-3の通りである。プライバ

表６－３　通告件数，虐待認定数，認定率

	通告件数	虐待認定数	認定率（％）
2005年度	311	37	11.9
2006年度	398	61	15.3
2007年度	457	126	27.6

（出典）図６－４に同じ.

表６－４　処遇種別

	在宅指導	施設入所	里親委託	合計	一時保護所入所
2005年度	200	41	4	245	87
2006年度	227	81	2	310	87
2007年度	372	75	31	478	124

（出典）図６－４に同じ.

シー保護の点から、公開データの制約があり、どの通告経路の「認定率」が高いかは読み取れない。しかし、図６-７と合わせると、「学校・警察その他」からの通告が急増した事実と「認定率」の高まりとは無関係ではないように思われる。

二〇〇七年度でいえば、虐待合計が四七八件あったので、通告件数からの「認定数」が一二六件だったことから、三五二件は別のルートが想定される。このうち一番多いのは、表６-４で見るように、前年度からの虐待認定者への「在宅指導」をそのまま引き継いだ場合であり、そのまま本年度の虐待数に組み込まれる。たとえば、二〇〇七年度の「在宅指導」は三七二件に達しているが、このうち約半数二〇〇件が二〇〇七年度虐待総数四七八件に含まれている。

二〇〇七年度の通告からの認定数が一二六件であり、前年度からの継続中の「在宅指導」分が二〇〇件として合計すれば三二六件になる。同じように施設入所でも里親委託でも半数程度の前年度からの継続とすると、五〇件近くがそのまま二〇〇七年度の虐待件数に加わる。これで約三八

〇件であり、残り一〇〇件近くは、保護者その他が児童相談所に直接訪問して、事情聴取をしたあとで、虐待であったという事実が判明する場合などが多い。

これらが「虐待認定」の複数経路であり、札幌市では増加傾向にある。合計特殊出生率では政令指定都市のうち最下位であることに加え、せっかく生まれてきた子どもの虐待が増えつつある状況はやりきれない。「産み育てる社会環境」の総合的な改善への踏み出しを速やかに行う時期であろう。

ソーシャル・キャピタルの重要性　このような「観察された事実」を前にして、地域福祉社会学として何を発言するか。半数近い通告経路が「近隣・知人」になっていた年度からそれが三五％まで低下した事実を前にすると、市民レベルでのソーシャル・キャピタルの蓄積を行政の課題とすることで、「近隣・知人」の通告経路を太くしようという提言に結びつく。なぜなら、都市における「近隣・知人」はソーシャル・キャピタルの主領域でもあり、前掲図6-7はコミュニティ喪失ではなく、コミュニティ出入り自由論に向けての貴重なデータとも読めるからである。

4　少子化対策意識の風化の克服

「事業数」の増加だけでよいか　委員長として『札幌市次世代育成支援対策推進行動計画』（さっぽろ子ども未来プラン）策定の手伝いをしてから五年間、この進捗状況を外部から座長として見守ってきて、気がかりな傾向を感じている。「問題意識としての合計特殊出生率の低下を憂う」気持ちが、行政組織の中で風化しているように思われる。なぜなら、「行動計画」の推進で、「事業数」の増加にのみ

表6-5　合計特殊出生率と少子化関連事業数の推移

	2004年	2005年	2006年	2007年	2008年
札幌市合計特殊出生率	1.02	1.01	0.98	1.03	1.02
少子化対策関連事業数	200	202	205	216	224

（出典）「さっぽろ子ども未来プラン実施状況総括表」（平成20年度実績）より作成.

関心を集中させるところに現れており、あたかも事業数の増加が行政の狙いのように見えるからである。

札幌市では広い意味での少子化対策は、二〇〇四年度の計画当初の二〇〇事業から、二〇〇八年度には二二四事業に増加した（表6-5）。ただし着実な事業数の増加により、少子化への対応ができたかといえばそうではない。

なぜなら、元来が合計特殊出生率の低下としての少子化への対応を念頭にしたはずの「子ども未来プラン」で、この比率の増減と無関係な事業までも、行政の少子化対策に接合してしまうようになったからである。

本来の「子ども未来プラン」の基本目標は、「健やかに生み育てる環境づくり」、「子育て家庭を支援する仕組みづくり」、「豊かな子ども時代を過ごすための社会づくり」、「次代を担う心身ともにたくましい人づくり」、「子どもと子育て家庭にやさしいまちづくり」の五本であり、札幌市ではこの基本線で各種事業が進められてきた。

健やかに産み育てる環境づくり　たとえば「健やかに生み育てる環境づくり」に「安全な妊娠・出産への支援」があり、特定不妊治療費助成が拡充していることは評価される。合計特殊出生率低下を念頭に置いた少子化対策でも、優先順位が高い事業だからである。件数では、二〇〇五年度が二八三件、二〇〇六年度が三八一件に増えて、恩恵を受けている男女が着実に増えている。札幌市における特定不妊治療支援事業の「助成金」は当初の二年間、各年が「一〇万円」だったのを、二〇〇六年には支援期間を五年間に延長して「一回の治療につき一〇万円、年度あたり二回」に拡充がなされ、厳しい財政事情のなかでも充実への努力がなされてきた。

二〇〇八年度までは、札幌市民が札幌市以外の産科クリニックで特定不妊治療をすると、この制度は適用外になっていたが、二〇〇九年四月から改善された。具体的な改善点は、公費負担による検診回数が一四回へと引き上げられ、超音波検査もこれに含まれるようになったことである。総額で一人七万円くらいの見込みである。また、里帰り出産で札幌市外の医療機関を受診する際にも、同じように助成を受けられることになった。そして、助産院も公費による助成対象に追加されたのである。

効果に疑問がある事業　他にも有益な少子化対策事業はあるが、首を傾《かし》げざるをえない事業が「次代を担う心身ともにたくましい人づくり」に集中している。「次代を担う心身ともにたくましい人づくり」には、(1)多様な体験機会の拡大、(2)自立を促す企画・参加型体験事業の充実、(3)思春期の心と身体の健康づくり、(4)子どもの活動を支援する環境の整備、(5)魅力ある学校教育の推進、などの教育委員会系の事業がこれに該当する。

本来は合計特殊出生率の増減への対応を核とする少子化対策なのに、そこには目的を忘れた事業数拡大の路線しか浮かんでこない。学校給食用の食器をステンレス製から強化磁器に代えること、学校図書館を地域に開放すること、七四人の少年国際交流事業を行うこと、一八四人の夏休み親子水道施設見学会、五五人で子ども議会を開くことなどの教育委員会系のメニューが、本気で合計特殊出生率の低下に配慮した少子化対策として有効だと考えられているのだろうか。

念のためにいえば、私はこれらを否定しているのではなく、少子化対策事業に無理やりはめ込む愚かさを指摘しているだけである。教育委員会系の事業は少子化対策と関連づけずに、必要ならばそれだけで堂々と予算を取り、政策展開すればいい。

加えて、「子ども未来プラン」が「第二次札幌新まちづくり計画」（以下「新まち」と略称）の政策目標1「子どもを生み育てやすく、健やかにはぐくむ街」と連動させられている点にも疑問がある。

格差是正こそ

「新まち」では、何よりも保育の恩恵を受ける家庭と、保育所への入所を拒否される家庭との格差是正の発想がゼロである。今日の札幌市の保育行政予算は約二〇〇億円だが、この九八％が保育所関連にのみ使われていることへの反省が乏しい。たとえばゼロ歳児全体のわずか七・五％が該当するゼロ歳児保育には、一人当たり月額二〇万円の経費がかけられているが、その親が支払う保育料の平均は月額二万円に届かない。残りの九二・五％の在宅ゼロ歳児向けにはまったくの配慮がない。これを格差といわず何と呼ぶか。母親が有職無職にかかわらず、その子どもを等しく支援することが子どもの人権を守ることであろう（金子 2006b）。

「成果指標」作成

また、「新まち」の「成果指標」作成は新しい試みであり、目標達成を具体化するのは評価できる半面で、インプット指標（投入指標）とアウトプット指標（産出指標）が混在しているという分かりにくさがある。たとえば、市民による「子育てしやすいまち」との評価や、高齢者による「介護予防事業への参加者数」は、それぞれアウトプット指標だが、「中小企業向けの融資額」や「認知症サポーター養成数」はインプット指標である。同時に「成果指標」のうち「社会成果指標」では、その単位として人数、件数、比率、金額などが混在したままである。一九六〇年代からの社会指標論の歴史の学習が望まれるところである（金子・長谷川編 2008）。

さらにもう一つの「成果指標」である「市民意識・行動指標」では、「家庭などにおいて、自分の興味あることについて調べたり、勉強したりしている児童生徒の割合」や、「身近なみどりの満足度」などに象徴される理解しにくいものまで含まれている。

公表資料によれば、これらが含まれる「第二次札幌新まちづくり計画」(二〇〇七年度から二〇一〇年度)の総事業費は四五一六億円になるという。

予定されている事業単体は、担当部局それぞれに意義を持つにちがいない。しかし、「子どもを生み育てやすく、健やかにはぐくむ街」を筆頭においた「第二次札幌新まちづくり計画」ならば、一五の重点課題が並列されるのではなく、もっと重点化を議論して、優先順位を決めるほうが有効な予算の使い方であろう。

「子ども未来プラン」に関連づければ、「子どもと子育て家庭にやさしいまちづくり」の具体的な事業が、「快適な生活空間の整備」としての「地下鉄駅にエレベーター設置」をする以外にほとんどないのでは、行政や議会の本気度を疑ってしまいたくなる。この表現から私は、母親の有職無職を超えて、すべての子どもに等しくやさしい愛情を注ぐ街を連想するのだが、それは幻なのであろうか。

無言の「助けてください」への応答　そしてこれこそが、徹底した人権無視の児童虐待問題解決のための緊急の課題でもある。「子どもと子育て家庭にやさしいまちづくり」に児童虐待問題解決を含める「まちづくり」の方法とは、地域のなかでソーシャル・キャピタルを漸次増加させる方向性を持つものである。

虐待されている児童は無言の「助けてください」(“Aidez-moi”)を発信している。今日の行政でも地

域福祉社会学でも、この叫びに敏感であることが要請される。すなわち、地域福祉とは、
(1) この“Aidez-moi《エデ・モワ》”に対して、
(2) 対象者が日常生活を継続できるように、共助の形式をとり、
(3) 隣人を軸にして、個人的または運動体や集団により、非専門的で長期的に働きかける行為を含み、
(4) 最終的には継続できるような救助（“Aidez-vous《エデ・ヴ》”）をも目指す
行為である。

その意味で、実証的研究基盤に基づいて、社会学における連帯性、凝集性、統合性への理論志向が、今ほど求められる時代はない。

コラム　少子化社会――私の提言

少子化の正確な定義

明るい「子ども未来」には、長期的展望、少子化の正確な定義、原因の特定化、少子化克服策の公平性が欠かせない。社会保障・人口問題研究所の将来人口推計（2005）によれば、日本の人口は二〇五〇年には八七三〇万人、二一〇〇年には三九〇五万人になると予測されている。二酸化炭素温暖化対策で地球環境が改善されても、人が半減するのであれば、やはり日本の将来を危惧せざるをえない。現世代には、最小限六〇年先の〝次次世代〟までも考慮して、消滅しないような手を打つ義務があるはずだ。

少子化を「合計特殊出生率の持続的な減少ならびに年少人口率の連続的な低下」と定義すると、少子化対策としては、まず、その「減少」や「低下」のスピードを止めるための方針が浮かぶ。第二には、「減少」や「低下」を止めた静止状態を保つという方向も出てくる。第三には、さらに合計特殊出生率を反転させて、積極的に「増子化社会」を目指すという克服策がある。

子育て基金から

私は第三の立場で一〇年間、少子化克服の処方箋として「子育て基金」と「子育ち資金」を考案し、子どもを一人育てるのに三〇〇〇万円を使う次世代育成の家族を、「社会全体」で支え合う制度を提唱してきた。社会全体による「子育て共同参画社会」づくりこそが「子ども未来」を切り開くという立場だ。なぜなら、「おひとりさまの老後」は次世代や次次世代からのみ支えられるので、「おひとりさま」にも次世代育成への積極的な負担に協力してもらい、子育て負担の社会的不公平性を縮小したいからである。

そのために介護保険の理念に合わせ、既婚未婚を問わず、子育てする人も子育てしない人も、三〇歳以上六四歳までの国民に年額五万円、年金受給者には受給額の一割の負担を求めるものとする（最近では類似の主張として、古川康佐賀県知事の「育児保険」や、野田聖子衆議院議員の「子ども保険」もあり、鼎談も行った〈『読売ウィークリー』2007/3/4〉）。こうして集めた七兆円基金によって、一二歳までの子どもすべてを対象として、該当世帯に子ども一人当たり毎月四万円の子育て支援金を援助し、次世代育成を応援するというアイデアである。

意識改革の現実路線

この「子育て基金」制度の創設は、『少子化社会白書』にいう「意識改革」を具体化する最短距離に位置づけられる。

第一に、「介護は家族がするもの」という日本的規範が介護保険制度により数年で変容した歴史に学び、子育て支援新制度が旧意識を変えることを期待しよう。

第二に、意図せざる差別となった「待機児童ゼロ作戦」を見直し、専業主婦が育てる在宅幼児への支援をも平等に行おう。たとえば二〇〇二億円の札幌市保育関連予算のうち一九九億円が、保育園に通うわずか一九％の幼児にしか届かず、五〇％を超える在宅幼児への支援にも充当される子育て支援センターや一時保育などには三億円しか回されていない。これは政策による公的格差助長だから、「子育て共同参画社会」では母親の職業の有無を問わず、子育て支援の公平な支出を実行しよう。

第三に、七〇％を超える中小零細企業を「ファミリー・フレンドリー企業」に転換するために、子育て支援費用を「子育て基金」から支出する道筋を開こう。一流大企業は自力路線で変身できるが、零細な〝ファミリーオンリー企業〟でそれは不可能なので、社会的支援によって、中小零細企業にもファミリー・フレンドリー性を具体化したい。

団塊世代全員が六五歳を超える二〇一五年までに、実効性に富む公平な「増子化政策」を行うことが、現代日本の内政面における最高の優先事項だと確信している。

（本文は、他との統一の都合上、原文の文体を改めた上で本書に収録したものであることをおことわりしておく。）

第7章　産み育てる社会環境の分析と対策
——社会問題としての医療と福祉——

マートンによる社会問題の社会学的診断基準は、(1)社会的標準と社会的現実の重要な喰い違い、(2)社会問題の社会的起源、(3)社会問題の判定者の存在、(4)顕在的社会問題と潜在的社会問題、(5)社会問題の社会的知覚、(6)社会問題の矯正可能性である。これらを適用して、現代日本では産み育てる社会環境が悪化したと論じた。

行政関連の二次データを用いて、医療面と福祉面の現状と課題を探った。現状を分析すると、産婦人科でも小児科でも、受療機会減少による医療格差が国民全体に拡大し、「医療難民」発生に国家が無理解であることが分かった。同時に、介護スタッフの低賃金と過重労働が日常化しており、離職率が高くなっており、介護費用抑制による「介護難民」もまた生まれている。いずれも「少子化する高齢社会」の大きな社会問題を構成するが、社会的対応や国家施策の転換は不十分であるから、社会学の観点からいくつかの処方箋を用意した。政策議論の重要性を内包する社会分析の事例である。

表7-1　産み育てる社会環境

分　野	個別分野	現状の問題点
国の制度	少子化対策制度	在宅子育て支援の放置
産む環境	産む医療環境	産科医不足
育つ環境	育てる医療環境	小児科医不足
育つ環境	保育環境	保育所不足
働く環境	職場の働く環境	育児休業・休暇制度未熟
家族環境	家族の地域環境	地域での子育て支援活動停滞

1　産み育てる社会環境が社会問題化する

社会問題の社会学的診断基準　先に示した通り、マートンによれば、社会問題の社会学的診断基準は、

(1)社会的標準と社会的現実の重要な喰い違い
(2)社会問題の社会的起源
(3)社会問題の判定者の存在
(4)顕在的社会問題と潜在的社会問題
(5)社会問題の社会的知覚
(6)社会問題の矯正可能性

である（Merton 1957-1967=1969：416）。

合計特殊出生率の持続的低下に加えて、毎年の年少人口率縮減と年少人口数の連続的減少を主な指標とする少子化に伴って、日本社会における「産み育てる社会環境」は劣化してきたように思われる。「産み育てる社会環境」（表7-1）をこの六種類に類型化すると、とりわけ顕在的社会問題としても診療所の産科医が高齢化する一方で、新しい産科医の補充が間に合わない現状が浮かんでくる。

増加する顕在的社会問題

その現状としては、顕在的社会問題として産科医の過労や激烈な超過勤務を引き起こし、産科医自身の健康を損なうことがあげられる。さらに医療訴訟の三割が産科に集中する実情を加えると、それらを理由として医学生が産科を敬遠するというサイクルも始まった。これらにより、少子化対策を出発点で支える「産む環境」が壊れはじめたように思われる（森田 2008）。

他方、「育てる医療環境」を受け持つ小児科医数は現状維持だが、その勤務地が大都市に偏在化しているために、全国的には小児救急医療圏が整備できていない。二〇〇六年九月現在で、全国の三九六医療圏のうち、入院が必要な小児に救急医療を提供できるのは二四五医療圏（六二％）に止まっている（川渕 2008：104）。

加えて「育つ環境」に位置づけられる保育環境では、待機児童をめぐる数的な不足に焦点が集中しており、札幌市に象徴的なように、二〇〇二億円保育予算の一九九億円（九八％）が保育所にしか向けられてこなかった（金子 2007）。過半数を占める主婦による在宅子育て児童には、行政による支援が皆無である状態が依然として放置されている。その結果、在宅児童と保育所児童間には、支援をめぐっての社会的な不公平性が残っている。同時に、二〇〇八年の札幌の保育所待機児童数二七一人と特養老人ホームの待機高齢者五五〇七人との間で、まったくの調整が進んでいないことも明らかになった。

働く環境でも、男女ともに育児休業休暇制度が未熟な職場は中小企業や零細企業に目立ち、大企業における制度の充足に比べると、見劣りする状態にある。まさに例示した「産み育てる社会環境」の劣化は「社会問題の社会的知覚」として顕在化しており、階層を超えて、ジェンダー間や世代間の相違なく、このような劣化という認識は国民各層に等しく浸透している。

したがって、日本社会の将来像を取り込んだかたちで、社会全体で少子化に取り組む環境、産む医療環境、育てる医療環境、育つ保育環境、働くための子育て環境、地域での子育て支援環境などは、それぞれに関連するが独立した研究テーマを構成する。

これまで私は、社会全体で少子化に取り組む環境の方向性として「子育て基金」制度を提起して、地域での子育て支援環境研究ではソーシャル・キャピタル論に依拠した比較調査を進めてきた（金子 2003：2006a：2006b）。それらを受けて、ここでは「産む医療環境」に焦点をおいた現状分析と対応策を考えてみたい。

なぜなら、「産み育てる社会環境」のうち、そのスタート地点にある「産む医療環境」が、ますます疲弊してきたからである。一〇六万人出生の二〇〇五年から年間の出生数が一一〇万人を割り込んだ事実と、産科医が急速に減少を始めた事実とが同時進行を始めている。まさしく「現実の状態が社会的（社会の人々の共有する）標準に十分に合致していないと判断されるに及んで社会問題ははじめて問題として取り上げられる」（Merton 前掲書：420）事態が生まれている。

日本新記録の子ども数減少

総務省からの発表をもとにした報道によれば、「年少人口」（一五歳未満総数）は二〇〇九年四月一日付で一七一四万人となり、一九八二年から連続二八年の減少になった。加えて、総人口に占める割合も、三五年連続低下の一三・四％に落ち込んだ。少子化を象徴するこの二種類の日本新記録は、毎年更新されてきた。

このうち「〇～一〇歳未満人口数」の合計は一一一四万人であり、日本における全世帯の飼い犬推計数として、二〇〇八年一〇月に日本ペットフード工業会が調査した一三一〇万匹より大幅に少ない。また飼い猫数も一〇八九万匹に達していて、犬猫会計では二四〇〇万匹にもなる。高齢者へのペットセラピーの効果は理解できるし、この数の犬や猫によってペットフード市場が活況を呈することも意味があろう。

しかし、二〇〇九年四月現在での高齢者総数は実に二八七五万人（二二・五％）に達しており、七五歳以上の「後期高齢者」ですら一三五六万人（一〇・六％）であることからすれば、年金、医療保険、介護保険の高齢社会を支える三つの「優良公共財」の基盤が弱まることは不可避である。飼い犬や飼い猫がいくら増えても、「優良公共財」の基盤強化とは無関係だからである。

社会問題への社会的知覚の乏しさ

不思議なことに、政界や官庁や企業の不祥事と同じく、国民やマスコミはこのような人口動態面における新記録にまったく驚かず、将来に向けての総合的な危機感にも乏しいままであった。総務省の談話からして「出生児数の減少が、子ども数全体を引き下げている」という無内容であり、『北海道新聞』（二〇〇八年五月五日）はこれを「分析」と書いた。

人口が三〇〇〇万人を超える世界三一カ国のなかで、日本の年少人口率は最低である。とりわけ三年刻みの人口総数のなかで、「〇～二歳」人口が一番少ない三二四万人であることに、私は強い危惧を持つ（一六六頁、前掲表3-3）。それは次世代からの活力補給の枯渇を意味し、増大する年金世代を支える人口構造の倒壊を予兆させる。現在の団塊世代八五〇万人が年金受給者となる二〇一五年に、年金、医療保険、介護保険という世界的な優良資産が風前の灯になる。

さらに前掲表5-2（一六三頁）が明らかにするように、二〇五〇年の人口は八九八八万人になり、現在よりも三〇〇〇万人も減少すると予想されており、社会保障制度の未曾有の混乱が確実に発生する。そのうえ、五〇年ごとに「人口半減の法則」が作動し始めるから、この国立社会保障・人口問題研究所が描く日本社会の未来は限りなく暗い。

現段階での産み育てる社会環境の創り直しが超高齢社会を救う唯一の手段なのに、政財官マスコミ界などに象徴されるような、社会全体の鈍感さは救いがたいものがある。

医療分野の問題点

たとえば、以上の事実を前提に、厚生労働省の責任を医療分野に限定しても、以下の諸点を指摘することが可能である。

(1)政府も国民各層も「少子化する高齢社会」への危機の乏しい。
(2)医療費削減主義が「医療の質」低下を引き起こしている。
(3)産み育てる分野の医師と看護師で、過重労働が増大した。
(4)医学部定員に見る医師増加という将来設計が曖昧である。
(5)受療機会減少による医療格差が国民全体に拡大した。
(6)「医療難民」発生に無理解であり、国家としての対応が不足している。

厚生労働省がもつ「少子化する高齢社会」への危機感の乏しさがこの根底にあり、高齢化に逆行した「医療費削減主義」が拍車をかけた。年間三二兆円の国民医療費のうち、二二％にすぎない高齢者がその半分程度を占める医療費支出の構造を変えるため、そして合計で八〇〇～一〇〇〇兆円に達するとされる国の赤字財政の改善のために、医療費を今後とも削減するという方針が政府には貫徹している。ODAを出している先進国中では、医療費への公費支出額も少なく、その比率も低いほうであるのに、財政赤字を理由に一律的な医療費削減が進められてきた。

少子社会における低出生率による患者減で収入が抑制された産科では、増加する医療訴訟に悩まされ、診療所開業医師の高齢化が進むとともに、病院勤務医の労災認定ができるような過重労働が日常になりつつある。訴訟こそ産科ほどではないが、小児科医の過労も同じであり、勤務する小児科医の自殺すら発生した（鈴木敦 2005）。

医学部の定員増加問題

新規参入の切り札として、医学部定員の増加がある。しかし、一〇年前までは定員削減が政府と日本医師会の方針であったことに加えて、医師総数は現在でも微増しているので、医学部定員増は限られている。厚生労働省の見解は、問題は医師総数ではなく、その都市偏在にあるという建前であり続けてきた。

加えて、増加した産科女性医師本人の結婚や出産が、その医師という職業継続を困難にさせるというジェンダー問題も浮上した。なぜなら、一年間の産休を女性医師が取れるほど、彼女が勤務する職場の診療体制には人的な余裕がないからである。そのために、出産を控えるか、出産しても数カ月で現場に復帰するかという選択肢しかなく、産科女性医師のライフスタイルへの影響が大きく、最終的には退職せざるをえないこともある。

受療機会減少による医療格差と「医療難民」とは、メダルの表裏である。医療費削減の煽りで、長期入院患者のうち強制的に退院を迫られ、介護分野の老人保健施設に入所する高齢者は、もとより病院におけるような医療行為を老健施設に望むべくもない。

加えて、介護費用も抑制方針であり、介護保険の枠内ですべて処理するという原則から、在宅では効果がある薬さえも、老健施設では類似成分のもっと安価な薬に替えられてしまう。

このように、福祉介護分野でも厚生労働省の責任は医療分野と同じく指摘される。それは理念、方針、施策のすべてに関連する。

福祉介護分野の問題点

(1)保育所偏重の少子化対策で、在宅幼児の子育て支援が後回しにされた。
(2)地域を除外した職場と家庭に偏重した両立ライフ優先策が続いている。
(3)年少人口減少による社会活力やスポーツ文化力が低下している。
(4)年金崩壊により、国民全体による福祉制度全体への不信を招来した。
(5)介護スタッフの低賃金と過重労働が日常化しており、離職率が高くなっている。
(6)介護費用抑制による「介護難民」が発生した。

医療費総額削減と並行した総介護費用抑制の実施が、介護保険とともにせっかく誕生したケアマネージャーをはじめとする介護関連スタッフの人件費を低迷させたままになっている。他の職種に比べると、介護関連スタッフの賃金は、年収で一〇〇～一五〇万円も低いといわれている。そのなかで産科医師や看護師と同じく、過重労働が日常化しており、離職者が多いから、スタッフの定着率は低く、丹念なサービス供給が難しい状態にある。

『エコノミスト』(Vol.85 No.37, 2007/7/17）における「介護崩壊」特集から、「介護現場からの実情報告」を中心にまとめてみよう。全体を貫くトーンは「私たちの老後が脅かされている」にある。その最大の理由は、「改正」よりも「改悪」といえるような「介護給付抑制」方針にある。

確かに厚生労働省は、「制度改正」に伴って、名目的に「介護予防」事業を導入し、各地に地域包括支援センターを造った。センターで介護予防プランを作成し、実行することになったが、実際には名ばかりで書類作成に追われ、予防効果も上がっていないという現場の声をよく聞く。「給付抑制」を目指した「制度改正」では、要介護1程度であった対象者を要支援1または2に振り分け、この層を予防給付とした。

労働時間や賃金の待遇改善こそ

二〇〇七年七月一六日に厚生労働省は、労働時間や賃金の待遇改善を求める「指針」を発表した。この概要によれば、介護サービス事業所の介護職員の給料は二〇〇四年平均月額が二〇万八〇〇〇円であり、これは全産業平均と比べると一二万円以上少ない。また、実労働時間は週平均三七・六時間と、統計上は全産業平均より二・三時間長いだけだが、待機や移動の拘束時間でかなりな長時間勤務になっている。

介護サービス購入者の指定時間と介護職員の勤務時間との間にずれが生じやすいため、待機や移動が非常に多くなる。給与面と労働時間面とで他の産業と格差があれば、福祉や介護にいくら意欲を持った人でも、転職を考えざるをえないところがある。実際に調査すると、離職率が二〇・二％となり、全産業平均より二・七％高くなっている。

確かに介護保険初年度は三・九兆円だったのに、二〇〇八年度は七・三兆円に膨らんだ。このままだと、ますます介護給付金が増大するから政府は介護給付抑制を打ち出したのであろう。しかし、介護保険が適用される事業所で働く人は二〇〇六年で約一一七万人という大きな職業集団に成長している。加えて高齢化がますます進む一〇年後には、現在よりも四〇万人から六〇万人も必要になるのに、介護人材は今でさえも不足したままである。給与面と労働時間面が相対的に劣っているからである。

現場のヘルパーによれば、事業所によっては、自家用車を使い、誤って事故をしても自腹で処理になる。また利用者宅でダニやノミにたくさん刺され、また水虫をうつされても、何の保障もない。休日出勤すると、コンビニに駆け込み、その活動実績を自費で事業所にファックスする。「ヘルパーには盆も正月もない」というような実情なのに、「介護給付抑制」方針はこれからも国の錦の御旗であり続けるのだろうか。

盆も正月もない

要介護2程度を上限とする老健施設でも、認知症的な状態の入所が少なくないし、特養ならそのような状態は普通に認められる。「個別援助計画」の作成原則は本人の意向にも配慮するところにあるが、作成そのものを知らない入所者がかなりいて、判断ができない状態の入所者も認められる。厚生労働省の実務担当者はこのような実情をどのように判断しているのであろうか。

ケアマネジャーの支援

また利用者と事業所の間に立って介護のプランを作るケアマネジャーによると、次々に職場を離れる人がいるという。「人の話が聴けなくなった」と悩んだ末、うつ病や自律神経失調症で入院し、退院してからも常時内服をしている人も多い。またケアマネジャーに合格しても、実際業務に従事している人は全体の一割にも満たないといわれる。

このような現状を知ると、福祉や介護にせっかく熱意を持っても、あまりの悪条件で辞めてしまう。若い人は将来展望が見えないから、参入しないし、かりに参入しても定着しない。人材が不足するから、介護サービスの質が低下して、利用者のニーズを満たせなくなる。これは悪循環の見本だ。

元来、福祉や介護は民間ビジネスの利益極大になじまない部分がある。高齢化は必然なので、要介護認定率も上がる方向にある。それを見越した高齢社会対応の財政誘導と、少子化対策それに国民負担のあり方にも議論を深めることが重要であろう。

「介護難民」がいずれ二〇〇万人と予想されても、何ら実効に富む改革ビジョンに乏しい制度の現状に、歯ぎしりしている福祉介護関係者は多い。

ケアマネジャーの役割

何よりもケアマネジャーの役割は、サービス論にいう「公助」と「商助」を軸にした正確なケアプラン作成にあるが、これは対象者のニーズと提供可能な社会資源に基づいて決定される。ここで留意したいことは、

(1)原因…要介護の状態をもたらした主要因は何か。

(2)規模…要介護の状態は利用者個人の社会生活のうち、どの側面を阻害しているか。

(3)頻度…要介護の状態はどれだけの期間続いているか。

(4)資源…要介護の状態を緩和するための資源の種類と総量は何か。

(5)過程…ケアマネジメントでの利用資源は、時間的経過でどのような効果をもつか。

(6)帰結…このケアマネジメント実施で、利用者の何がどの程度緩和されるか。

などである。この原因、規模、頻度、資源、過程、帰結の六段階によって、対象者のケアプランは点検できる。認定時の調査票にはない項目でも、本人や家族との対話によって聞き取ることもある程度可能である。

このように専門性を帯びた業務なのに、要支援該当者一カ月一人当たりケアマネジメントの費用が三五〇〇円前後、要介護1と2が一万円、要介護3から5の該当者であれば一万三〇〇〇円は当初から不変である。対象者を毎日熱心に訪問しても、月に一回でもこの費用は変わらない。この費用基準は介護

保険全体のなかでもっと柔軟に運用したい。サービス業全般と同様に、熱心な活動が赤字をもたらすとすれば、費用基準の見直しが必要であろう。

役割が複合するケアマネジャー　ケアマネジャーは作成したケアプランに基づき、「公助」と「商助」を軸にしたサービス時間や回数などを利用者とその家族に説明して、ケアプランへの同意を得る。その他、サービス事業者との連絡調整や実施状況の把握を行い、同時に一カ月ごとに実際にかかった費用や利用者の負担分を計算し、サービス事業者への支払業務を行う国保連に給付管理票を提出する作業も定期的な大きな役割であり、多くの場合は残業になる。

このように、ケアマネジャーの役割は複合する一方で、国民の側からは高齢者相手の膨大な役割期待がある。この実現には、一律の介護費用の削減ではなく、公費の継続的な投入を進め、それを支えるには国民負担の増加しかないと思われる。

2　産婦人科と小児科における医師の減少

医療面における「産み育てる社会システム」の衰退　社会学の立場から日本の少子化の原因分析と対応策を研究してきた経験からいえば、政府系の少子化対策では、個人レベルでの子育てに伴う経済的負担の軽減や「産み損、育て損」に象徴される社会的不公平性の緩和にとどまってきた。加えて、地域での子育て支援システムの構築や女性の職業進出に伴う機会費用への対処がなされてきた。この両者に加えて、今後の増子化のため、「産み育てる社会システム」づくりを私は積極的に位置づけたい。

表7-2　医師総数に占める産婦人科系医師の総数と比率（全国と札幌市）

	1998年度	2000年度	2002年度	2004年度	2006年度
全国医師総数（人）	236,933	243,291	249,574	256,668	263,540
産科系医師比率(%)	4.8	4.6	4.4	4.1	3.8
札幌市医師数(人)	4,550	4,670	4,875	5,114	5,223
産科系医師比率(%)	3.7	3.9	3.7	3.2	2.9

（出典）厚生労働省「平成18年版　医師・歯科医師・薬剤師調査」.

すなわち、少子化を止め、増子化への展望を行う際には、まず(1)産婦人科医院（病院）と助産院という、産む際の支援機能を持つ機関の充実こそが望まれる。同時に、産まれた幼児をきちんと育てられるような(2)小児科医院（病院）の役割も「産み育てる社会システム」では決定的に重要である。

しかし、社会資源のうち「産み育てる社会システム」を支える産婦人科と小児科の医師数の推移から、現代日本の次世代育成面での衰退が分かる。全国的に見ると、医師総数はこの一〇年間で着実に増加している。厚生労働省の「医師・歯科医師・薬剤師調査」は二年ごとに行われるので、廃業数と新規参入数を勘案しても、毎年三〇〇〇人から四〇〇〇人の医師が増えていることになる。その中で、産婦人科医師数の動向を見てみよう（表7-2）。そうすると、医師総数に占める産婦人科系医師の比率はこの一〇年で一％も減少して、「産み育てる社会システム」のうちの医療面における人的資源の枯渇傾向を教える。

とりわけ政令指定都市での合計特殊出生率が連続最下位の札幌市では、全医師数に占める産科系医師の比率が元来少なかったうえに、二〇〇〇年からの減少が続いており、二〇〇六年ではその比率は二・九％までに落ち込んだ。少子化で産科医師が減少し、医師の高齢化も進んで、子どもを産みにくくなり、小児科医までも高齢化しつつあり、結果的には医療面でも少子化による負の連鎖が始まっている。

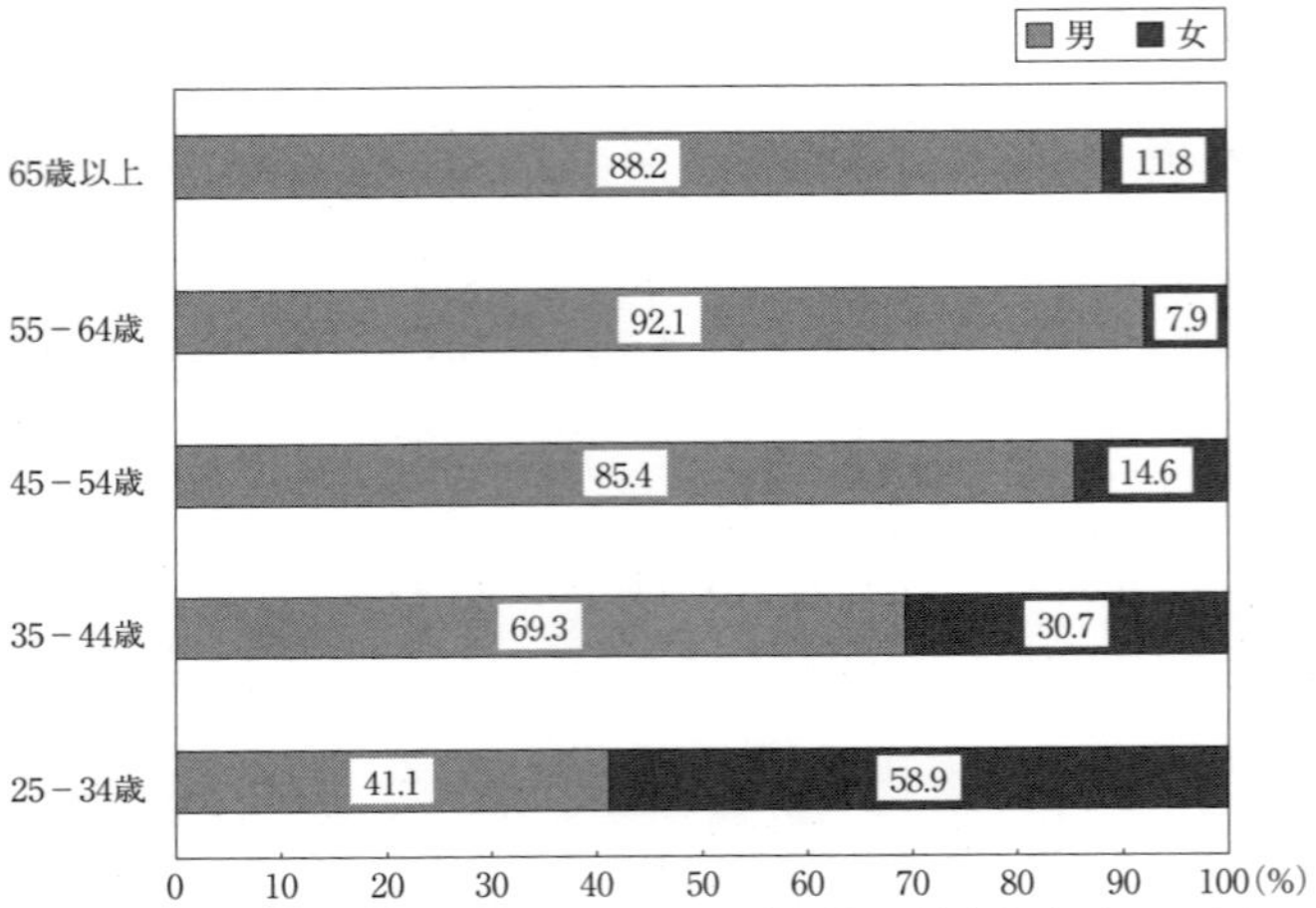

図 7－1　全国産婦人科・産科・婦人科医師の男女比率（2006 年）

（出典）厚生労働省「平成 18 年版　医師・歯科医師・薬剤師調査」.

女性の産科医は増加

二〇〇七年八月、奈良県での妊婦救急搬送中の死産や、全国的にも救急搬送の妊婦たらい回し現象が見られたことから、「産み育てる社会システム」の医療環境の劣化が全国的にも鮮明になってきた。医師総数は着実に増加しているなかで、産前産後の周産期母子医療を支える産婦人科医師が減少を始めており、しかも現役医師は高齢化して、若手女性医師が増えているという現実になった。

若手女性医師の増加傾向は喜ばしいが、女性医師本人の出産や子育てによる退職や休職さらに深夜勤務の肩代わりなど、男性医師や中高年女性医師への負担が重くなっている。図7－1は「全国産婦人科・産科・婦人科医師の男女比率」である。「五五歳～六四歳」では女性医師はわずか七・九％だったが、若くなるにつれて徐々に比率を上げて、「二五歳～三四歳」では女性医師が五八・九％になり、男性医師を圧倒するようになった。一〇年後の産科医師の主力は女性医師に移るが、当人の結婚や出産への応援体制を完備しておかないと、産科医師としての活動範囲が狭まり、社会的な損失が生じる恐れが強い。

産める医療環境の選択肢が狭くなる

なぜなら、現状を細かく見ると、産科をやめて婦人科に特化する医療機関が増えはじめており、産める医療環境の選択肢が確実に狭まっているからである。そのため産婦人科では、夜間急病センターとしての内科小児科の一次診療体制には届かない状態になっており、二次救急と三次救急で精一杯の実態がある。

さらに、リスクが高いといわれる「未受診妊婦」の飛び込み診療がある。「妊婦健康診査」は分娩まで一人につき一四回程度は望ましいといわれているのに、経済的条件や地域的理由によってそれを受けない妊婦が増加している。このような状態では、妊婦の体調が急変した時に、いきなり医療機関に搬送されても、容態の把握が難しいので、リスクが高まってしまう。さらに医師の側からも「未受診妊婦の肝炎やＨＩＶ」の感染危険性が指摘されている（『週刊東洋経済』2008/5/17）。

なかには、分娩後に費用を払わない妊婦もいて、国保など各種の医療保険未加入の場合も増えてきた。「未受診妊婦」の飛び込み診療とともにこれはもちろん放置できないが、一方では格差社会の現実があり、医療保険費や分娩費の未払いへの対処も社会問題化しつつある。

支払い義務意識が低下する

格差社会では、それら以外にも支払い義務意識が低下した分野があり、それぞれの未納率は表7-3の通りである。まず国民健康保険料の未納率は全国的に見ても上昇しつつある。そのなかで、札幌市の収納率八〇・六％から逆算した未納率一九・四％はいかにも高い。この一〇年程度の未納率は二〇％前後の推移を示している。

表7-3　未納率と滞納率の事例

1	札幌市における国民健康保険料 収納率は80％前後で推移している 2005年は80.6％
2	保育所保育料滞納率（1年以上） 2006年全国3.7％ 北海道5.9％　札幌市6.9％ 函館市11.5％　旭川市13.4％
3	都道府県立高校の授業料滞納額（2006年度） 北海道　滞納額の比率11.6％（全国集計の中で） 滞納者の比率13.2％（全国集計の中で）

同時に一年以上続く保育所保育料滞納の比率を見ると、二〇〇六年の全国ではそれが三・七％であったのに、北海道全体では五・九％、札幌市が六・九％、そして第二の人口規模を持つ旭川市では一三・四％、第三位の函館市でも一一・五％にも達していた。

保育支援が実質的には税金からの保育所補助制度であり、そこには専業主婦の子育て支援を完全に排除してきた歴史を考慮すると、これはゆゆしき事態である。なぜなら、前掲図1-3（二八頁）で明らかなように、ゼロ歳児では二〇万円の税金投入に対して平均の保育料は二万円、五歳児までの総合平均でも八万八〇〇〇円の税金投入に対して保育料は一万七〇〇〇円にすぎないからである。これは札幌だけのデータではあるが、全国でも同様であると考えられる。

都道府県立高校の授業料滞納額（二〇〇六年度）では、北海道の滞納額の比率一一・六％も滞納者の比率一三・二％も、全国的な集計の中では高いほうであった。

このように医療保険や保育や教育の分野で未納や滞納があり、それは分娩費用不払いとも重なり合う面が認められるから、医療機関だけの対応は困難であり、行政の収納努力がますます求められる。

表７-４　医師総数に占める小児科医師の総数と比率（全国と札幌市）

	1998年度	2000年度	2002年度	2004年度	2006年度
全国医師総数(人)	236,933	243,291	249,574	256,668	263,540
小児科医師比率(%)	5.9	5.8	5.8	5.7	5.6
札幌市医師数(人)	4,550	4,670	4,875	5,114	5,223
小児科医師比率(%)	5.4	5.1	5.0	4.6	4.7

（出典）厚生労働省「平成18年版　医師・歯科医師・薬剤師調査」.

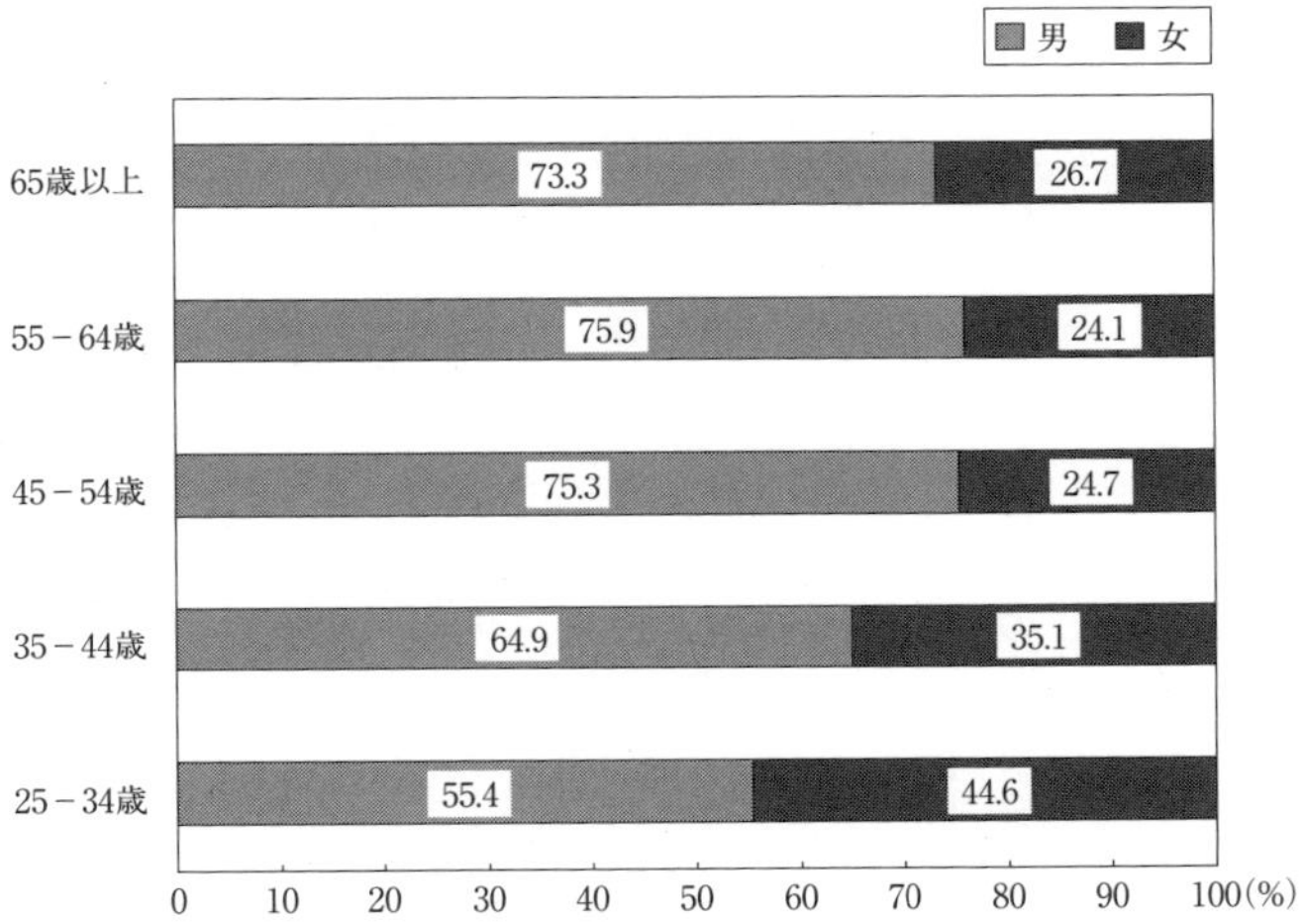

図７-２　全国小児科医師の男女比率（2006年）

（出典）厚生労働省「平成18年版　医師・歯科医師・薬剤師調査」.

小児科の医師の現状

さて、産科と同じく、産み育てる医療環境を支える小児科の医師の現状は表7-4の通りである。産科と異なり、急激な医師数比率の低下は小児科では起きていない。細かくみると、全国的には現状維持の比率であるが、札幌市ではやや微減の傾向がうかがえる。図7-2から、産科同様に、女性小児科医が増加しているのが分かる。二五歳から三四歳まででは、女性医師比率が四四・六％になっており、今後は当人の結婚や出産による医療業務中断を社会的な支援で乗りきることの重要性は、産科の場合と変わらない。

すなわち産科も小児科も、今まで以上に医師の増員が求められるし、少子化対策としても産み育てる医療環境の充足が課題になる。

機能的等価の発想から

異なる主体が同じ機能を果たすことを機能的等価と命名してきた伝統が、社会学には存在する。たとえば日帰り機能の観点からは新幹線と航空機は等価であり、文字の筆記の観点からは万年筆もボールペンも同じである。軽自動車も輸入の外国車も、道路を時速四〇キロで走るという観点からすれば、機能面では等価になる。

この考え方を医療面で応用すると、整形外科と整骨院は部分的に機能的な等価が認められるし、産科と助産院もそれに近い。それ以外の内科外科眼科耳鼻科その他の診療科目には、社会的に見た同じ機能を果たす機関は存在しない。

そこで、産科医師が絶対不足であり、すぐに増員できる環境にないのであれば、近い内容の仕事ができる助産師に、もっと産むことの出来る医療環境づくりに参入してもらうことは可能か。同時に産科医師不足と労働過重で大都市の夜間一次診療体制が不備ならば、周辺都市の産婦人科開業医師による協力体制づくりができないものか。ともに広域的な取り組みの視点から、市町村を超えた県レベルの対応が鍵になる。さらに医学部学生や若手医師が、産み育てる医療社会環境づくりを目指せる社会的な配慮を行い、資源配分の優先順位を上げられるか。

これらは市医師会の努力だけでも市役所の公費負担だけでも解決しないから、県や国レベルでの緊急な決断こそが肝要のテーマである。産み育てる医療社会環境づくりと、安心老後を保障する高齢者医療体制づくりこそが、現代日本の老若男女国民が願う豊かさへの最短距離である。団塊世代全員が六五歳を越える二〇一五年までに、このような体制に国家をあげて創り直すことが望ましい。それができないと、その後に予想される高齢化率三〇％の「少子化する高齢社会」を乗り切れないからである。

3　産み育てる医療社会環境の創り直し

産み育てる医療環境づくりとは何か　これまでの医療環境論では、厚生労働省の医療費削減という大前提が、病院倒産や診療科目の閉鎖をもたらし、救急医療を破綻させ、医学部の積極的な定員増を阻害し、医師の絶対的不足を引き起こしたという理解が一定の合意を得ている。常勤の病院勤務医の労働時間は実に平均で七〇・六時間に達しており、もはや言語に絶する。もちろん産科医師や小児科医師も過重労働のなかにいる（大村 2008）。

産科をめぐる訴訟問題の多さ、それらの総合判断に立った次世代からの産科医への参入不足などが、少子化対策の出発点にある産み育てる医療の現場を疲弊させている。対案として提示されてきたのは、医療費削減主義の撤回、医療や介護は成長産業という認識からの政策組み替えである。

産科医師不足に限定しても、機能的等価の関係にある助産師の増員、勤務医師の過重労働軽減のために診療所開業医師の応援があげられる。もちろん国策の一部に少子化対策が位置づけられているので、その出発点にある産科という医療資源の優遇を提唱することは可能である。ただそのためには、これまで以上に産み育てる医療の社会貢献度評価を高める試みがほしい。

社会学の標準的な家族分類に、定位家族（family of orientation）と生殖家族（family of procreation）がある。少子化は合計特殊出生率が持続的に低下して、年少人口率の減少も引き起こす社会変動であるから、この家族分類を使えば、すべての人間は定位家族を持つけれども、成人後に生殖家族をつくらない人々が増加したから、少子化が進んだと表現できる。デンマークやスウェーデンなど北欧諸国の五割を超える婚外子率とは異なり、日本社会のそれは二％程度であるから、生殖家族でしか次世代を産み育てることはない。したがって、単身化は単なる定位家族の延長でしかなく、生殖家族とは無関係である。

しかし、定位家族の成員が持つ方向性（orientation）を将来的な生殖（procreation）に向けることで、現代日本の少子化の状況が変わる。その際にも、産科こそが少子社会克服の出発点において最重要機能を受け持つ。並行して産科組織のリーダーシップでは、

(1)国家による産む行為への医療支援機能
(2)適正な医療労働時間の確保
(3)組織内部の評価としての報酬増加
(4)医療行為への正当な評価と職業威信

への配慮が求められる。

ノルムとモラール

医療組織としての社会的機能を発揮するには、全職員のノルムとモラールがどのような状態にあるかの確認が不可欠である。社会的な期待に応えるには、組織として適切に運営し、成員は本務を尽くして頑張るしかないというのはもちろん正しいが、やや一般論になりすぎる。正確には、運営の方向性としての規範（ノルム）を考え、その方向で頑張る意欲水準（モラール）を高めるという二本立てで、その期待に応えたい。やみくもな方向ではなく、少子化対策の出発点での医療行為を担うという、産科にとって最も重要なノルムを医療組織全員が共有することである。

次いで、ノルムの方向にある仕事面でのモラールが高まれば、その組織の生産性は向上し、少子社会で産み育てる社会環境づくりへの貢献に直結すると想定しておこう。

改革の優先順位は、適切な報酬とともに、職業への誇りにある。ここでは報酬と勤務時間のバランス感覚が重要である。なぜなら、過重労働や過労死寸前の勤務時間ではモラールは高くならないし、職場との一体感も生まれにくいからである。組織内部的には、職業役割の評価と威信を高めていき、頻発する訴訟の特効薬として「無過失補償制度」の全面的導入がほしい。

対外的には産科医療機関が組織的なイノベーションを進めて、その波及を心がけることが産み育てる医療環境づくりには欠かせない。この先駆けの事例として二〇〇七年一二月に設立された有限責任中間法人ＷＩＮＤを検討しておこう。

ＷＩＮＤの事例

これは北海道大学病院産婦人科医局が発展的に解消して立ち上げた法人「女性の健康と医療を守る医師連合」であり、英文表記は Women's Health Integrative Network of Doctors（ＷＩＮＤ）になる。これまでにのべてきた産科医療を取り巻く諸問題を強く意識して、とりわけ「産婦人科医師の労働環境と勤務時間改善への提言を通してその構成員の福祉と医療技術向上を図る」（設立趣意書）ことを目的としている。大学病院医局を改組して創設された法人組織であり、日本の大学病院ではもちろん初めての試みである。

ロジャースのイノベーションの応用　これは一種のイノベーションであるから、ロジャースの理論で整理しておこう。非常に有名なイノベーション五段階仮説では、イノベーター（innovators）、初期採用者（early adopters）、前期追随者（early majority）、後期追随者（late majority）、遅滞者（laggards）が想定されている（Rogers 1962=1966：110）。この図式的表現は前掲図4-2（一一五頁）の通りである。

ロジャースによれば、イノベーターは全体のわずか二・五％にすぎず、この段階でイノベーションが止まれば、それは文字通り単発の打ち上げ花火にすぎなくなる。なお私は、二・五％のイノベーターの突出部に、少数突破者（beginning minority）というカテゴリーを用意したい。これはさしずめ〇・五％程度の発生比率であろう。

北大産婦人科医局がＷＩＮＤへと発展解消した事例に、この少数突破者を当てはめると、このイノベーションの成否は、残り二％のイノベーターならびに一三・五％の初期採用者が追随するかどうかで決まる。全国の大学病院の産婦人科医局でも他の専門診療科でもかまわないが、数年後に同じような大学病院医局の法人化が生まれていれば、ＷＩＮＤ立ち上げは成功したことになる。

ＷＩＮＤにはいわば創業の苦しみがある。「人事を尽くして天命を俟《ま》つ」とはよくいわれるが、団塊世代八〇〇万人全員が六五歳を過ぎる二〇一五年までは「俟つ」ではなく「守成」に徹することであろう。せっかくの法人化事業を固め守ることが，イノベーションを誘発するきっかけを創造する。その意味で，新組織の実験は産み育てる社会環境の創り直しにも大きな影響を及ぼす。社会学からも引き続きの支援をしていきたい。

コラム　経済的負担、社会全体で

――北海道の少子化対策は。

一九九八～二〇〇二年に、三笠市と江別市での合計特殊出生率は同じ一・一一だった。しかし、高齢化率が四〇％に近い三笠市と、一八％の江別市とでは、人口構成が違う。「北海道の少子化対策」としてこれらを一緒に論じることはできない。少なくとも北海道では、都市部（札幌圏）と過疎地（札幌圏外）に分け、二種類の少子化対策を考えた方がいい。

だが、率直に言えば、過疎地の少子化対策は難しく、限界がある。むしろ地域全体の活性化振興策に切り替え、増え続ける高齢者を地域社会でどう支えるかが大きな課題だ。

少子化は、未婚率の高さと既婚者の出生力の低下が二大原因だ。長年の、（仕事と家庭の）両立ライフを支援する施策などは、後者への対策だった。個人は自由なライフスタイルを選べるとして、前者には対応してこなかった。

しかし、日本、中国、韓国など東アジアの国では、結婚して出産するという文化がある。他方、欧米では、婚外子を産む女性が多い。婚外子の比率は日本（〇三年度）で一・九三％、米国（〇二年度）で三四％、スウェーデン（〇三年度）で五六％などとなっている。これらは文化の差としか言いようがない。少なくとも日本では、未婚率の上昇が少子化の原因となってきた。

少子化とともに家族の力も弱まってきた。特に北海道は歴史的に見て、家族や地域とのつながりを絶って移住してきた人たちが開拓したという歴史がある。三世代家族も少なく、家族力そのものが弱い土地柄だ。今後の少子化克服には、このような地域特性にも目を配りたい。
――少子化にどう取り組むか。

これまでの少子化対策は、「保育充実」や「両立ライフ支援」を中心としてきた。行政も新旧エンゼルプランを策定し、多様な施策を実行してきたが、それらはみな少子化対策の「必要条件」にすぎない。これからは、もっと社会全体で取り組む「十分条件」を考えたい。

国民に子育てのつらさを尋ねると、一番多い回答は「経済的な負担の重さ」である。この負担を社会全体で共有する制度をつくることが「十分条件」の事例になる。

子どもを大学卒業まで育てると、親は三〇〇〇万円くらい使うという試算がある。税金とは別にそれだけの負担をして子どもを育てているのに、育てない選択をした人の子育て負担がゼロというのでは、不公平が強くなる。

また、五歳までの保育園児は全体の二二％しかいないが、保育園児一人につき月額一一万円の税金が使われている。この保育費用は専業主婦の子どもには使われていない。

同じく税金を払ってるのに、母親の就業の有無だけで子どもの扱いに不公平が生じている。このような区別をなくし、公平な子育て支援を社会全体で行う時代ではないか。

日本の社会保障費は約八〇兆円だが、この七割を高齢者が使っている。年金（四六兆円）と老人医療（一一兆円）があるからだ。だが、次世代育成には四％の三兆円しか使われていない。

だから、少子化克服のための十分条件として「子育ち資金」制度を私は提唱してきた。一八歳未満の子どもがいる家庭に毎月四万円を支援していく。年間合計四八万円を、保育や教育にまわすか、生活費で使うかは各家庭が判断する。

もちろん子どもを産む産まないは、個人の自由だ。だが、次世代を育てる義務は誰にでもある。子育て環境を向上させなければ、高額療養制度を含む医療保険制度が壊れるからだ。

――少子化対策の緊急課題は。

少子化で患者が減るとして、小児科医を希望する医学生が減っている。同時に小児科の開業医は高齢化が進み、平均年齢が六〇歳を超えた。

救急患者の発生頻度は小児が成人の六倍、幼児は一二倍もある。少子化の時代にも一〇六万人は生まれてくるのだから、小児医療が平等に受けられるような環境整備が急務である。

第8章　文献研究と調査結果の融合
――都市社会学の源流と方法――

標準的な社会分析は、テーマの設定をしたら、その研究史を振り返ることから始まる。都市社会学や福祉社会学それに家族社会学や人口社会学が、私がこれまでに設定したテーマが含まれる社会学の領域であった。一般社会学説史と理論社会学を学ぶことはもちろん重要だが、分業の程度が細分化されるほど、それは困難になる。せいぜい都市社会学史のなかで、コミュニティ研究や都市的生活様式論を概観し、福祉社会学の地域福祉論を押さえることで、我慢せざるをえない。

なぜなら、社会分析の狙いが、独自の調査を行いオリジナルなデータを分析して、もしくは二次データを収集加工して、当初の仮説を証明ないしは反証することにあるからである。ここでは都市社会学のうちのコミュニティ論を素材にして、文献と調査結果の融合を論じ、総合地域福祉社会システムとして総合化した。

概念用語をめぐって闘争するのではなく、用語を使って議論し、社会分析として何らかの成果を生み出して、次世代に伝えたい。

1　日本都市社会学の源流

真摯な観察から

「私は、都市の中に現に生活している私自身と私の家族、友人、知人、隣人等の生活について仔細に観察してみた」（鈴木栄 1957=1969：148）という述懐がある。インテンシブ調査でも、大量観察のための調査票使用でも、研究の出発点は真摯な観察にある。コントの「作業プラン」にもある「観察」は、鈴木栄太郎の「都市社会学的方法の規準」宣言にも転用され、一番の影響を受けたと鈴木自らが語った高田保馬と同じ「身辺雑記」から抽象化する手法と近似する。「私の社会科学の理論をきづく為には、種々なる経験、然り日常茶飯事の常時までもが基礎として役立った」（高田 1938：9）精神の継承がそこには鮮明に見て取れる。

「実証的な社会学的研究のための観察の起点と帰着点は、現在における事実であるが、個々の社会事象に関する時点としての現在は、時間的厚みをもったところの現在であって、それ故に歴史的発展の波の上に眺め得る場合が多い」（鈴木栄 同右：174）。そこから、個々の社会事象の選択に際して優先順位が生まれる。これらは研究者の問題意識に応じて、時代を把握する視点が異なるために生じる学問上の分業である。たとえば私は、都市のマジョリティ現象であるエイジング観察を優先するが、現在の日本都市社会学界には都市のマイノリティであるエスニシティ現象や都市下層への着眼が目立つ。

さて、限りなき前進を学問の発展とすれば、先行研究こそがその宝庫である。ただし先行研究の学び方は大家であればお手本になるというわけない。それを三者の作品で検討しておこう。

表８-１　日本都市社会学の源流をなす研究者のプロフィール

鈴木栄太郎	(1894-1966)	多元的国家論―農村社会学―都市社会学―国民社会学
奥井復太郎	(1897-1965)	ラスキン研究―中世都市―人間生態学―都市社会学
磯村英一	(1903-1997)	都市行政―都市病理学―都市社会学―都市学―同和問題

第一世代の都市社会学者

第一世代の都市社会学者である鈴木栄太郎，奥井復太郎，磯村英一の三者の時代から，一九二〇年代以降のシカゴ学派都市社会学との関係を密接に保ちながら，日本都市社会学は日本都市の現実に触れつつ，独自の展開を示してきた。源流三者とも二〇世紀の前半から中盤において研究活動をした（表８-１）。

まず三者ともに学問の出発点でシカゴ学派の都市社会学を学んだわけではなく，研究の展開に沿っていわば必然的にその学問的な方法と成果に直面し，対決したことが指摘できる。多元的国家論から農村社会学を経由した鈴木，ラスキン研究とドイツ中世都市論から転じた奥井，五〇歳過ぎまで東京都で都市行政に従事していた磯村，というように，経歴も多彩である。それぞれが自らの問題意識によって，当時聳え立っていたシカゴ学派都市研究成果に，肯定的もしくは否定的になった事情を察することができる。三者の課題設定には，その個性と置かれた環境が大きく作用している。

都市社会学のデビュー作品

次に，表８-２の略年表で三者の都市社会学へのデビュー作品を確認しておく。それらは二一世紀の今日でも精読に値する業績である。とりわけ奥井作品は，慶応大学グループによって二〇世紀末から丹念な見直しが進められている（川合・藤田 1999；藤田 2000）。都市社会学の源流としての奥井では，都市を「広い社会生活の中心機能の所在地」（奥井 1940：25）とした視点，および「都市は社会または一国全体の社会・経済的組織裡に成立している……そこで生態的景観的に，都市の中心現象を示すものは，まず第一に交通機関交通脈の集中である。逆にいえば都市を結

表8-2　源流三者の都市社会学へのデビュー作品と〈キーワード〉

1940年	奥井復太郎	『現代大都市論』〈広い社会生活の中心機能の所在〉
1940年	鈴木栄太郎	『日本農村社会学原理』〈自然村，村の精神〉
1953年	磯村英一	『都市社会学』〈都市病理現象〉
1957年	鈴木栄太郎	『都市社会学原理』〈結節機関，正常人口の正常生活〉
1959年	磯村英一	『都市社会学研究』〈なじみ社会，都心，第三の空間〉

節としての交通脈の放射である」（同右：605）が重要である。

なぜなら、鈴木栄太郎は直接に引用してはいないが、彼の都市社会学を不朽にした「結節機関説」は、学説史的には奥井の「中心機能の所在地」と「結節としての交通脈」から導き出されたと考えられるからである。奥井の「中心機能」から鈴木の「結節機能」までの直線距離はほとんどない。鈴木栄太郎は奥井の「社会生活の中心機能」への言及なしに、結節機関説を展開した。

また矢崎武夫も、結節機関説への配慮を抜きに統合機関説を唱えた（矢崎 1962：1963）。この時代、個性が強い源流研究者は互いの成果を素直に活用していない。そして類似の姿勢は、二一世紀の社会学界全般でも感じられる。

確かに総論としては「学問は妥協によって進歩せず、自らとるところを最後まで貫き、誤まれば誤まることを回避せざるところから、新しい道を見出す」（高田・新明・尾高 1951：89）のは正論だが、「誤りの認識」をする研究者が少なく、社会学界全体でも先行研究の成果の摂取が不十分なように思われる。たとえば奥井の影響は磯村の「第三の空間」に存在するが、奥井理論では職場を提供する企業群や官庁群が都心の「中心機能」を持っていて、「中心機能」を都心の職場に置かない大衆社会論的な磯村「都心」理論とはかなり異質である。

個性的な源流

要するに、日本都市社会学の源流をなす三者は非常に個性的な形で、それぞれの代表的な研究成果を学びつつも、これらを重視したり軽視したり無視することで独自の世界を構築した。

奥井は、「雑多、混淆、背馳、衝突、それが異質的な都市社会の特色である」（奥井 前掲書：476）としてシカゴ学派の都市研究の成果を援用した。鈴木はシンプルにしないと都市社会構造が見えないので、このような異質性を切り捨てた「正常人口の正常生活」論を樹立したが、逆に磯村は「雑多、混淆、背馳、衝突」をまるごと「都心論」に持ち込んだ。奥井の「人間解放機能」（同右：124）は、磯村のスラム論と都心論に引き継がれたことになる。

しかし、奥井の都市研究は総じて開拓的な地位に止まり、「奥井博士の都市研究は、そこから研究が始まるべきところで、終わってしまった」（山岸 1975：499）と総括された。また、「奥井が日本の都市について行った考察は、科学的分析的な研究というよりは、文学的評論的な観察に終わり、学問的影響は小さなものにとどまった」（倉沢 1999：175）とする見解もある。

「綜合社会学」の呪縛を超えて

これらの総括を判断する手がかりの一つに次の言明を挙げておこう。すなわち、戦後日本社会学の混迷の原因は、新明正道流の「綜合社会学」の呪縛から逃れえず、依然としての一九世紀的見解の墨守に原因を求める指摘がそれである（富永 2000：64–65）。ただし、この一九世紀的見解の墨守とする解釈は当てはまらないとしたうえでの、新明の「綜合性」の不明確さとプログラムのなさに原因があると見たコメントが、さらに有効であろう（新 2001：52）。

かりに「綜合社会学」が社会学固有の概念や基礎文献から逸脱し、文学、哲学、歴史学、経済学、政治学、地理学、財政学などからの借り物に終始するなら、社会学固有の存在も発展もない。「一九九〇年代に井上俊らの編による『岩波講座現代社会学』が社会学とは何の関係もない人々を多数執筆者にとりこんだものを『現代社会学』と称するような悪しき『総合社会学』像を広めて、現在に及んでいる」（富永 2000：65）。

新明風の「綜合社会学」と岩波講座の「総合社会学」とではややニュアンスが異なるにしても、確かに『岩波講座現代社会学』は社会学固有の概念や方法論それに基礎文献から逸脱している論文が多すぎるし、その象徴はこの『講座』の都市論にも認められる。「都市論はいま、……ハイブリッド化し、グローバル化し、ポストモダン化する我々の時代の都市の変容に、人類学や記号学、歴史学、地理学、社会学までのあらゆる知を動員して何とか迫ろうとしている」（吉見 1996：242）。「総合性」が無内容なまま「あらゆる知の動因」は不可能であり、それは「人知の限界」（高田・新明・尾高 前掲論文：80）を超える。しかも社会の「量質的組立」（高田 1948）である人口構造の大変動を無視した都市論は、「知」のファッション以上にはならず、都市が抱える人口面、行財政面、社会問題面などの政策に有益な情報を提供する機能とも無縁である。

そして、理論社会学における「高田―戸田―鈴木のトライアングル」（富永 2000：64）に匹敵する都市社会学の「鈴木―奥井―磯村のトライアングル」でも、奥井や磯村には都市社会学からの逸脱が読み取れる。具体的には奥井（1940）はシカゴ学派都市社会学の成果を受け入れつつも、永井荷風などの文芸作品を多用し、生活誌的な記述を含める。ここから「文人都市学者」（鈴木広 1985：19）という評価が生まれるのであろう。

方法論が鮮明ではなく、主要概念が混乱

磯村の業績はどうであろうか。磯村（1953）は都市病理学による学界デビューの後、一九五九年の『都市社会学研究』以降は都市社会学からの離脱が進む。

デロス集会のドクシアデスの「エキュメノポリス」、アメリカの地理学者ゴットマンの「メガロポリス」などの都市概念を紹介することに努め、トインビーやマンフォードなどとの交友も強調した。

しかし、晩年まで意欲的だった磯村の都市研究は肝心の方法論が鮮明ではなく、主要概念が混乱していたので、鈴木栄太郎ほど日本都市社会学への影響力の源泉にはなりえなかったと私は判断する。「私が外国の学者達からいろいろな示唆を受けたのに対して、日本の研究者からの影響はほとんどないといってよい」（磯村 1989 Ⅲ：1）という述懐は、影響を受けなかったのではなく、無視した言い訳のように思われる。まさしく「都市の理論と都市社会学の発想と枠組みにおいて、鈴木、奥井の諸説をより自覚的・意志的に摂取したという証左はなにもない」（奥田 1998：7）。もちろんこれは善し悪しの問題ではない。

「第三の空間」の定義

磯村の概念の混乱は、都市社会学への最大の貢献といわれる「第三の空間」の定義自体に認められる。たとえば「私のいう第三の空間というものは、必ずしも盛り場とか、広場というものだけではない。市役所の建物のように、市民のサービスのために存在する施設構造は、すべて第三の空間ということになるのです。もちろん博物館、図書館、学校などから、野球場、運動場などもすべて第三の空間です」（磯村の発言、磯村・倉沢 1973：158）に接すると、戸惑いが大きい。なぜなら、その概念は多くの場合「都心ないしはなじみ社会」（磯村 1959：86）とされ、匿名性が増大した「大衆社会」と著しく近似的概念であるからである（磯村 1989 Ⅱ：713）。これは「磯村の夥しい数の作品に内在する曖昧さ」（吉原 1998：23）の典型である。

かりに「なじみ社会」であれば、そこには「擬似的家族関係」（磯村 1959：85）や「生活協同体関係」

（同右：87）ができるが、それは「匿名性」とはむしろ逆の性質を持つ。都市において、「なじみ」と「匿名性」をどうしたら結びつけられるのか。このような「理論力」に欠ける概念は、「理論都市社会学」にとってどこまで有効なのか。

また、「市役所、博物館、図書館、学校、野球場、運動場」が「第三の空間」として位置づけられるのなら、それらは匿名性の程度には高低があり、決して盛り場のような自由空間にはなりえない。倉沢が論集Ⅰの「解説」でパークに向けた批判、「明確にされないあいまいな諸概念の羅列、論理の不一貫性」（倉沢 1989：913）は磯村の「第三の空間」にも同程度で該当すると言わざるをえない。

さらに私の疑問は「住民という第一の空間、職場人という第二の空間、大衆という第三の空間」（磯村 1989 Ⅰ：393）というヨコ並びに向けられる。この三者は少なくとも同じ頻度で一人の人間（人口ではない！）には登場しない。「極めて瞬間的であり、非組織的につくられる空間である。匿名であり、身分からは解放され、ただ金銭という条件がかなえば、誰でも平等感を味わえることのできる空間」（磯村 1968：64）に、「正常人口の正常生活者」は頻繁には出かけられない。第一と第二の空間は日常的であるが、第三の空間は非日常の世界であるという人間が多数派であろう。

生活の社会化

しかしたとえば、源流三者から第二世代の倉沢や高橋に引き継がれた概念に「生活の社会化」がある（倉沢 1977：高橋 1993）。これは鈴木栄太郎の能動的概念である「生活協力」と「共同防衛」を直接的な下敷きにしているが、その端緒は奥井の「協力的集団生活」（奥井前掲書：469）と「生活機会の獲得」と「生活利益の享受」（同右：133）にある。ただし、奥井のこの表現は受動的であり、鈴木の能動性とは表裏の関係をなす。

表８-３　源流三者による都市的生活様式に関する包括的な見取り図

	奥井復太郎	鈴木栄太郎	磯村英一
職能的方面	働き	職場	職場
消費的方面	居宅における生活	世帯	居住
社会的方面	教育，宗教，社交，運動，娯楽，保養，その他の社会的接触	生活拡充集団	第三の空間

源流三者といえども、先行研究の無視、概念の混乱、方法論の無自覚など欠点もあることが指摘できた。しかし後続世代にとっては、その伝統を生かし、いかに科学的な方法で都市化とコミュニティに関する事例を収集し分析し、仮説的な命題を提示するかが重要である。次に、都市化の要である都市的生活様式モデルでそれを考えておこう。

都市的生活様式　源流三者の都市的生活様式論を表８-３で概括する。それは「都市の人々の活動は、職能的方面、消費的方面、社会的方面に分けられる」（奥井 前掲書：263-264）から派生する。すなわち都市の生活様式面において、奥井が提起した職能的方面は鈴木も磯村も「職場」として位置づけ、消費的方面は鈴木が「世帯」、磯村は「居住」として整理した。教育、宗教などを含む社会的方面では、これに該当する鈴木の「生活拡充集団」は秀逸な概念であり、磯村も「第三の空間」にこだわり続けることで、その個性を発揮した。すなわち、社会的方面の展開の方法に三者三様の独自性があり、この伝統が今日の日本都市社会学界にも流れている。

その一方で、日本都市社会学における鈴木栄太郎の「結節機関」説は、倉沢（1977）が「専門機関」に修正展開して、今日広く共有されている。都市的生活様式論は専門機関による専門処理システムと住民の相互扶助から構成された概念であり、後者が生活構造概念へと飛翔（倉沢 1968）し、コミュニティ論へと昇華する。それは町内会を一つの極として、ボランタリーな運動体を付加する内容を持つ。

2　コミュニティと地域福祉の理論

地域性と共同性

そこで、コミュニティを考えてみよう。地域共生社会としてのあり方として私はこれを理解してきた。本来、ゲマインシャフトの伝統をもつコミュニティの原義は「精神的統一体」であり、そのための要件が地域性と共同性であるといわれてきた。ある一定の限られた地域の中で、近隣を中心とする私的な人間関係が豊かであり、地域での共同行為も盛んで、強い連帯意識が認められる住民生活の様相を、われわれはコミュニティの代表的イメージとして持っている（金子 1982）。しかし、もちろん都市化に伴う社会変動によって、このイメージないしは実態のある部分が縮小または消失することは当然予測できる。地域性が失われたとか、住民のミーイズムにより共同作業や行事への参加が乏しくなったといわれて久しく、すでに三〇年を数える。

いつの時代でも、地域住民の活動は、

(1)生産的活動（生業従事、組織雇用）

(2)消費的活動（財・サービスの享受）

(3)交流的活動（つきあい、交際）

に大別される。現実の住民生活では、これらが漠然一体となって展開している。そのすぐれた記録を、六〇年前にきだみのるが描いた世界に見ることができるので、やや詳しく紹介しよう。

きだは参与観察により、日本人の生活、生産、トラブル、冠婚葬祭などを小さなコミュニティで丹念に記録して、部落の社会構造と部落の人々の集合表象をつかむことに成功した。東京都の西にある恩方村に疎開を契機に住みつき、数年間は村人として寺に暮らし、「東京から一時間半、バス四〇分、徒歩一五分」（きだ 1948=1981：13）にある一四軒の人々、九一二世帯、五一三二人の村人を観察し、そこから日本人の集合表象を描き出した。社会紐帯に「資産、職業、宗教、言語、血縁、住居地域、主従関係、年齢、性別」をあげ、「協同と対立」をこれらが構成する（同右：113）とした。

また、同じくきだ（1967）では、参与観察の方法を具体的に「皆と一緒に茶話に加わり、つぎはぎのある着物を着て、博打もし、茸狩り兎狩りにも一緒に行き、その間に見聞したことに納得が行かないとそれを質す。メモやノートを人前で取ったことはない」（同右：6）と明らかにして、「部落の生活で根幹的に大切なことは何か。それは部落が何事につけても一つに纏まることだ。これは協調、協同、協力、封建的な言葉でいうと和を予想する」（同右：8）を描き出した。

ソーシャル・キャピタルの原点　部落の掟は「斬るな　盗むな　火つけすな　部落の恥を外に洩らすな」（同右：98）にあることを喝破したり、今日風にいえばソーシャル・キャピタルである「遊び仲間でしかない年齢集団である少童組、青年組、壮年組、同職団体のたとえば同好者の集まり、政治的にはそれぞれのヒイキ組、……親睦団体には同好会、教育ではＰＴＡ、宗教では寺の檀家連、血縁では親類縁者」（同右：47）の関連を細かく分析した。

また「十軒十五軒の部落に自然に一人の世話役ができ、一本に纏まってゆくとき、そこにはすでに過去につちかわれた集団反射 représentation collective が働いている」（同右：55）という指摘により、リーダーによりまとめられるフォロアーの数が分かるが、これはこれまでの小集団の研究成果と整合する。同時に世話役本人には「『人格者』的素質、人徳、鷹揚さ（générosité）があれば、平の心服は十分」（同右：55）といい切って、リーダーの資質を明らかにした。きだのこの参与観察は、現実を無視し、古きよき時代を賛美し、そこへの無条件の回帰を主張するアナクロニズムとは無縁である。

ただし、住縁と職縁とが著しく分離してしまった今日の都市的世界では、生産、消費、交流の活動すべてを居住する地域社会にはめこむことはできない。そこでは何よりも組織雇用が職縁を決定するし、居住地とは関係性が切断されている。

ただ都市近郊村や中山間地域では、大都市とはちがって、これら三種の活動が今でも比較的に住縁に収束しやすいことは事実であろう。

高度成長期以前、日本各地のたとえば漁村では、住民の出会いと交流の場は次のようなものであった。

専門機関に依存

(1)港と川端（生産の場）
(2)雑貨屋と駄菓子屋（消費の場）
(3)公共浴場（交流の場）

すなわち、住民が仕事に出かける直前と直後（生産）、日常生活物資の購入のついで（消費）、そして文字通り『ハダカのつきあい』のできる公共浴場（交流）が最も大切な交歓の場であったのである。そのような場所では、生産や収穫の情報交換から適齢期の男女についての情報分析まで、さらに愚痴や悪口による欲求不満の解消などが、至るところで見られたであろう。

しかし、現在、公共浴場は消え、駄菓子屋はスーパーやコンビニへと変貌した。都市化が、ゴミ・し尿処理、保育、水利用に関する「共同化の契機」を奪ったために、住民はそれらの機能遂行を専門的処理機関に依存せざるをえなくなった。すなわち、井戸端会議が消え、「ゴミ端会議」もそれほど活発にはなっていない。

村落的な自家処理力や地域ぐるみ処理力が大幅に低下し、代わって、生活の社会化が進み、個別専門処理サービスを抜きにしては住民生活の維持が難しくなった。これが「都市的生活様式」である。確かに、お金さえ出せば、従来は家族が持っていた子どもの社会化、老幼病弱の保護さえも、専門機関（学校、病院など）に委ねられる点は便利といえるかもしれない。また、共同体的規則から解放され、関心の向くままに結合する関係が、長い人生では楽しいことも多いはずである。

「老若男女共生社会」としてのコミュニティ

にもかかわらず、高齢者福祉のみを取りあげてみても、老人福祉センターや老健施設の整備だけで、福祉が前進するとは思われない。それに合わせて、高齢者が居住する近隣や住民による相互扶助が充実することが望まれる。いわば、施設面と関係面の両者で福祉機能が論じられるのである。そしてこれこそが「老若男女共生社会」としてのコミュニティ像と考えられる。

「老若男女共生社会」は、日常生活欲求の処理を専門機関サービスに求める点で「都市的生活様式」を前提にするが、自発的な住民間の相互扶助機能をそこに組み込んだシステムでもある。したがって、現代の「コミュニティづくり」では、この両機能の強化が課題となる。

共同化の契機は、たとえば専門処理サービスがうまくいかなかった時に生まれる。

共受・共動・共育

水でも廃棄物処理でも、住民は専門機関によるサービスを受けているが（共受）、何かの事情で処理システムがうまく作動しない場合、住民全体でシステムの機能化を要求する集合行動（共動）が発生する。これは機能関心的に生きる住民には自然な形態であろう。また、生涯学習活動が、テーマごとに集まる住民の相互交流を深め、総合的な地域教育力（共育）の向上に役立つことはいうまでもない。

都市的生活様式の中で「コミュニティづくり」を進めるためには、共受、共動、共育という新しい考え方を含む「老若男女共生社会」の設計が必要であり、地域性と共同性という伝統的なコミュニティ要件に代わるものとして、これら概念の深化、操作化を試みる時代である。

総合地域福祉社会システム

そのきっかけとして、「少子化する高齢社会」におけるコミュニティや地域福祉を長年研究してきた成果として、私は図8-1を発表している。これは「総合地域福祉社会システム」として考案したものであり、これまで各方面で主張されてきた「自助」、「互助」、「公助」の「三助」に「共助」と「商助」を加えて「五助」とした。「共助」とは近隣地域のなかでの人間関係を媒介とした支え合いのあり方を指しており、「商助」はビジネスとして提供される福祉介護支援サービス全般を包括する（金子 1997）。

たとえば、税金で行われている一人暮らし高齢者への夕食宅配サービスは、「商助」としての専門サービスの消費になる。しかし、高齢者が持つソーシャル・キャピタルの延長にある高校生ボランティア活動者が、高齢者の日常的な買い物行動を支援する際に、高齢者がその高校生ボランティア活動者に

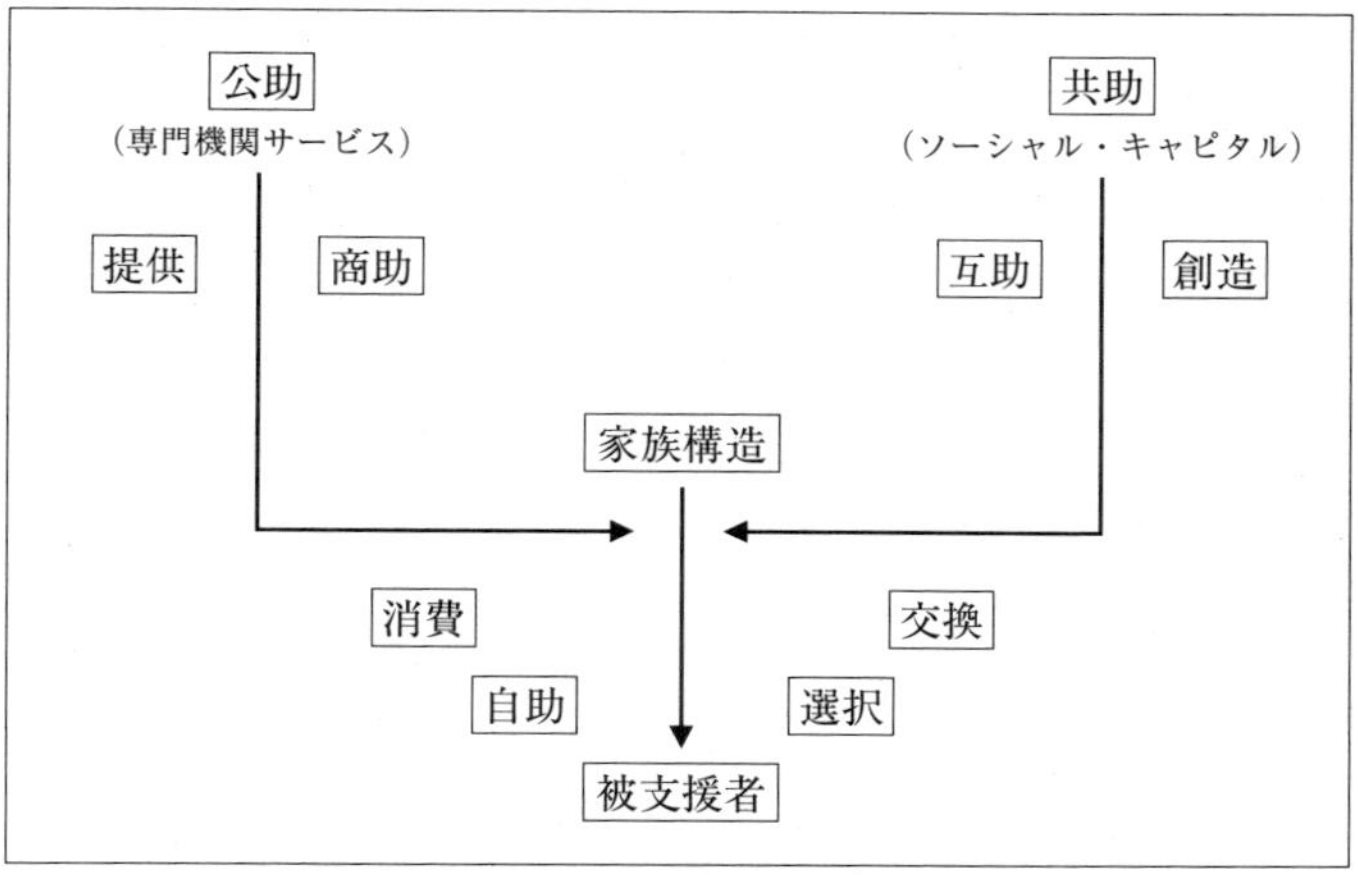

図８－１　総合地域福祉社会システム

日常生活面の知恵を与え、昔のしきたりを教えれば、それは消費というよりも「互助」としての交換に変貌する（金子 2006b）。

また、一週間に五日も集まって一人一品を持ちより楽しく過ごす昼食会では、その持ちよったごちそうは相互に交換されるので、ソーシャル・キャピタルを媒介にした「共助」の交換に含まれる（金子 1998）。

「公助」と「共助」

「公助」としては、自治体や企業や公益団体などが提供する専門サービスの消費が一方にあり、他方にはソーシャル・キャピタルを媒介として創造された「共助」による支援サービスの交換がある。どちらかをまたは両者を選択するかどうかは、被支援者のライフスタイル、とりわけその家族構造の如何による。一人暮らしと三世代同居では家族構造が違うので、最終的なサービス選択を決定する要因に、家族構造を正確に位置づけることが地域福祉社会システムモデルでも重要になる。

二一世紀において、日本社会学の側からの地域福祉研究が汎用性レベルに達するには、「生活困難」や「生活問題」などの漠然とした領域を対象とした「すべてを道に」(tout à la rue) の発想 (第6章で詳述) を中止して、もっと実践的なテーマを具体的に明らかにしながら理論化するしかない。地域福祉理論樹立に向けても、調査方法でも現実問題の解決でも、その言明が社会学理論の汎用性を高める方向に作用するように努め、処方箋の作成まで含む問題追究的な地域福祉社会学研究を行うことが望ましい。

コミュニティに今日的な解釈を施す

その際には、地域福祉論の理論的な基盤を提供してきたコミュニティ概念そのものも転換期にあることを踏まえておきたい。すなわち、国際化、情報化、少子化する高齢社会の三位一体の同時進行過程においては、コミュニティ論もまた変容する。

それは三〇年前のウェルマンの問題意識に連なる。コミュニティは消滅か、存続か、部分的なコミュニティへの出入り自由かという彼の問題意識は、今日でも検討に値する (Wellman 前掲論文)。コミュニティはアイデンティティ (同一性) の源泉か、ビロンギング (所属) の対象か。近代化が国際化をもたらし、その結果がローカルな連帯性の低下、すなわちコミュニティの喪失を引き起こしたとすることは正しいか。それはおそらく研究者の仮説と調査対象地域の特性によって、大きく判断が分かれるであろう。

日本のコミュニティ研究史でも、一九七〇年代から九〇年代にかけて、東京近郊を運動論の立場から調査した奥田 (1971 : 1983) らの結論と、地方都市をまるごと綜合社会学の方法で研究した鈴木らの結論 (1978 : 1986) とは、最終的には整合しなかった。

コミュニティの再解釈の基準点　社会福祉協議会の活動事例報告に多くの頁を割くようなコミュニティ論を含めずに、理論的なレベルでのコミュニティ論の検討を進めるためには、以下の項目の上下のどちらを重視するかについて、研究者それぞれの判断を必要とする。

(1)実態としての存在性↕象徴的な存在性
(2)目標としての有効性↕手段としての資源
(3)戦略としての現実性↕動員できる可視性
(4)歴史性を帯びる概念↕将来性に富む概念
(5)ソーシャル・キャピタルか↕アイデンティティ意識か
(6)社会システムか↕ソーシャル・キャピタルか
(7)空間性を帯びるか↕空間を超越しているか
(8)政治社会的概念か↕精神文化的概念か
(9)個人のボランタリーアクションの集積か↕個人に外在する集合体か
(10)一般論のレベルでコミュニティの興隆、衰退、再生議論が可能か

これらがさまざまに融合しているために、従来のコミュニティ論は分かりにくく、混乱が生じがちであった。ケースバイケースという解答が当然予想されるが、そうであれば、研究上の立場と仮説に加えて、判断の根拠となる「観察された事実」の提供が望ましい。

ソーシャル・キャピタルはコミュニティ資源　近年の私の「少子化する高齢社会」研究では、社会システムの一部を構成するソーシャル・キャピタルをコミュニティ資源として、将来的に動員で

表8-4　コミュニティの規定方法

	A 現状分析		B 将来達成	
	C 全体	D 部分	C 全体	D 部分
1 喪失	1AC	1AD	1BC	1BD
2 回復	2AC	2AD	2BC	2BD

きる可視性を示してきた（金子 2006a：2006b：2007）。それは「喪失か回復か」と問いかけ、「1回復不能／2回復可能」から選択すれば、2であり、「現状か将来か」で「A現状分析／B将来達成」のなかからはAになる。そして、「規模の側面」で「C全体像／D部分像」からはDを選択する（表8-4）。すなわち、調査に利用するコミュニティ概念は、この表における「2AD」に該当する。そして調査票では、操作的なソーシャル・キャピタル指標に移行させ、連帯性やアイデンティティの測定に使用することになる。

3　ソーシャル・キャピタル

比較研究の重要性

本書の基調は、各種の社会分析法を紹介して、その具体的な展開を踏まえて、専門社会学の水準を高める手法として比較研究を位置づけ、その結果をどのように活かすかを提示するところにあった。社会分析に当たっては、まず重要な軸となる固有概念を操作化して指標を作り、それを具体的なレベルでの調査に応用して、複数の調査データベースを作成する。これにはもちろん時間も費用もかかるが、既述のように、このような比較志向を持つ専門社会学を各方面で実行していかない限り、ビュロウォイらの提唱した公共社会学も批判社会学も政策社会学も成熟しないし、専門社会学の水準向上も期待できないのである。

私はこの軸となる固有の概念のうちソーシャル・キャピタルに着目して、比較都市研究を数年がかりで行ってきた（金子 2007）。ソーシャル・キャピタル概念は、ハニファンが一九一六年に善意、仲間意識、相互の共感、社会的交流という意味で使用してから、五五年後の一九六一年にジェコブスが大都市の隣人関係などの社会的ネットワークを指すものとして用いた。「活動組織は、都市における他に欠くべからざる社会資本である」（Jacobs 1961=1977：158）という表現にそれを見る。

さらに一九七七年にラウリーが人的資本として、一九八六年にはブルデューが人間関係の総体としての人脈や顔の広さをソーシャル・キャピタルと見なし、一九八八年にコールマンが社会構造のなかの個人に対して、ある特定の行為を促進する機能を持つと定義した。

ソーシャル・キャピタル論隆盛の背景　現在の先進国に共通なソーシャル・キャピタル論隆盛の背景には、社会規範の粉末化、公共性の弱まり、中流階層の崩壊、コミュニティの劣化がある。「少子化が進む高齢社会」でも、コミュニティでの交流と連帯や社会的凝集性がなければ、乗り切れない。日本でもアメリカでも、ソーシャル・キャピタル概念が理論研究でも実証的研究でも多用されてから二〇年以上になる。この事情はアメリカだけではなく、フランスでも同様であり、二〇〇六年にも二冊のソーシャル・キャピタル専門書が出版された。まずポンティーユはコールマン、ブルデュー、パットナムの三人を取り上げてソーシャル・キャピタルの比較検討をしたうえで、この概念は霧のように茫漠とした概念（le brouillard conceptuel）なのかと問いかけ、概念の多様な定義の氾濫に言及し、この概念には集団性、互恵性、連帯性、信頼性を含んでいると指摘した（Pontieux 2006：60）。

一方、ベボーとラルマンは、ソーシャル・キャピタルのアンソロジーを編集して、多方面からの概念

表8－5　専門雑誌に登場したソーシャル・キャピタル（1990-2004）

専門雑誌名	ソーシャル・キャピタル関連論文数
社会科学と医学	60
世界の開発	37
社会経済雑誌	27
社会科学研究	10
組織社会学の研究	10
農業システム	9
健康と場所	9
経済的行動と組織雑誌	9
生態学的経済学	7
技術革新	7
社会的ネットワーク	7

（出典）Bevort, A. & Lallement, M. 2006 : 21.

の検討を試みている（Bevort & Lallement 2006）。そこでもまたソーシャル・キャピタルの持つ多義性が困惑の表情で紹介されている。たとえば表8-5は、一九九〇年から二〇〇四年までの一五年間で、ソーシャル・キャピタル概念がいろいろな専門雑誌に登場した回数である。この概念がそれぞれの立場で重宝な概念であること、したがって多義性を免れないことがここからも分かる。

社会資本とは区別する

私たちすべては、コールマンのいう人間的資本（human capital）も社会関係資本（social capital）も保有している。ただし日本の都市経済学でも都市社会学でも、社会資本（social overhead capital）という別概念があるので注意しておきたい。日本の場合、一九六〇年代に都市経済学研究の中で社会資本の概念が使われ、四〇年以上共有されていた歴史があるからである。

しかし、現在の人間的資本と社会関係資本概念はこの伝統とは切り離されている。これらを多用した社会学者のうち、たとえばコールマンは、前者を「新たな方法で行為できるように技能と才能を人々に培うことによって創出される」（Coleman 前掲書：477）とした。一方、社会関係資本は「行為を促進する人々の関係が変化するときに創出される」（同右：477）ものである。後者はまさしく関係性の中に存在する。知的水準、雇用による保証された収入、友人を代表としたネットワークの存在、これらの総合的地点に存在する階層性の維持などが、社会関係資本概念のなかに入っている。このような意味での社会関係資本は、コールマンやパットナムなどが使いはじめて、急速に世界中で普及した。

アメリカ社会学では capital の前に social を付けると、個人の持っている総体的な資本ないしは資産とする伝統が形成された。ここでいう個人のもつ人間的資本（human capital）とは、能力、技術、たくさん持っている友人、時間など、もろもろすべてが資本（capital）になるという議論である。「社会組織ないし社会関係の崩壊は、社会的資本にとって極めて破壊的である」（同右：499-500）。

それは正しいが、以上の理由で、日本では社会関係資本（social capital）概念自体を、そのままでは受け入れがたい学問的土壌があることに注意しておきたい。

中間集団の豊かさ

通常は、個人を超えたところにある家族や親族を通して、中間集団が存在する。個人と全体社会は直結しておらず、その媒介過程にたくさんの中間集団がある。こういう中間集団を経由して、個人は社会システムに接合する。家族や親族、町内会、友人、職場、労働組合、各種のサークル、ＮＰＯ、ＮＧＯなどを通して、個人は社会につながっていく（佐々木・金編 2002）。

私は今のところソーシャル・キャピタルの細かな概念の穿鑿には関心がないので、この数年間使用した調査票では、パットナムのソーシャル・キャピタル概念である「個人間のつながり、すなわち社会的ネットワーク、およびそこから生じる互酬性と信頼性の規範」(Putnam 前掲書：14) であるという定義に従い、これに依拠して調査票のワーディングを行った (金子 2007)。ソーシャル・キャピタル研究の歴史を振り返っても、パットナムの業績が画期的だからである。

ソーシャル・キャピタルの意味は広く、フォーマル／インフォーマルネットワーク、社会参加、政治参加などの関係性を最優先に持つし、エンパワーメントやコミュニティ性にも転用される。信頼や互酬性など関係性から引き出される機能もまた、ソーシャル・キャピタルと見なされる場合がある。ただし、各種ネットワークの存在とそこでの信頼や互酬性が、無条件に前提とされるのは非論理的である。

万能な機能を期待しない

また、その政策への応用が犯罪予防、健康増進、政治参加の促進、自由意識涵養、教育効果などに向けられる時、かつての社会指標の轍を踏まない保証は何もない。とりわけソーシャル・キャピタルの総合化指標は「付き合い・交流」と「信頼」と「社会参加」の合成といわれると、三〇年前の「総合社会指標」の不毛性に重なってくる。

さらにソーシャル・キャピタルが犯罪抑止効果、市民の健康増進や出生率向上、子どもの学習効果、教育投資の成果を高め、市民活動やボランティア活動を増やすなど、やや万能に近い評価の仕方にも疑問がある。

大都市の隣人関係が弱まったから、NPOを支援し、活動を活発にすればソーシャル・キャピタルが増加し、万事解決するというような論にも上滑りを感じる。なぜなら、県庁所在都市でも地方小都市でも、NPOに関わっている市民はわずか五％程度にすぎないからである。町内会加入率が八〇％を割り込み、子ども会は消滅し、老人クラブ加入率も三〇％台で推移するから、地縁組織の衰退を指摘するのは正しいが、代わりがＮＰＯしかないというような論には限界を感じる。まさか今でも、ソーシャル・キャピタル論者は「政府―企業―ＮＰＯ」という誤った図式の信奉者ではないだろう。ソーシャル・キャピタル形成には、ボランティア活動やＮＰＯだけしかないという主張は、我田引水の印象を与える。地球温暖化とその対策を高唱するＮＰＯには「警鐘屋」「大変屋」という批判もある（赤祖父 前掲書：139）。

ＮＰＯとは無関係に、ソーシャル・キャピタルはインフォーマルネットワークやフォーマルネットワークを主な構成要素とするから、地縁を媒介とする食品共同購入や近隣関係や同業者団体活動などのルートもまた活用することで、ソーシャル・キャピタルの拡幅が期待できる。

自由意識とソーシャル・キャピタル

パットナムは「社会関係資本がもたらす正の影響――相互扶助、協力、信頼、制度の有効性――がいかに最大化され、派閥、自民族中心主義、汚職といった負の発現がいかに最小化されるかを検討することは重要である」（Putnam 前掲書：19）という。そしてその最大化の促進条件に自由意識があげられている。すなわちアメリカの州レベルにおいての二次データ分析を通して、自由意識とソーシャル・キャピタルとは正の比例関係にあるとパットナムは主張した（同右：431-448）。

彼は自由と寛容を同義的に解釈して、アメリカ合衆国の州単位において社会関係資本と寛容性の比較を試み、「正の相関」を読み取っている。すなわちそこでは豊かな社会関係資本と自由な意識とが結びついており、「米国で最も寛容なコミュニティは、まさに最も市民的関与の高い場所である」（同右：

表8-6　4都市調査の概要

	調査年次	総人口	合計特殊出生率	有効回収率
富良野市	2003	25,566	1.51（高い）	75.6%
白老町	2004	21,909	1.40（低い）	76.0%
伊達市	2006	35,864	1.27（低い）	72.0%
鹿児島市	2006	545,876	1.30（高い）	66.2%

（注）「都市の少子化対策とコミュニティ共生の比較社会学的研究」の一環．
サンプリング対象は層化二段無作為抽出法で住民基本台帳から20～79歳までの500人．総人口と合計特殊出生率は調査を開始した2003年に統一．

438）と結論した。これは日本都市のなかで果たして正しいかという疑問を禁じえない。それに疑問を抱く私は、この関連性を二〇〇三年からの独自調査によるデータ分析で、実証的に検討してこの反証を得た。

そのために利用した富良野調査（2003）、白老調査（2004）、伊達調査（2006）、鹿児島調査（2006）は、いずれも私を代表者とした「都市の少子化対策とコミュニティ共生の比較社会学的研究」の一環であり、層化二段無作為抽出法で住民基本台帳から二〇歳から七九歳までの五〇〇人を選び行った。調査開始時点の二〇〇三年を基準とした総人口や合計特殊出生率、および終了時点での有効回収率は表8-6の通りである。あらかじめ、一九九八年から二〇〇二年までの平均された合計特殊出生率を用いて、それが高い富良野と鹿児島グループ、合計特殊出生率が低い白老と伊達グループに分けて同じ調査票でデータ収集を行った。その結果、自由意識に富んで合計特殊出生率が低い伊達市民と白老町民では、ソーシャル・キャピタルが乏しいという結果になった。つまりアメリカの二次データによるパットナムの命題とは、正反対の結果を得た（金子 2007）。さらに少子化論への応用についていえば、ソーシャル・キャピタルを測定して、これらが豊かであれば子育て支援に転化する地域力がそこに存在しているから、これは少子化対策の要にもなりうるという仮説を採用し、一応の証明が得られた。日米比較データとして、ソーシャル・キャピタルを押し上げる自由意識と伝統意識が、その多寡に関しては反対の相関を示したのである。

ソーシャル・キャピタルの現状　ソーシャル・キャピタルは、個人が持つ家族、親戚、友人・知人、同僚、近隣などの親しさを含みつつ、同時に町内会、老人クラブ、婦人会、ボランティア活動、共同購入活動、趣味娯楽のサークルなど広い意味での集団関係をも意味する。一般にキャピタルは資本であり、これは元来金銭面での資産を指す。そこから派生したソーシャル・キャピタルは人間関係面での交流と資産、そこから得られる信用、安心、支え合いなどの「人脈」を総称する。

図8-2から図8-5までで明らかなように、富良野市民や鹿児島市民に比べて、伊達市民も白老町民もソーシャル・キャピタルが乏しいという結果が出た。少子化対策における子育て支援サービスを担わないという意味での「参加しない」も、ソーシャル・キャピタルが乏しい市民に多く出た（図8-6）。地域での子育て支援の重要性は各方面で指摘される通りであり、伊達市民のソーシャル・キャピタルの乏しさは子育て支援サービスへの参加に対して抑制的に作用している。

ソーシャル・キャピタルを測定して、これらが豊かであれば子育て支援に転化する地域力がそこに存在しているから、これは少子化対策の要にもなりうるという仮説がおおむね証明されたことになる。調査結果に基づく社会分析として、また応用コミュニティ論の一事例として、これらのオリジナルな結果を紹介しておきたい。

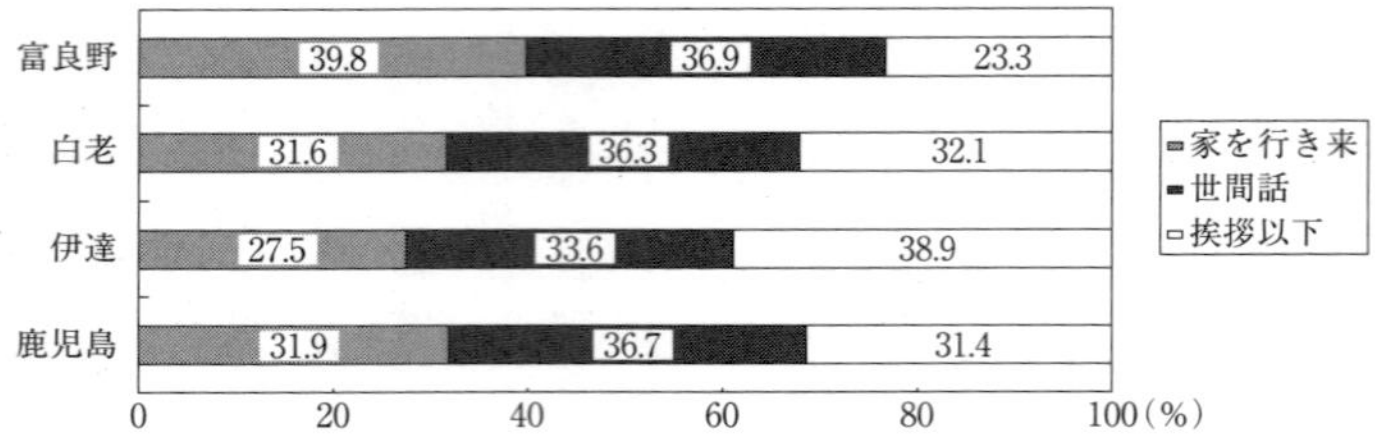

図8-2　近隣関係の親しさ

$\chi^2 = 24.072$ df=6 $p < 0.001$

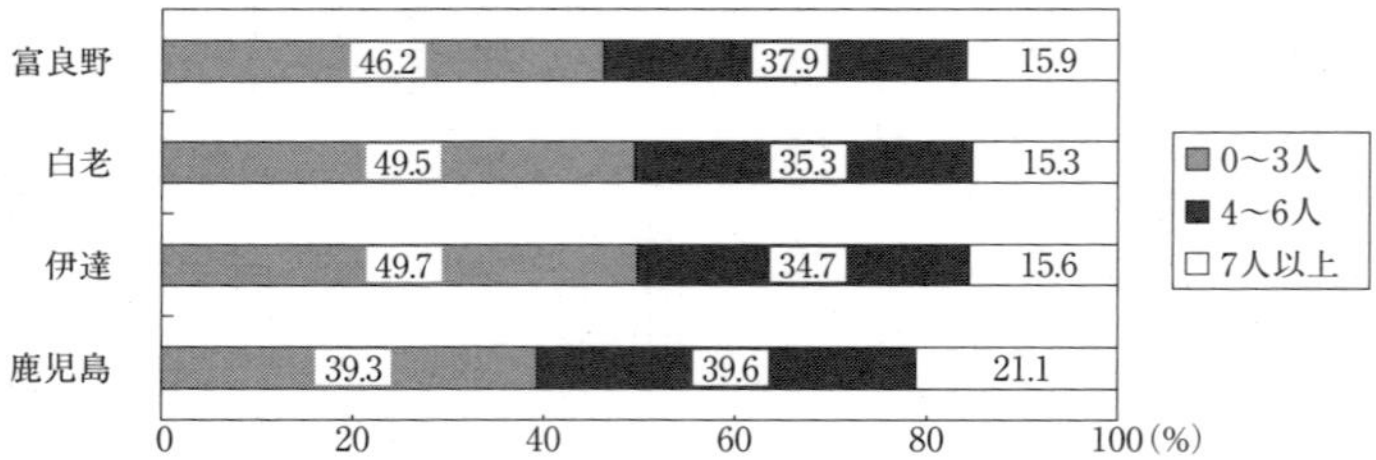

図8-3　親しい友人数

$\chi^2 = 11.384$ df=6 ns

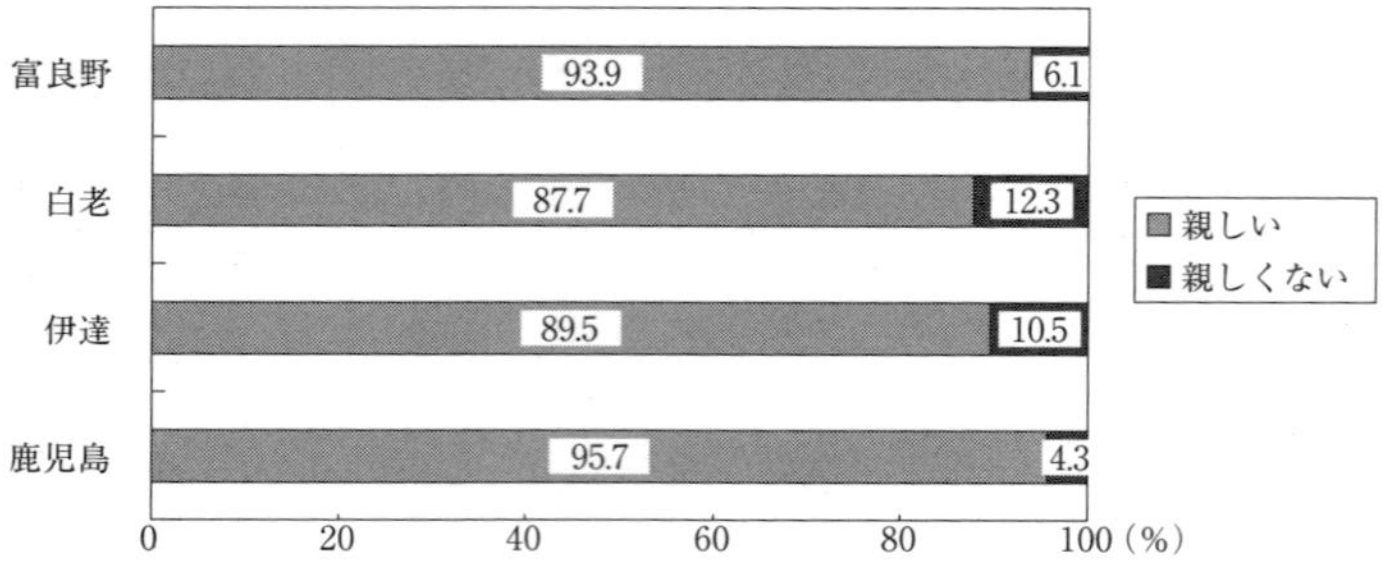

図8-4　友人とは親しいか

$\chi^2 = 16.715$ df=3 $p < 0.001$

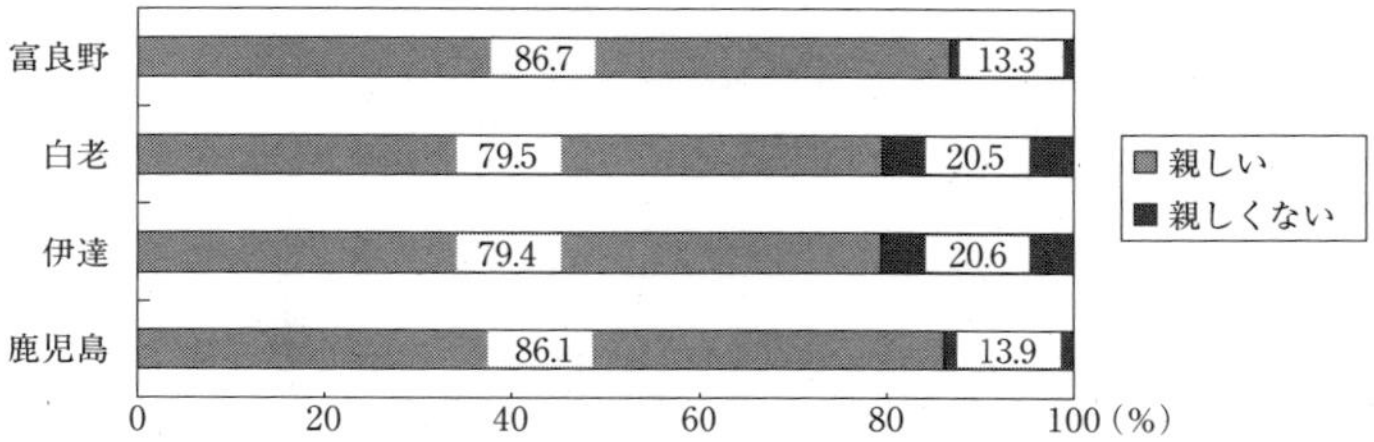

図８－５　親戚とは親しいか

$\chi^2 = 12.341$ df=3 $p < 0.01$

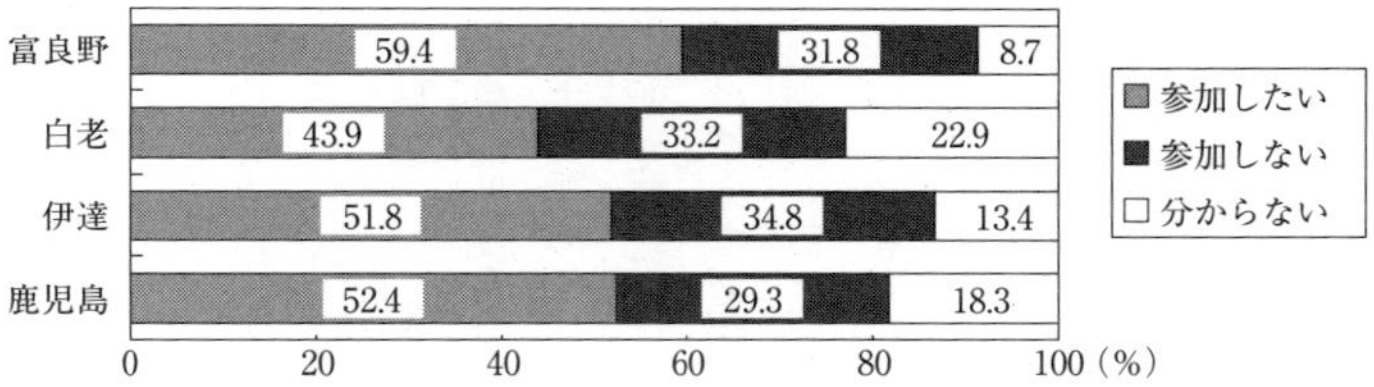

図８－６　子育て支援サービスの担い手

$\chi^2 = 37.410$ df=6 $p < 0.001$

4　都市と農村

私の学問的な出発点は、大学院時代からのコミュニティ論を軸にした都市社会学である。そこでの道具箱には都市（urban）―農村（rural）の軸、ワースのアーバニズム論、マンハイムの社会計画論、マートンの社会調査論、ミルズの社会学的想像力、ウォレンのコミュニティシステム論、市民の生活態度やライフスタイル、それに生活構造などの概念があった。育った時代もまた産業化と都市化が主流であり、都市人の生活態度やライフスタイルなどの上品さ（urbane）や粗野な側面（rustic）を被説明変数にして、都市化の効果を測定しようとしていた。

コミュニティ研究から

当然、少しずつでも手持ちの道具箱は増えた方がいい。私の大学院生時代の指導教授である鈴木広博士は、リプセットとベンディックスの翻訳（1959=1969）をされ、その後、独自の社会移動論を手がけておられたから、この方面にも関心を持った。実際のところ社会には、目に見えない区分線がいくつかある。横縦には水平線と垂直線が引かれ、コミュニティ（community）は水平的パタン（horizontal pattern）と垂直的パタン（vertical pattern）に区別できること、そしてコミュニティもまた社会システムであることを学んだのは Warren（1972）の精読からであった。

縦の線の場合は、階層や格差もしくは序列が鮮明である。階層では「持てる人々」（haves）と「持たざる人々」（have-nots）に大別するが、年収や預貯金を指標にして連続線上にも描き出せる。高齢者の資産や国民の預貯金などの情報は豊富だから、これをコミュニティごとに類型化することも可能である。

表８－７　年収の比較（％）

	300万円未満	300万-500万円未満	500万-700万円未満	700万円以上
富良野	32.4	26.5	15.1	25.9
白老	38.3	26.0	16.4	19.2
伊達	32.8	27.4	17.4	22.5
鹿児島	38.2	32.8	14.8	14.2

$\chi^2 = 20.284$　df= 9　$p < 0.05$
（出典）金子 2007：101.

すなわち、都道府県別にも政令指定都市別にも、市町村別にでさえも、市民の一人当たり所得や預貯金額などで序列が作成できる。

都市調査から　調査票でも所得は年収として大雑把ながら把握できる。ただし、調査票による面接の際にはやや少ない額を答える傾向があるとされる。それを承知のうえで、この数年で実際に行った四都市民の回答を表８-７にまとめた。χ^2検定をすると、五％で有意になった。調査票レベルでは富良野市民が裕福な印象を受ける。年収「七〇〇万以上」が多いのは富良野市民だったからである。それに対して県庁都市の鹿児島市民では一四・二％しかない。

これは農業都市と第三次産業都市の違いだろうか。ただし、「地域経済総覧二〇〇六」による「一人当たり課税対象所得額」でみると、鹿児島が三二九万円であるのに対して富良野は三〇八万円、伊達が三〇六万円、白老が二八六万円となっていた。このように、サンプル調査の対象者レベルと家計調査による結果の相違がでたのはやむをえない。

四都市調査結果からは、鹿児島と白老の場合は「三〇〇万未満」に三八％が集まって、対象者の年収の低さを感じさせる。特に鹿児島では「三〇〇万～五〇〇万未満」も三二・八％であるから、「一人当たり課税対象所得額」の相対的な多さとは整合していない。

表8-8　ソローキンの都市と農村分類

	農　村	都　市
1 職　業	農業	商工業など
2 環　境	自然環境	人工環境
3 人口規模	小	大
4 人口密度	低	高
5 人種・心理	同質性	異質性
6 社会分化	少	多
7 移動性	少	多
8 相互作用	接触数少・狭，第1次的	多・広，第2次的

（出典）Sorokin & Zimmerman 1929=1940：94-96.

伊達市民では、「五〇〇万～七〇〇万未満」が四都市民中で第一位、「七〇〇万以上」でも第二位なので、四都市対象者のうちでは富良野に次いで豊かな年収といえる。

このように調査票レベルで都市民の年収を比較して、それによって、都市のヒエラルヒーとしての垂直構造（vertical pattern）を高（high）、中（middle）、低（low）など詳細に序列化できる。この伝統は、歴史を積み重ねているSSMの調査に受け継がれて、今日に至っている。

都市と農村の類型

一方、地域社会の水平構造（community horizontal pattern）の場合は、都市（urban）と農村（rural）が代表的になる。これには伝統的に産業構造や職業構造が用いられてきた。農業が多いコミュニティは農村もしくは村落であり、サービス業や金融業それに自由業に特化したコミュニティは都市に分類される。ソローキンの古典的分類は有名であろう（表8-8）。

リンド夫妻のミドルタウンをはじめとする実証的な都市研究の場合は、分野を特定化して、生計費、家族、青少年教育、余暇、宗教、地域活動、福祉、住民運動などに限定される方向がある。

また、小都市の中産階級だけを対象としたり、大都市の下層階級に焦点を置いた研究のスタイルも多くなってきた。もっと細かな領域として、都市下層の宗教集団やエスニック集団という個別事例の研究もなされている（鈴木 1970）。

年齢集団に特化すれば、高齢者の研究として独立させることができる。私もこの方面からいくつかの著書を発表してきた（金子 1993；1997；2006b）。私はオリジナルで計量的な社会調査を主に行ってきたが、その際に留意したのは、表面に出てきた機能と水面下に隠れている機能、その促進要因と阻害要因などに着目することであった。

また、エスニックグループの研究や社会移動の研究でよく使われてきたのが、土着（native）と来住者（newcomer）という軸である。日本にいると私は土着者であるが、台湾やフランスに行くと私は来住者になる。

社会移動

土着と来住者についても社会移動の研究が有益である。何をしたか何ができるかを基準とする価値判断重視の業績主義の社会では、社会移動のうち階層移動の可能性に富む。万人に開かれるほうが開放社会であり、アメリカや日本はこの類型に該当すると世界的にも評価されてきた。社会移動とは、社会のなかで個人の社会的地位が変化することを意味する。これには親の階層と子どもの階層が変わる世代間移動、本人一代で職業への参入時点とその後の社会的地位が変わる世代内移動がある。社会の中で個人が地位を変えるのは、上昇する場合と下降する場合があり、類型的には現状維持も考えられる。

最近の社会移動の研究は階層移動を直接的なテーマにしてきたが、元来は階層移動と地域移動とが並行してきた。なぜなら、階層移動によって居住する地域社会が変わることが多いからである。たとえば、東京本社の係長が札幌の営業課長に栄転する場合は、地位が上がり、収入が上がり、権限が拡大する。ここには職業上の地位の上昇に伴う居住地域の変化が鮮明である。

社会移動の原動力には二つあるとされてきた。一つは教育であり、学校教育を通して社会的地位の移動を容認している国とそれが不自由な国がある。日本とアメリカは教育を媒介項とした社会構造を創造してきた代表例であり、リンカーン大統領の「丸太小屋からホワイトハウスへ」に象徴されるように、低階層からの上昇移動は個人の能力による。そしてその能力をつけるのは学校教育であるという信頼がある。これは主として男性の経路になってきた。女性の場合はこの教育に加えて婚姻も機能する。

北海道への移住者は、一五〇年の五代前くらいが最も古いといわれてきた。初期の北海道史における社会移動の基本は地域移動である。富山や青森から北海道に来て、社会的地位は上がった場合も下がった場合も両方ともある。しかし、いずれにしても、基本的には東北地方の文化を切断して北海道に来た人たちが非常に多い。何を切断したか。一番多いのは、家族との同居である。三世代同居率が、津軽海峡をはさんでこれほど違うのは非常に珍しい。青森県、秋田県、岩手県、山形県は、日本の中でも鹿児島県や宮崎県と同じくらい三世代同居率が高い。

しかし、北海道は東京に次いで同居率が低い。北海道民のルーツの六割ほどは東北地方である。「母村」（出身の村）という考え方があり、「母村」をひきずっている人はたくさんいる。たとえば、言葉遣いはあまり変わらない。しかし言葉は同じであっても、家族の成り立ちも文化も全く違う。香川県から移住して以降、四世代で一〇〇年も暮らしているのに、正月の雑煮は香川風にあん餅でという文化を守っている家族もいる。

新しいコミュニティ論

さて最後に、コミュニティについて触れてみよう。かつてのコミュニティは urban ― rural でほとんど説明できていた。都市的なものと村落的なものの組み合わせ、ないしは urban community と rural community は主要概念としてもしっかりしていた。しかし最近は、都市的（urban）も村落的（rural）もほとんど使われなくなった。最大の理由は rural community 自体が壊れてきたからである。今日いわゆる純粋培養的な農村はほとんどない。もちろん全国的に見て、地方の過疎地における農村的なものは豊富に残っている。しかしその多くは「限界集落」に近く、コミュニティの機能はすでに喪失している。

今後は都市的（urban）もそのままでは使いにくい。おそらく一九六〇年代の花形であったコミュニティ概念はそのままでは使えないが、二一世紀では国際化や情報化それにヴァーチャルなコミュニティとして、コミュニティ概念そのものは完全に復権している（Delanty 2003=2006）から、依然として社会学の最も重要なキーコンセプトの位置は保ち続けている。なぜなら、"com"に現代社会学が凝縮されているからである。

Com は日本語では「共」と訳せる。たとえば communication, company, composition, committee, communism, commune, common などがあてはまる。com という言葉に秘められた人間の共生、そういうものの代表としてコミュニティ概念がある。同じような考え方をもち、同じような行動様式を採っている人たちの集合という意味である。政党は本来アソシエーションに分類される目的追求集団だが、見方を変えてコミュニティなるものとする意見もある。同じく憲法を変えようという集団もそれを守ろうという集団も、さらに研究する人間の集合である学会さえもコミュニティと見なす立場もある。古典的なコミュニティ概念は、空間的境界を前提した「地域性」から自由ではない。いうまでもなく一定の地域社会は、地域空間を前提にしているからである。

おそらく今後の研究では urban か rural というよりも、overpopulation か de-population なのかの違いを重視するに違いない。しかしコミュニティを捨て去ることは、学問だけではなく人間の営みでも難しい。なぜなら、経済学でのマーケット概念と同じく、コミュニティ概念がなければ社会学は成り立たないからである。

それを復活させるには、選択を左右するように用いられるものとしての社会資源論を導入することである。コミュニティ活性化論の多くが地元産の特産品を媒介として、新しい動きを仕掛けるのは、その事例である。年中行事にUターンやJターン者を招いて、情報提供したり、マスコミからの情報を全国に発信する。

活動の核になるのは、「限界集落」の廃屋でもよく、それをアトリエに改装して、福袋の土産を作り、新しいコミュニティ起こしにつなぐ人々もいる。高齢者間のソーシャル・キャピタルがさつまいもを植え、それを焼酎原料として販売して、その収益金で一戸当たり年間一万円のボーナスを出すようなコミュニティ活動も報告されている。ソーシャル・キャピタルがキャピタルとしての現金を生み出したのである。

方法論者よ！仕事につけ！　理論的飽和を乗り超えるためにも、「理論なき経験的資料は盲目であり、資料なき理論は空論である」（Mills 前掲書：86）を社会分析では十分に心得ておきたい。理論を支える資料を獲得する方法でも、資料から理論を創造する過程でも、「あらゆる者は自己の方法論者となり、あらゆる者は自己自身の理論家となれ」（同右：292）である。誰かを研究するのが最終的目標ではないのと同様に、「用語をめぐって闘争するのではなく、用語をつかって議論」（同右：32　傍点原文）し、何かを研究した成果を生み出して、次世代に伝えたい。

コラム　少子高齢時代の優等生と最強都市

『週刊ダイヤモンド』（2007/6/23）で「都市経済特集　北海道」が特集されたことがある。人口三万七〇〇〇人の伊達市は北海道での地域活性化の「優等生」と評価され、「タウンモビリティ」「安心ハウス」が成功例として紹介された。新しいもの（イノベーション）への取り組みが市長サイドから活発に出され、新しいことへの抵抗感が少ない市民もまた、それへの期待が強いから成功したと一般化できる。調査すると、確かにこの両者や「心の伊達市民」「移住促進」事業などが伊達市における都市イノベーションになり、疲弊が続く北海道において稀有な「優等生」を支える基盤なのだと見てとれる。

また九月二九日号の『週刊ダイヤモンド』では、「都市経済特集　福岡」が試みられた。二〇一一年の九州新幹線の全線開通をにらんだ福岡市の「リスタート」が描かれ、人口六万三〇〇〇人の佐賀県鳥栖市が「九州で最強の都市」であると評価され、ともに興味深い。

少子化と高齢化と総人口の減少が同時に進行する「三位一体の人口変化」の時代において、伊達市と鳥栖市から、「まちづくり」に有意義なヒントが得られると私は考え、調査で訪れる機会が多い。まちづくりの「優等生」や「最強都市」への飛躍条件をまとめてみる。

伊達市では、市長の先進的なリーダーシップが評価される。「北の湘南」という、北海道にしては比較的温暖な気候を生かし、市長就任後に道内外から定年退職者の移住を進めることが筆頭政策になった。

自然な高齢化の進行はやむをえないが、高齢者が増えると社会保障費や医療費がかかるのでわざわざ他都市の高齢者を招くことはないという常識を逆転させた、この政策を実行したことで、五年間に一〇〇〇人以上の高齢者が伊達市に移住した。その結果、二〇〇〇～三〇〇〇万円台の土地付き一戸建て住宅建設が増えて、各方面で経済効果が得られ、社会保障費や医療費の増加分を吸収した。

この「人の移動」を柱として、「相乗りタクシー」の試み、高齢者向けマンションへの市独自の「安心ハウス」認定証の交付、および地元農産物の販路を拡大するため「心の伊達市民」の全国募集をした。心の伊達市民とは、市外居住者でも五〇〇〇円から一万円程度の申し込み費用で、その年の夏から秋に収穫された山海の珍味を宅配するシステムで、一年間で一〇〇〇人以上の申し込みを得た。最初に定年退職者という「人の移動」を仕掛けたことが、北海道では稀有な「優等生」の道を開いたのである。

一方、鳥栖市では、「モノの移動」に特化して、「最強都市」の歩みを始めている。福岡空港まで高速道路で四〇分足らず、JR博多駅まで快速で三〇分余り、北九州、長崎、熊本、大分までそれぞれ二時間圏の東洋一のジャンクションが売りである。九州新幹線の駅建設も進み、今後も物流基地として要衝を占める。地元の老舗・久光製薬だけではなく、五つに分散した工業団地には食品、薬品、タイヤ、半導体製造その他の製造業がひしめき、市内総生産の四六％が製造業で占められているという。東洋経済「都市データパック二〇〇七年版」の住みよさランキング総合では、八〇五市区町村で第五位という高い評価を受け、九州では四年連続第一位である。

自然環境や風土に逆らわず、少子化する高齢社会でも伝統に配慮した「人の移動」「モノの移動」に特化して個性的なまちづくりを行うところにも、今後の自治体の探る方向がある。二〇〇〇キロ離れた両市の経験はそれを教えてくれる。「何をしたらいいのか」という嘆きから卒業し、自前の都市カルテを作成し、優先順位の発想と実行で、まず一歩を踏み出したい。

第9章　社会分析研究の古典

本章でそれぞれの社会分析に有効と判断して、また今でも入手しやすいことも考慮して、手短に紹介し要約した内外の古典は、私の個性を反映した選択基準から選ばれている。外国人による本が一八冊、日本人による本が一二冊であり、合計三〇冊になった。

一般に、要約を詳しくすればするほど、原典に忠実になり、結局は読者自らで原典に取り組んでほしいという感慨を持つし、逆にタイトルだけでは紹介にもならないというジレンマがある。そこで、一応は五〇〇字から一〇〇〇字をめどにまとめてみた。無謀な試みであると承知のうえで、著者の誠実さと原典のすばらしさが読者に少しでも伝えられるように努めた。

Ⅰ　外国における社会分析の古典

1 **Durkheim, É., 1897 = 1960, *Le Suicide: étude de sociologie*, nouvell édition, Presses Universitaires de France.（＝一九八五、宮島喬訳『自殺論』中央公論社）**

思弁的な歴史哲学の様相が濃厚だった社会学に、初めて具体的なテーマを設定して、可能な限りの社会統計を駆使した社会分析の第一級の古典である。観察可能な社会的事実として自殺を扱い、しかも統計数字の羅列ではなく、「アノミー的自殺」に象徴されるような社会学概念を見事に使いこなしている。「科学の進歩というものは、それの対象としている問題の解決に向かってどれほど前進したかという指標によって認識される」（序文）は今日でも通用する。自殺の社会学は、二一世紀の日本で流行する非社会的な言説とは異なる、社会学主義の成果としても読める。

自殺を多方面から比較社会学的に研究して、自己本位的自殺、集団本位的自殺、アノミー的な自殺に分類した社会分析の手法から学べるところは大きい。しかも自殺を防止する対策とも理解できる職業集団を通した連帯性の提起、集権化としての国家機能の肥大化問題、分権化としての地域集団自治などは、まさしく百年を経過した二一世紀でも古くて新しいテーマとしてわれわれに迫ってくる。

2 Weber, M. 1921, *Polotik als Beruf*.（＝一九六二、清水幾太郎・清水礼子訳「職業としての政治」『世界思想教養全集18　ウェーバーの思想』河出書房新社、一七一〜二二七頁）

ヴェーバーの近代化論は、プロテスタンティズムと資本主義の精神、宗教社会学、経済社会学、社会経済史、都市論などにうかがえるが、類書での紹介も多いので、ここでは「職業としての政治」を取り上げるにとどめる。

ヴェーバーは、政治を自分の職業にする二つの道として、(1)政治の「ために」生きる（政治活動のみを収入源にしない）、(2)政治に「よって」生きる（政治を継続的な収入源にする）に大別する。反面、政治が持つ二つの大罪として、ヴェーバーは非現実性と無責任をあげる。これらの分類は簡単だが、今日の日本政治を観察するうえでも有効であり、大いに納得されるところであろう。

ヴェーバーの政治論で一番有名なところは、「政治家にとって、情熱、責任感、見識が大切である」と断言した箇所である。Augenmaß を「見識」としたのは清水幾太郎だが、森嶋通夫（＝一九九一『政治家の条件』岩波書店）は「平衡感覚」として、脇圭平訳（＝一九八〇『職業としての政治』岩波書店）は「判断力」として、西島芳二訳（＝一九五六『職業としての政治』角川書店）では「目測」となっている。どれを使うかは読者に任せよう。

いずれにしても、「政治とは、情熱と見識とによって固い板に穴をあけてゆく力強い緩慢な仕事」というヴェーバーの主張に照らして、政治に志す方々は自らの姿勢をしっかりと見つめてほしい。

3 Lynd,R.S.& Lynd,H.M.,1929,1937, *Middletown: a Study in Contemporary American Culture. Middletown in Transition : a Study in Cultural Conflicts.* Harcourt, Brace& World,Inc.（＝一九九〇、中村八朗訳『ミドゥルタウン』青木書店、抄訳）

一九二九年にリンド夫妻が発表した『ミドゥルタウン』は、一九二四年一月〜一九二五年六月までの小都市マンシーを参与観察した成果として刊行された。ここでは「人間のする事柄のおもな種類は数が知れている、同質的な都市で相互関連的な六分野に限定した調査を行う」（序章）として、生活費獲得、家庭生活、青少年育成、余暇時間、宗教活動、地域活動の六分野が、あらかじめ入念な準備のもとで研究対象として設定された。

社会分析には、調査対象をアメリカ本国生まれの白人市民に限定し、その六分野にわたって、各種資料とインタビューを多用した方法を活用した。この時代の社会変動要因である産業化の受け止め方が、人を相手にする業務階層と物を相手にする労務階層では異なることを実証して、経験的階層論の先駆けにもなった。夫妻は「庶民的談話は市民の思考様式と思考習慣の洞察を可能にする」（一三頁）として、「なまの事実」の収集を心がけ、最終的に小都市の実情から、アメリカ社会全体の観察までを視野に収めた。ここにコミュニティ論と階層論が融合した古典としての声望がある。

4 MacIver, R. M., 1917, *Community*, Macmillan and Co., Limited.（＝一九七五、中久郎・松本道晴監訳『コミュニティ』ミネルヴァ書房）

三五歳のマッキーバー会心の学界デビュー作である。第一原則として、社会と国家という問題意識が、コミュニティとアソシエーションとの対比をもたらした。個性化と社会化とが相互に密接するという第二原則は、社会変動における人間の問題そのものである。

コミュニティ分析は、時に歴史的であり、文献主義的であり、哲学的である。特に「社会には『鉄則』は存在しない」（三九頁）といいながらも、「法則」思考と志向が強いのは、この時代の研究者の個性であろう。ちなみに同じ体質の高田保馬は、マッキーバーより一歳年下であり、二歳だけ長生きした。

第三部はコミュニティの発達の主要法則とされ、価値、慣習、関心などを含めた制度が、「生活に役立つものに変化する」（一九六頁）が「発達」と見なされた。ほかにもコミュニティ「必滅性の法則」、「発達の法則」、発達の第二法則「社会化とコミュニティ経済との相互関係」、発達の第三法則「社会化と環境制御との相互関係」などがあり、今日でも依然として味読の価値がある。とりわけ環境論をデビュー作の本書から包摂してきたことは、着眼点の鋭さとともに視野の広さの重要性を教えてくれる。

5　Wirth,L.,1938,"Urbanism as a Way of Life," *American Journal of Sociology*, XLIV (July), 1-24.（＝一九七八、高橋勇悦訳「生活様式としてのアーバニズム」鈴木広編『都市化の社会学』［増補］誠信書房、一二七〜一四七頁）

Wirth,L.,1964,A.J.Reiss,JR (ed.), *On Cities and Social Life.* The University of Chicago Press.

自らもゲットーを研究して、シカゴ学派の第一人者と目されたワースがまとめたアーバニズム論がこれである。文献と調査経験を融合させた体系化は見事であり、発表後七〇年経過してもまだ引用されている。人口量、密度、異質性を縦軸に、生態学的側面、社会組織的側面、パーソナリティの側面を横軸にした緻密な類型にも感心する。短いスペースにたくさんの仮説命題が込められており、都市調査データを解析する際にも有効な示唆を与える。都市の社会関係が、分業を軸としたために、非人格的、皮相的、一時的などとされ、総じて二次的接触に特化している。そこでは、親族結合の弱まり、小家族化、近隣の衰退、社会的連帯性の欠如が目立つようになったと総括された。

ワースが五五歳で逝去したため、一二年後に遺稿集を編集したリースは、人口学・生態学・技術論、社会組織論、社会心理学の三領域を、ワース社会学の構成要素と見ている（：ix）。加えて、マンハイムの「イデオロギーとユートピア」の翻訳者でもあるワースは、学説と都市の観察との両方から、コミュニティやマイノリティグループそれに住宅問題や世界コミュニティまで論じていた。その幅広さがアーバニズムという社会分析にも活かされている。

6 Fromm, E.,1941, *Escape from Freedom*. Rinehalt & Company, Inc.（＝一九五一、日高六郎訳『自由からの逃走』東京創元社）

ナチズムから逃れたフロムが、その分析を通して、近代人の自由を考え抜いた本であり、半世紀後も読みつがれている。「自由は近代人に独立と合理性とをあたえたが、一方個人を孤独におとしいれ、個人を不安な無力なものにした」（四頁）という前提が、ドイツにおけるナチズムの勃興と広範囲の支持の源泉にある。

社会分析の方法としては、マルクスとフロイトとヴェーバーの文献研究、宗教改革時代とルネッサンス時代の歴史研究、自らのナチズムの体験、そしてヒットラーの『我が闘争』の精読などを融合させた。ナチズムや自由をめぐっての社会経済分析と近代人の精神分析が同時進行する。ナチズム下のインフレが、国民経済面でも国民心理面でも致命的な一撃を加え、「長年かかって作った貯蓄が、自分自身の過失でもないのに失われてしまう」（二三七頁）時代は、一九二三年以降のドイツだけでは決してない。それは二〇世紀末からの日本でも証明済みである。

提起された「社会的性格」は「一つの集団の大部分の成員がもっている性格構造の本質的な中核」（三〇六頁）と見なされ、学術概念になり、今日に至っている。

7 White, W. F., 1943＝1993, *Street Corner Society*, The University of Chicago Press.（＝二〇〇〇、奥田道大・有里典三訳『ストリート・コーナー・ソサエティ』有斐閣）

邦訳は二種類あるが、一九九三年の第四版に基づく。社会分析の方法としては、調査対象の現地コーナーヴィルに住んで、「住民の諸活動に実際に参加してみる」（二頁）ことにあったが、それは「たいそう非科学的な根拠で選択」（二八九頁）された地区であった。しかし「街かどをぶらついていると、これが〝調査研究〟という言葉で表されるのに十分な過程であるかどうか、とまどうことがあった」（三〇六頁）という述懐にホワイトの悩みのすべてが凝縮している。

本書の最大の功績は、いわゆるスラムに入り込んで、そこでの社会関係や集団参加の構造を描き出し、各方面の生活実態を踏まえて、スラム地区の集団や組織が持つ規範や価値や信念などの社会意識を鮮明にしたことである。結果的に本書は、都市社会全体には疎外され、貧困にあえぐ人々が集住し、汚い環境で、非行や犯罪が多く、危ない問題地区という従来のスラム地域イメージの通説を破壊した。この成果への賞賛がアメリカ内外には溢れている。

同時に、あまりにも不必要な記録が多くて、それらが雑情報化して、結局は役に立たない。質的調査のこのような宿命もまた、本書から学べる。

8 Parsons, T., 1951, *The Social System*, The Free Press.（＝一九七四、佐藤勉訳『社会体系論』青木書店）

二〇世紀後半の世界の理論社会学史に圧倒的な影響を与えた本であり、「不治の理論病患者」という自らの評価とは異なり、背景には一九四〇年代のアメリカ社会と世界がある。まだ翻訳が出ていない一九六二年に、加藤周一が本書を含めたパーソンズの本を、当時のアメリカ人一億八〇〇〇万人のうち「おもしろかった」という人は「まさか一八〇人でもないでしょうが、おそらく一八〇〇人はいない」

(加藤 1962：212) といったエピソードがある。

基本的には価値パターンが役割の中に制度化されており、そこから構造的―機能的な水準がシステムとして構築される。学説的には表に示した五つのパターン変数をしっかり読み取り、社会化のメカニズム、逸脱行動、医療をテーマとした社会構造の動態的過程、社会変動の問題などを学びたい(本書一八頁、表1-6参照)。

9 Hunter, F., 1953, *Community Power Structure*, University of North Carolina Press.（＝一九九八、鈴木広監訳『コミュニティの権力構造』恒星社厚生閣）

刊行直後から、社会学と政治学で激しい論争を引き起こしたCPS研究の古典である。権力を社会関係内での必要な機能と定義して、コミュニティを権力関係の場と見て、政策決定構造に影響を行使するリーダーの集団構造をとらえた。実際の社会分析は、本書でハンターが体系化した声価法による。この方法は、あらかじめリーダーとされた一七五人のリストから、別に依頼した一四人の判定者が四〇人を権力リーダーと認定する作業を軸とする。

第二段階として、認定された権力リーダーのうち二七人とインタビューを行い、リーダー相互の選択を求めた。この結果、上位一二人に選択が集中して、高度の連帯性に富むことも分かった。その大半が広義のビジネス関係者であったので、実務は市執行部や官僚が行い、ここに登場する権力リーダーは姿を消すために、「影の支配」とも称された。声価法によって、コミュニティ全般に関わる権力リーダーの存在が浮き彫りにされたが、方法と結果をめぐり、これ以降の一〇年間はCPS論争が続くことになった。

この反論の最大手は、Dahl, R. A., 1961, *Who Governs?*, Yale University Press.（＝一九八八、河村・高橋訳『統治するのはだれか』行人社）である。

10 Mills, C. W., 1956, *The Power Elite*, Oxford University Press.（＝一九六九、鵜飼信成・綿貫譲治訳『パワー・エリート』上・下、東京大学出版会）

「事実を追究するのは、それがわれわれの観念を覆し、打ちくだくかぎりにおいてである」（緒言）という信念から、アメリカ社会の観察を通して、各種の名簿やインタビューを通して、政治、経済、軍事の三つの制度的秩序における少数の頂点グループをパワー・エリートとした。エリートを制度上の地位から「最上位の社会階層のメンバー」（二七六頁）と定義したので、各種名簿や調査結果を多用している。「指揮中枢を制しているエリートは、権力と富と名声の所有者である」（一八頁）。アメリカ東北部や中西部や南部の一二の中都市での観察と面接調査も加えた社会分析結果に対しては、その後の学界やマスコミ界でも賛否両論が続いた。

もちろん、社会学理論の立場からも、権力や威信などのキーワードが不十分なままであること、絶大な権力エリートに対する無力な国民大衆という図式への疑問が続いてきた。政治社会分析の金字塔ではあるが、それはまた乗り越えられるべき作品でもある。

11 **Merton, R.K, 1957, *Social Theory and Social Structure*, The Free Press.（＝一九六一、森東吾ほか訳『社会理論と社会構造』みすず書房）**

社会分析の結果、何をどのようにまとめるか。それは社会調査の論理学ともいうべき本書に詳しい。マートンが定式化した、「調査は理論を創始し、作り直し、方向をかえ、明確化する」（九五頁）はその本質を突いている。

社会分析の実証研究をするうえでは、これらすべてを心がけておきたい。ここにいう経験的調査は、もちろん質的調査と量的調査の両方を含む。質的量的な経験的調査をなぜやるか。それは実証研究により新しい理論や概念が創始できるし、今までの命題や概念を組み変えて、焦点の置き方を変更して、テーマの持つ問題点をはっきりさせたいからである。その反復作業が、社会学における事実命題確証のための最上の方法になる。

また、中範囲理論、準拠集団、機能分析、機能的等価性、アノミー、知識社会学、マスコミ研究の重要な基本文献としても、利用価値が高い。

12 **Lipset, S.M., 1959, *Political Man*, Doubleday & Co.（＝一九六三、内山秀夫訳『政治のなかの人間』東京創元新社）**

標準的な社会学史を踏まえた本格的な政治社会学研究書である。リンドやマートンの影響もあり、膨大な資料分析を通した実証性にも富む。パーソンズが本書を「非教条主義的なマルクス主義的アプローチ」（一二頁）と評価したことは有名である。デモクラシーに関する学説分析とともに、同時代の国際政治の主要人物（ケネディ、ニクソン、カストロ）まで登場する知的な幅広さも本書に特色をなす。デモクラシーをめぐる経済的発展、階級、葛藤、労働組合の権威主義、投票行動と選挙の分析、政党の構造と機能、知識人の政治的役割、官僚制、イデオロギーなど、今日の政治社会学領域をなす項目が網羅されている。三〇歳代後半でこれらを総合化した力量には感心するばかりである。

とりわけ興味深いのはファシズム研究である。ナチズムに象徴されるドイツとイタリアの事例を想起する日本人とは異なり、リプセットは左翼も右翼も中間派を問わず、過激主義運動として共産主義とファシズムを同類項にまとめた（一一六頁）。この独創性への対応は読者によって分かれようが、知的世界の広がりには間違いなく貢献する。

13 Lipset, S.M. & Bendix, R., 1959, *Social Mobility in Industrial Society*, University of California Press.（＝一九六九、鈴木広訳『産業社会の構造』サイマル出版会）

社会移動研究は現代産業社会解明の切り札の一つであり、世界各国で競合しながらの研究が続いている。「個人が社会のなかのある位置から別の位置に動く過程」として一般的に定義される社会移動の研究は、階層移動と地域移動の両者を必ず含む。しかも個人一代限りでの移動や親から子どもへの地位の移動があるために、世代内移動と世代間移動も同時に研究対象となる。

本書の特色は、徹底したデータに基づく社会分析を行い、アメリカ社会の分析を中心にしつつも、可能な限り国際比較まで行ったところにある。「成長期のコミュニティ（community of orientation）が大きいほど、職業上の地位は高い傾向がある」（一九四頁）というような一般命題形式のまとめも有益である。

社会移動発生の根本条件は、社会の側に発生する才能への需要と供給への変化にあるという前提（二～三頁）を、現代日本社会に照らしても、さまざまなヒントが得られよう。

14 Rogers, E. M., 1962, *Diffusion of Innovations*, The Free Press.（＝一九六六、藤竹暁訳『技術革新の普及過程』培風館）

本書は、イノベーションは技術革新ではないことを正確に教えてくれた専門書である。それは新しいアイディアの伝播過程であり、だれがどのような理由で新しい考えやその具体化された商品を最初に取り入れるかをつきとめることが、この研究の狙いである。一九六二年の出版であるのに、イノベーションの伝播研究の五〇〇以上の報告書を検討して、そこから一般的な法則を探求した。アメリカ社会学の層の厚さを実感する。

伝統がどのように解体するか、新しい商品をどうしたら採用してもらえるか、本書を有名にした「オピニオン・リーダー」を媒介とするイノベーションの二段階の流れ仮説など、興味は尽きない。また、結論部に示された二変数間における一般化された仮説群も有益であり、「革新者」、「初期採用者」、「前期追随者」、「後期追随者」、「遅滞者」という五つの採用者カテゴリーも古びていない（本書一一四頁、図4-2参照）。

⑮ Hsu, F.L.K., 1963, *Clan, Caste, and Club*, D.Van Nostrand Co., Inc.（＝一九七一、作田啓一・浜口恵俊訳『比較文明社会論』培風館）

原著タイトルに象徴されるように、世界的な視野から国民文化ないしは国民性の代表として、クランが中国、カストがインド、クラブがアメリカに特有であると結論づけられている。加えて本訳書には、家元が日本文化の真髄として掲載されたが、これはわざわざ訳書のために、一九七〇年にシューが書き下ろしたからである。

中国調査は中国人であるシューの体験と香港と台湾での調査、それに文書資料に依存している。インドでは、文献調査に加えて、一八カ月におよぶ西ベンガル州やカルカッタやデリーなどの複数地域での現地調査が行われた。アメリカ調査でも参与観察だけではなく、多数の文献や調査資料が先行研究の成果とともに活用された。

「凝集と分離」の軸をクランとカストとクラブの比較分析に適用し、「比較接近法」と自らが命名した社会分析を確実に行い、「命題の論証」（二六頁）が心がけられた。全篇を通して非常に濃厚な内容密度に学ぶところは多い。

追補された家元制度の分析は、イエや同族という日本文化との比較の中で進められた。この分析も説得的ではあるが、日本文化ならば、家元よりも町内会が適切であったというコメントが、訳書刊行時点から存在していたことを付加しておきたい。

⑯ Dore, R.P., 1973, *British Factory - Japanese Factory : The Origins of National Diversity in Industrial Relations*, University of California Press.（＝一九九三、山之内靖・永易浩一訳『イギリスの工場・日本の工場』上・下、筑摩書房）

産業社会学として、工場を取り上げて日英比較研究を精力的に行ったドーアの社会分析の姿勢は、「極力とらわれない目で日本を理解しようと懸命に努力している」（あとがき、三五三頁）し、そこでの準拠枠には絶えず彼の母国であるイギリスがかいま見える（同右、三四七〜三四八頁）。

調査対象は、日立製作所の本社工場と多賀工場、およびイングリッシュ・エレクトリック（ＥＥ）ブラッドフォード工場とリバプール工場であった。各種資料分析と従業員へのインタビューや調査票による質問結果を解析して、労働者が働く「組織に持ち込まれている価値・倫理観念・文化的伝統の重要性を再確認した」（上巻、二六頁）。そこでは一周遅れた後発産業化モデルこそが、先発産業化国が目指したいモデルだという大胆な仮説を構築した。比較社会学の実践としての研究目的が、「審判を下すことにではなく、説明することにある」（同右、一〇〜一一頁）。

ドーアは「日本的経営システム」が世界的に見て衰退するといわれていた時期に、イギリスの工場や経営制度の目標に、この「日本的経営システム」を位置づけた。主要な論点は、イギリスなどの「市場志向型の労働組織」を恒久的とは見なさずに、日本に代表される産業化の後発国に認められた「組織志向型の労働組織」こそが、先発国でさえも今後の収斂していくモデルだとするところにあった。

17 Bellah, R. N. et. al. *Habits of the Heart*, University of California Press, 1985.（＝一九九一、島薗進・中村圭志訳『心の習慣』みすず書房）

ベラーら五名による合作である本書では、個人とコミュニティとの関係はゼロサム状況ではなく、強い個人主義を支えるには、強いコミュニティを必要とすることが前提になっている。この仮説に依拠して、功利的個人主義が批判され、個人と共同体が相互に支えて強化し合う倫理的個人主義が積極的に主張された。

社会分析の方法は、いくつかの都市調査を通して、最終的にアメリカ社会の未来を考察するところにあり、しかも「対象」が白人の中産階級のアメリカ人に限定されたのも、『ミドゥルタウン』と同じであった。選び出した二〇〇人以上の市民に対して一九七九年から一九八四年にかけてインタビューを行い、補足的に参与観察も行った。これもリンド夫妻と酷似している。

私はベラーらの結論的な主張である「社会科学は、現実的基盤から脱却した認知的事業などではない」（三六一頁）を全面的に支持する。その他にもたくさんの成果が読み取れるが、コミュニティにとっての深刻な問題として、「ただ乗りをする人間」、すなわち、「自らの働き以上に受け取って、善良な市民が投資に見合う正当な見返りを得るのを妨げてしまうような人間をどうするか」（二一一頁）がある。ここに公共性と共同性と個人主義が凝縮される論点が出されている。

18 Putnam, R. D, 2000, *Bowling Alone : The collapse and revival of American community*, Simon & Schuster.（＝二〇〇六、柴内康文訳『孤独なボウリング』柏書房）

大著である。ソーシャル・キャピタル（社会関係資本）を「個人間のつながり、すなわち社会的ネットワーク、およびそこから生じる互酬性と信頼性の規範」（一四頁）として、アメリカ社会における市民参加、社会参加、参加活動、個人的関係などの衰退が明らかにされた。

ソーシャル・キャピタルが豊かならば、コミュニティにおける共同の利益のための行為が促進され、社会的規範や社会的な信頼が形成され、積極的な政治文化が醸成され、最終的に地方政府のパフォーマンスも影響を受ける。それは橋渡し（bridging）と結束（bonding）の両方の機能をもっている。「社会関係資本が指し示すのは、社会的なつながりのネットワークであり、すなわち『共にする』ことである」（一三五頁）。ここからコミュニティ論のヒントも得られる。

本書は、「アメリカコミュニティの崩壊と再生」を副題としており、ソーシャル・キャピタル論を具体的レベルで体系的に扱いながら、何よりも一定の強い主張を最後まで貫徹したすがすがしさを兼ね備えている。

しかし、社会分析に利用された資料の多くがセカンドハンドデータであるために、データの質に精粗のムラがあり、また論述の水準にも均衡がとれていないところも散見される。

Ⅱ　日本における社会分析の古典

①　高田保馬（［一九二五］二〇〇三）『階級及第三史観』（新版）ミネルヴァ書房

一八七二年（明治五）には約三四〇〇万人の人口が、ヨーロッパに追いつくべく近代化路線を歩む富国強兵政策の結果、日本で初の国勢調査が行われた一九二〇年（大正九）には五五九六万人まで増加し、一九二五年には五九七四万人に達していた。

この年に刊行された本書で、高田保馬は人口増加を与件とした日本社会の社会変動を体系化した。そこでは、社会を構成する人口の量と質が、社会変動の中心としての階級の変動をもたらすとした。ヘーゲルの精神史観やヴェーバーのエートス史観を第一史観、経済重視のマルクスによる唯物史観を第二史観として、人口が社会変動の筆頭要因であるとするのが本書に展開された第三史観である。

これは先行する文献研究を軸として、高田個人による思弁的な社会分析であり、理論社会学の成果でもある。やがて時代を反映して「人口増加史観」として体系化されたが、「少子化する高齢社会」における「人口減少時代」にも有効な理論であると思われる。

２ 柳田國男（［一九二九］一九九一）『柳田國男全集29　都市と農村ほか』筑摩書房

本書の冒頭にある「日本の都市が、もと農民の従兄弟によって、作られた」という認識が全篇を覆う。都市と農村という社会分析の素材は、歴史資料と口述資料はもちろんだが、「私の常識はおそらく多数を代表する」（三三六頁）とした柳田の実体験や記憶によるところが大きい。「比較は練習の便宜を供し、学術と統計とはだんだんに思慮を正確にする」（五〇〇頁）という観点は今日でも有効である。

村の生活を安らかさ、清さ、楽しさと見た讃歎とともに、その辛苦と窮乏と寂寞無聊への思いやりに、柳田のバランス感覚が読み取れる。

村の統一力を論じ、伝統を見直し、予言よりも計画を重視する。保護のない農村は行き立たぬという考え方を「陰気」だと排除して、多くの異なった提案を比べてみることを力説した。同時に都市の放縦なる消費風俗を非難して、文化基準の確立を論じた。歴史社会学の本格物としても評価できる。

3 清水盛光（一九五三）『家族』岩波書店

戦前戦中に中国の村落と家族について大きな研究業績をあげた著者が、戦後あらためて「家族」を根源的に考察した作品である。「実証的であると同時に努めて理論的であろうとする」（序）視点は、「理論的であると同時に努めて実証的であろうとする」（序）希望のもとに、家族の「構成、機能、結合の性質、生活環境」などの歴史的変化を明らかにした。

とりわけ家族形態、統一、機能、関係などが、モーガン、デュルケム、マードック、メーン、クーランジュ、マリノフスキ、テンニース、ヴェーバーほかの文献に依拠して、社会分析としての歴史的研究から精緻にまとめられている。そこには「超世代的家族」を「家族精神」（一一二頁）と見ることが強調され、一九四〇年に発表された鈴木栄太郎の「家は一つの精神」（［一九四〇］一九六八『日本農村社会学原理』上、未來社、一七二頁）と軌を一にした。惜しむらくは、世界史的な枠組みをもつにもかかわらず、中国での自らの家族研究成果が活かされなかった点であろう。

4 鈴木栄太郎（［一九五七］一九六九）『都市社会学原理』（増補版）未來社

社会分析の方法は、「私は、都市の中に現に生活している私自身と私の家族、友人、知人、隣人等の生活について仔細に観察してみた」（一四八頁）に集約されている。これは『日本農村社会学原理』での方法を応用したものであり、一番影響を受けたと宣言している高田保馬と同じく、「身辺雑記」から抽象化する手法でもあった。

鈴木栄太郎は、生活の基本的な型に農村も都市もそれほど異なるところはないという観点から、ありのままの観察を志し、基本的な社会構造の観察を実践した。それが都市社会学原理で有名になった「正常人口の正常生活」概念である。

岐阜県のいくつかの村落で行った農村調査とは異なり、鈴木の都市の調査は札幌市が基本的な対象であった。しかし長期にわたり結核との闘病生活を余儀なくされた北大時代であったから、助手や大学院生に肩代わりをしてもらい、そのデータを病院ベッドや小康状態の際には研究室で丹念に分析した。いわば今となっては伝説的な都市社会学の成果が、本書全体から読み取れる。

5 きだみのる（一九四八）一九八一）『気違い部落周游紀行』冨山房

きだみのる（一九六七）『にっぽん部落』岩波書店

柳田ならば「常民」と呼ぶに違いない普通の日本人の生活、生産、トラブル、冠婚葬祭などを、きだ自らが小さなコミュニティで参与観察した記録である。狙いは部落の社会構造と部落の人々の集合表象をつかむことにあった。

きだの社会観察は、皆と一緒に茶話に加わり、つぎはぎのある着物を着て、博打もし、茸狩り兎狩りにも一緒に行き、その間に見聞したことに納得が行かないとそれを質す。メモやノートを人前で取ったことはない（一九六七：六頁）。東京都の西にある恩方村に疎開を契機に住みつき、数年間は村人として寺に暮らし、村人を観察し、そこから日本人の集合表象を描き出す。部落の掟として析出した「斬るな　盗むな　火つけすな　部落の恥を外に洩らすな」（九八頁）は、依然として現代日本社会の規範でもある。「思考の濾過を経ない慣性的表現の使用は一般に精神の活動の妨害になり易い」（一九八一：一二頁）という立場から、フランス社会学を軸として、民族学やラテン語の重ね合わせで濾過作用を続け、「平常のぼろ着」（二四〇頁）の表現にこだわった。きだの発見は多岐にわたるが、「人間は常に蔑むべきものを持ちたがる」（七〇頁）と「生活はイデオロより強い」（九五頁）が白眉であろう。

6 清水幾太郎（一九六六）『現代思想』（上・下）岩波書店（＝一九九三『清水幾太郎著作集12』講談社）

一九八八年逝去五年後の一九九二年から九三年に、全一九巻の「著作集」が講談社から刊行されたので、代表作はほぼそこに網羅されている。このほかに英仏独の翻訳書がたくさんある。コントにしてもジンメルにしてもヴェーバーにしても、私は清水訳で学んだ。

たくさんの業績のなか、『社会学講義』（一九五〇、岩波書店）、『社会心理学』（一九五一、岩波書店）、『現代思想』（一九六六、岩波書店）、そして『倫理学ノート』（一九七二、岩波書店）が、学術的な代表作としての定評がある。

どの作品にも、外国人学者の膨大な著作を短期間に読みこなした成果がちりばめられており、それは日本の学界と社会や政治の現状への鋭い認識と重なり合って、独自の個性を放っている。随所に清水自身のライフヒストリーがくり返し語られ、同時に未知の外国人学者のエピソードにも事欠かない内容に仕上げられている。

本書もその特徴を帯びているが、時代を三つに分け、「現代」としてまず第一章「二〇世紀初頭」が三節に分けられ、芸術家と哲学者が取り上げられた。ついで第二章「一九三〇年代」もまた三節構造になっていて、ナチズムと人民戦線が詳しく論じられた。これが上巻であり、後半は下巻として執筆された時代そのものの「一九六〇年代」がテーマになって、イデオロギーの機能と終焉、電子計算機、レジャーが三節に分けて論じられた。また、やや長めのあとがきも詳しい文献解題もたいへん役に立つ。

時代を鋭く読み取り、卓越した語学力により最新の外国での研究を導入して、時代認識に厚みをつけ、旺盛な執筆力で次々に話題作を世に送った知的巨人である。「未来を発明するには、科学や技術のほかにヴィジョンがなければならない」（下巻、四三二頁）を社会学研究でどのように受け継ぐか。

7 尾高邦雄（一九五三）『産業における人間関係の科学』有斐閣

工場や鉱山などの職場に見られる人間関係を「小社会」として位置づけ、それを融和的全体たらしめ、安定した、働きがいのある場所にするという実践的立場からの社会分析である。経営者側と労働組合側とに距離を置いた中立性を標榜した研究方法は、アメリカの産業社会学文献研究、ならびに日本鋼管川崎製鉄所と宇部興産山陽無煙礦業所での実態調査結果の分析を中心とする。付録の「調査票」にも歴史を感じる。

著名なホーソーン工場調査以来のメヨー学派などの人間関係アプローチを応用し、温情主義の人事管理、フォーマル組織とインフォーマル組織、人間関係管理、組合帰属意識などを理論的かつ経験的に描きだした。尾高は「労働力」でも「経済人」でもなく、「平凡なしかし複雑な心理をもつ具体的個人」

（二三二頁、傍点原文）を取り上げ、「人間関係の場において人間を理解する」（二一六頁、傍点原文）ことの重要性が分かる研究成果を得ている。

8 小山隆編（一九六〇）**『現代家族の研究』弘文堂**

あるべき家族とある家族、巨視的な見方と微視的な見方、科学的な立場と実用的な立場、綜合と協力などの観点から、東京都下の山村（奥多摩郡大丹波）、近郊村（狛江町和泉）、アパート団地（新宿区百人町および戸塚町戸山アパート）の三地域を選んでなされた実証的研究書である。

社会分析としては、ランダムサンプリングを利用して、訪問面接に家族調査票を使用した研究であり、一九五六年から五七年にかけて実施された。巻末の調査票そのものや単純集計に時代を感じる。たとえば相続に関しては、「長男重視」と「均分相続」が半ばしており、家庭内の家事分担では妻への集中が全般的に高い。家族意識差の基盤に地域差や職業上の差異だけではなく、年齢や世代の差異を位置づけ、日本が産業化への助走を開始した時期の家族記録としての意義が大きい。

また、家裁関係者の参加によって、多様な家族紛争についてのケース研究が同時進行的に記され、合わせてその結果が詳細に掲載されている点も有益である。

9 見田宗介（一九七八）**『近代日本の心情の歴史』講談社**

質的調査による社会分析には、各種統計、自伝、新聞投書、手紙や日記、小説、舞台芸能、評論などの素材に加えて、流行歌の歌詞もまた用いられる。流行歌をもちいた社会分析は厳密には社会心理学の分野に属するが、その白眉が本書である。ここでは七八年の文庫版に依拠した。

プロの作詞家が代弁した民衆の気持ちを、明治期から一九六三年までの四五一曲を「日本人の心情の歴史」の推移として体系的に分析した。なかでも流行歌の類型が卓抜であり、怒りの歴史、かなしみの歴史、よろこびの歴史、慕情の歴史、義侠の歴史、未練の歴史、おどけの歴史、孤独の歴史、郷愁とあこがれの歴史、無常感と漂泊感の歴史という一〇分類は、他の追随を許さないほど独創的である。

「民謡の本質は、空間的な限定性と時間的な無限定性のうちにあり、流行歌の本質は時間的な限定性と空間的な無限定性のうちにある」（一七四頁）として、詞の部分にある「マンネリズムの背後にある、時代の心情の深みをどこまで掘り起こすことができるか」（まえがき）は見事に達成された。若い頃の見田の才能を全篇で感じ取れる作品である。

10 内藤莞爾（一九七三）『末子相続』弘文堂

日本社会の伝統とされてきた長子相続制度が、西南九州では必ずしも該当しないことに気がついた著者は、末子相続の具体的な歴史資料の探索を行いながら、一〇年にわたるライフワークとしてその通説に挑戦して、本書を学位論文として刊行した。

日本内外における末子相続の歴史的な位置づけ、先行研究の把握と評価、長子相続に見る「家」との関連の分析が一般論として位置づけられる。また、末子相続制を作り上げた基盤として、貧困説、農地制度、水田経営と畑作経営、同族結合と講組結合など、家族社会学と農村社会学の主要概念を駆使した先行研究の整理はきわめて有益である。

実態編では、天草、肥前、鹿児島、五島列島などにおいて、旧慣を調査して、膨大な歴史文書を探求して、その質的分析から、末子相続慣行を証明した。私は学部と大学院で、内藤の末子相続講義を三回聴く機会に恵まれたが、脱線気味の「若者宿」や「嫁盗み」（三三二頁）などに社会学における歴史の面白さを堪能した記憶がある。私の世代以降では、生の歴史文書が扱えないから、今後はこの水準での研究は困難であろう。

11 鈴木広編（一九七八）『コミュニティ・モラールと社会移動の研究』アカデミア出版会

「成層・移動論と都市社会学・コミュニティ論が、相互に媒介したところに必然的に主題が形成された」（はじめに）とあるように、名が体を表している。土着と流動、コミュニティ・モラールとコミュニティ・ノルムなどは、本書刊行後には社会学辞典にも掲載される概念になった。

先行する社会移動研究とコミュニティの文献研究を、一一人の参加メンバーが徹底的に消化したうえで、柳田國男の「漂泊民」から社会システム理論までの主要概念装置を駆使したコミュニティレベルの実証研究である。入念に選定された大野城市、人吉市、北九州市小倉北区という三つの地域において、訪問面接による計量的調査を実施し、その結果の多次元分析を実行した。パラダイムは綜合的であり、モノ次元では社会指標論、ヒト次元ではフォーマル集団関係とインフォーマルな関係、ココロ面では独創的なコミュニティ・モラールとコミュニティ・ノルムの分析が、分担研究者（調査時点では私は大学院博士課程に在籍中）によって展開された。綜合社会学をコミュニティ研究で実践した本書は、一九八〇年度の日本都市学会賞を受賞した。

⑫ 富永健一（一九八六）『社会学原理』岩波書店
富永健一（一九九〇）『日本の近代化と社会変動』講談社

長年にわたり古今東西の社会学と社会学思想を精緻に論じてきた富永が、自らの社会学原理論を構築して、その直後に日本史を素材とした日本社会分析を展開した。そのために二冊を取りあげる。

後者は「テュービンゲン講義」のサブタイトルからも分かるように、ドイツ人に日本社会論を展開した成果に基づくので、分かりやすい内容になっている。加えて、「分析概念を立て、それらを用いて理論仮説をつくり、多くの関連論文や統計資料などに依拠しながら、経験的事実によってそれらの理論仮説を検証していく」（八頁）方式の典型として評価が高い。これは社会分析の手法そのものである。

近代化と社会変動をキーワードにして西洋型と非西洋型を概観し、非西洋後発社会近代化の条件をヴェーバー中心の理論モデルから演繹した。それは、近代的価値の伝播可能性、それを受け入れる動機づけ、予想されるコンフリクトの度合いであった（一九九〇：五八頁）。このパラダイムに沿って、初期状態としての日本の伝統社会が古代から近世まで史料に基づき論じられ、明治以降の近代化過程に引き継がれる。

それは経済、政治、社会と文化の近代化過程として要約され、その後に現代の社会変動として、家族、村落と都市、企業組織、階層、国民国家、国民社会の順に変動の様相が詳述された。史料、資料、文献などの利用についても学ぶところが大きい。「社会学の本である以上、日本社会が現在直面しつつある社会的現実から目をそらすことはできない」『思想としての社会学』（新曜社、二〇〇八、序文）は一八年後に記されたものだが、当時も今も富永の基本的立場は堅持されたままである。

叢書・現代社会学

編集委員
金子　勇　佐藤俊樹
盛山和夫　三隅一人

*社会分析　金子　勇
社会学とは何か　盛山和夫
社会関係資本　三隅一人
社会学の使い方　佐藤俊樹
社会的ジレンマ　海野道郎
都市　松本　康
社会意識　佐藤健二
メディア　北田暁大
比較社会学　野宮大志郎
ボランティア　似田貝香門

アイデンティティ　浅野智彦
ジェンダー／セクシュアリティ　加藤秀一
貧困の社会学　西澤晃彦
社会学の論理（ロジック）　太郎丸博
仕事と生活　前田信彦
青年の戦後史　片瀬一男
福祉　藤村正之
社会システム　徳安　彰
グローバリゼーション　厚東洋輔

（*は既刊）

《著者紹介》

金子　勇（かねこ・いさむ）

1949年　福岡県生まれ。
1977年　九州大学大学院文学研究科博士課程単位取得退学。
現　在　北海道大学大学院文学研究科教授。文学博士（九州大学，1993年）。
　　　　第１回日本計画行政学会賞（1989年），第14回日本都市学会賞（1994年）。
単　著　『コミュニティの社会理論』アカデミア出版会，1982年。
　　　　『高齢化の社会設計』アカデミア出版会，1984年。
　　　　『都市高齢社会と地域福祉』ミネルヴァ書房，1993年。
　　　　『高齢社会・何がどう変わるか』講談社，1995年。
　　　　『地域福祉社会学』ミネルヴァ書房，1997年。
　　　　『高齢社会とあなた』日本放送出版協会，1998年。
　　　　『社会学的創造力』ミネルヴァ書房，2000年。
　　　　『都市の少子社会』東京大学出版会，2003年。
　　　　『少子化する高齢社会』日本放送出版協会，2006年。
　　　　『社会調査から見た少子高齢社会』ミネルヴァ書房，2006年。
　　　　『格差不安時代のコミュニティ社会学』ミネルヴァ書房，2007年。
共　著　『コミュニティの社会設計』有斐閣，1982年。
　　　　『マクロ社会学』新曜社，1993年。
編　著　『クオリティ・オブ・ライフ』福村出版，1986年。
　　　　『都市社会学のフロンティア３』日本評論社，1992年。
　　　　『都市化とコミュニティの社会学』ミネルヴァ書房，2001年。
　　　　『高齢化と少子社会』ミネルヴァ書房，2002年。
　　　　『高田保馬リカバリー』ミネルヴァ書房，2003年。
　　　　『社会変動と社会学』ミネルヴァ書房，2008年。

叢書・現代社会学①

社会分析

――方法と展望――

2009年10月20日　初版第１刷発行　〈検印廃止〉

定価はカバーに
表示しています

著　者　金　子　　勇
発行者　杉　田　啓　三
印刷者　藤　森　英　夫

発行所　株式会社　ミネルヴァ書房
607-8494　京都市山科区日ノ岡堤谷町１
電話（075）581-5191（代表）
振替口座　01020-0-8076番

亜細亜印刷・新生製本

ISBN 978-4-623-05438-1
Printed in Japan

人名索引

な　行

は　行

ま　行

や　行

ら　行

わ　行

事項索引

あ　行

か　行

さ　行

た　行

な　行

は　行

ま　行

や 行

ら・わ行

参照文献

赤祖父俊一，2008，『正しく知る地球温暖化』誠文堂新光社.

秋元律郎，1979，『日本社会学史』早稲田大学出版部.

青木秀男，1996，「都市下層の構造と動態」日本都市社会学会編『都市社会調査のデータと方法』No. 14，同学会：93–108.

青山秀夫，1981，「若い人々のための高田保馬先生」高田保馬博士追想録刊行会編『高田保馬博士の生涯と学説』創文社，156–171.

新睦人，2001，「20世紀中期における日本の社会学」『社会学史研究』23，いなほ書房：49–71.

Bailly, A. S, Brun, P., Lawrence, R. J, & Rey, M. C., 2000, *Socially Sustainable Cities*, Economica.

Barrow, 1998, *Impossibility : The Limits of Science and the Science of Limits*, Oxford University Press.（= 2000，松浦俊輔訳『科学にわからないことがある理由』青土社.）

Beck, U., 1986, *Risikogesellschaft*, Suhrkamp Verlag.（= 1998，東廉・伊藤美登里訳『危険社会』法政大学出版局.）

Bellah, R. N. et. al. *Habits of the Heart*, University of California Press, 1985.（= 1991，島薗進・中村圭志訳『心の習慣』みすず書房.）

Bender, T., 1978, *Community and Social Change in America*, Rutgers University Press.

Bevort, A. & Lallement, M., 2006, *Le capital social*, Éditions la Découverte,

Boulding, K. E., 1978, *Ecodynamics : A New Theory of Societal Evolution*, Sage Publication.（= 1980，長尾史郎訳『地球社会はどこへ行く』上・下，講談社.）

Burawoy, M., 2005, “2004 American Sociological Association Presidential address: For public sociology”, *The British Journal of Sociology*, 2005

Volume. 56 Issue 2：259-294.

Canguilhem,G., 1966, *Le normal et le pathologique*, P.U.F.（= 1987，滝沢武久訳『正常と病理』法政大学出版局.）

Castells, M., 1972, *La Question urbaine*, Maspero.（= 1984，山田操訳『都市問題』恒星社厚生閣.）

Castells, M., 1983, *The City and the Grassroots*, Edward Arnold Ltd.（= 1997，石川淳志監訳『都市とグラスルーツ』法政大学出版局.）

Coleman, J. S. 1990, *Foundations of Social Theory*, Harvard University Press.（= 2004-2006，久慈利武監訳『社会理論の基礎』（上・下）青木書店.）

Comte, A, 1830-42, *Cours de Philosophie Positive*,（by Rigolage E.）（= 1928，石川三四郎訳『世界大思想全集　コント　実証哲学　下』春秋社.）

———, 1822, Plan des travaux scientifiques nécessaires pour réorganiser la société.（= 1980，霧生和夫訳「社会再組織に必要な科学的作業プラン」清水幾太郎編集『コント　スペンサー』中央公論社，51-139.）

———, 1844, Discours sur l'esprit positif.（= 1980，霧生和夫訳　「実証精神論」清水幾太郎編集『コント　スペンサー』中央公論社，147-233.）

Crichton, M., 2004, *State of Fear*.（= 2007，酒井昭伸訳『恐怖の存在』上・下，早川書房.）

Dahrendorf, R., 1997, "*Morality, Institutions and Civil Society from After 1989*," Macmillan Press Ltd.（= 1998，加藤秀治郎編・監訳『政治・社会論集　重要論文選』晃洋書房.）

Descartes, R., 1637, *Discours de la Méthode*.（= 1997，谷川多佳子訳『方法序説』岩波書店.）

———, 1701, *Regulae ad Directionem ingenii*,（= 1974，野田又夫訳『精神指導の規則』岩波書店.）

Delanty, G., 2003, *Community*, Routledge.（= 2006，山之内靖・伊藤茂訳『コ

ミュニティ』NTT 出版.）

Dore, R. P., 1973, *British Factory - Japanese Factory : The Origins of National Diversity in Industrial Relations*, University of California Press.（= 1993, 山之内靖・永易浩一訳『イギリスの工場・日本の工場』筑摩書房.）

Duppy, J-P., 1982, *Ordres et désordres*, Ėdition du Seuil.（= 1987, 古田幸男訳『秩序と無秩序』法政大学出版局.）

Durkheim, É., 1895, *Les règles de la méthode sociologique*, P.U.F.（= 1978, 宮島喬訳『社会学的方法の規準』岩波書店.）

————, 1897=1960, *Le suicide: étude de sociologie*, nouvell édition, Presses Universitaires de France.（= 1985, 宮島喬訳『自殺論』中央公論社.）

Elwell, F. W., 2006, *Macrosociology : Four Modern Theorists*, Paradigm Publishers.

Fisher, C. S., 1984, *The Urban Experience*, Harcourt Brace.（= 1996, 松本康・前田尚子訳『都市的体験』未來社.）

Franklin, A., 1890, *L'hygiène : état des rues- égouts -voiries -fosses d'aisances-épidémies-cimentières.*（= 2007, 高橋清徳訳『排出するパリ』悠書館.）

Fromm, E., 1941, *Escape from Freedom*, Rinehalt & Company.（= 1951, 日高六郎訳『自由からの逃走』東京創元社.）

古田隆彦, 2000,「『スウェーデン・モデル』の失敗」『中央公論』第 115 巻第 13 号, 中央公論新社 : 104-111.

藤田弘夫, 2000,『奥井復太郎』東信堂.

福武直, 1951,「家族における封建遺制」日本人文科学会編『封建遺制』有斐閣, 147-166.

Gerth, H. H. & Mills, C. W., 1953, *Character and Social Structure*, Harcourt, Brace & World, Inc.（= 1970, 古城利明・杉森創吉訳『性格と社会構造』青木書店.）

Graedel, T. E. & Crutzen, P. J., 1995, *Atmosphere, Climate, and Change*. W. H. Freeman and Company.（＝1997，松野太郎監訳『気候変動』日経サイエンス社.）
博報堂，2008，『手ごたえ経済　生活動力 2008』博報堂生活総合研究所.
———，2009，『第三の安心　生活動力 2009』博報堂生活総合研究所.
橋爪大三郎，2007，「環境危機と『大きな物語』の復活」『諸君！』2007 年 7 月号：193-201.
———，『「炭素会計」入門』洋泉社，2008.
原田正純，1983，「不知火海有機水銀汚染の医学的追及」色川大吉編『水俣の啓示』上，筑摩書房，323-388.
長谷川公一，2003，『環境運動と新しい公共圏』有斐閣.
早瀬利雄，1972，『現代社会学批判』新評論.
———，1977，「戦前の日本社会学」『社会学評論』110：2-28.
林陽生，2008，「コメ 10％以上の減収など日本農業にも打撃」『エコノミスト』第 86 巻第 19 号，毎日新聞社：38-39.
Hayner, N. S., 1936, *Hotel Life*, The University of North Carolina Press.（＝1997，田嶋淳子訳『ホテル・ライフ』ハーベスト社.）
Heumann, L. F, McCall, M. E., & Boldy, D. P., (eds.), 2001, *Empowering Frail Elderly People*, Praeger.
平野隆之，2001，「コミュニティと福祉資源」平野隆之ほか編『コミュニティとソーシャルワーク』有斐閣，1-22.
広瀬勝己，2002，「地球温暖化をはかる」『ぶんせき』2002 年 10 月号：566-569.
広田康生，2001，「『エスニック・ネットワーク』の展開と地域社会変容」梶田孝道編『国際化とアイデンティティ』ミネルヴァ書房，259-285.
北海道大学大学院環境科学院編，2007，『地球温暖化の科学』北海道大学出版会.
Hsu, F. L. K., 1963, *Clan, Caste, and Club*, D. Van Nostrand Co., Inc.（＝

1971，作田啓一・浜口恵俊訳『比較文明社会論』培風館.）
Huff, D., 1954, *How to Lie with Statistics.*（= 1968，高木秀玄訳『統計でウソをつく法』講談社.）
Hunter, F., 1953, *Community Power Structure,* University of North Carolina Press.（= 1998，鈴木広監訳『コミュニティの権力構造』恒星社厚生閣.）
池田寛二，2007，「〈気候格差〉の真実」『現代思想』第 35 巻 12 号，青土社：92-106.
池田清彦，2006，『環境問題のウソ』筑摩書房.
市村真一，1999，「青山先生の学識とゼミ指導」青山秀夫著作集刊行会『青山秀夫先生の学問と教育』創文社，39-55.
井上俊ほか編，1996-97，『岩波講座現代社会学　全 27 巻』岩波書店.
稲月正，2001，「都市コミュニティと民族関係意識」金子勇・森岡清志編『都市化とコミュニティの社会学』ミネルヴァ書房，289-306.
磯村英一，1953，『都市社会学』有斐閣.
————，1959，『都市社会学研究』有斐閣.
————，1968，『人間にとって都市とは何か』日本放送出版協会.
————，1989，『磯村英一都市論集 I II III』有斐閣.
————編，1977，『現代都市の社会学』鹿島出版会.
磯村英一・倉沢進，1968，『日本の都市政策』鹿島研究所出版会.
伊藤公紀，2007，「『不都合な真実』の『不都合な真実』」武田邦彦ほか『暴走する「地球温暖化」論』文藝春秋，117-150.
伊藤公紀・渡辺正，2008，『地球温暖化論のウソとワナ』ＫＫベストセラーズ.
Jacobs, J., 1961, *The Death and Life of Great American Cities,* Random House, Inc.（= 1977，黒川紀章訳『アメリカ大都市の死と生』鹿島出版会.）
河北新報社編集局，2003，『小児科砂漠』日本評論社.

神島二郎，1961，『近代日本の精神構造』岩波書店.
神谷国弘，1983，『都市比較の社会学』世界思想社.
金子勇，1982，『コミュニティの社会理論』アカデミア出版会.
————，1993，『都市高齢社会と地域福祉』ミネルヴァ書房.
————，1995，『高齢社会・何がどう変わるか』講談社.
————，1997，『地域福祉社会学』ミネルヴァ書房
————，1998，『高齢社会とあなた——福祉資源をどうつくるか』日本放送出版協会.
————，2000，『社会学的創造力』ミネルヴァ書房.
————，2002，「少子社会における共生の問題」『社会政策研究』第3号，東信堂，70-90.
————，2003，『都市の少子社会——世代共生をめざして』東京大学出版会.
————，2006a，『少子化する高齢社会』日本放送出版協会.
————，2006b，『社会調査から見た少子高齢社会』ミネルヴァ書房.
————，2007，『格差不安時代のコミュニティ社会学』ミネルヴァ書房.
————，2008，「地球温暖化の知識社会学」『北大文学研究科紀要』125号，85-134.
————，2009，「自治体の地球温暖化対策の諸問題」日本都市学会編『日本都市学会年報』Vol. 42：50-58.
————編，2002，『高齢化と少子社会』ミネルヴァ書房.
————編，2003，『高田保馬リカバリー』ミネルヴァ書房.
金子勇・松本洸編，1986，『クオリティ・オブ・ライフ——現代社会を知る』福村出版.
金子勇・長谷川公一，1993，『マクロ社会学——社会変動と時代診断の科学』新曜社.
金子勇・森岡清志編，2001，『都市化とコミュニティの社会学』ミネルヴァ書房.

金子勇・長谷川公一編，2008，『社会変動と社会学』ミネルヴァ書房.
環境庁，1977，『昭和 52 年版　環境白書』環境庁.
環境省，1989，『平成元年版　環境白書』環境省.
————，2007a，『平成 19 年版　こども環境白書』環境省.
————，2007b，『平成 19 年版　環境循環型社会白書』環境省.
片桐雅隆，2006，『認知社会学の構想』世界思想社.
加藤周一，1962，『読書術』光文社.
川渕孝一，2008，『医療再生は可能か』筑摩書房.
川合隆男・竹村英樹編，1998，『近代日本社会学者小伝』勁草書房.
川合隆男・藤田弘夫編，1999，『都市論と生活論の祖型』慶應義塾大学出版会.
川上紳一，2003，『全地球凍結』集英社.
河村望，1992，『高田保馬の社会学』いなほ書房.
Kelling, G. L. & Coles, C. M., 1996, *Fixing Broken Windows*, The Free Press.（= 2004，小宮信夫監訳『割れ窓理論による犯罪防止』文化書房博文社.）
きだみのる，1948=1981，『気違い部落周游紀行』冨山房.
————，1967，『にっぽん部落』岩波書店.
木本昌秀，2008，「異常気象と温暖化の関係とは」『日本の論点 2008』文藝春秋，648-651.
北村美遵，『地球はほんとに危ないか？』光文社，1992.
北島茂，2002，『高田保馬』東信堂.
倉沢進，1968，『日本の都市社会』福村出版.
————，1977，「都市的生活様式論序説」磯村英一編『現代都市の社会学』鹿島出版会，19-29.
————，1989，「解説『はね駒』から『都市社会学』まで」磯村英一『磯村英一都市論集 I』有斐閣，911-917.
————，1993，「とげぬき地蔵への招待」倉沢進編『大都市高齢者と盛り

場』日本評論社，9-39.
────，1998，『コミュニティ論』放送大学教育振興会.
────，1999，『都市空間の比較社会学』放送大学教育振興会.
────編，1973，『都市社会学』東京大学出版会.
倉沢進先生退官記念論集刊行会編，1998，『都市の社会的世界』同刊行会.
蔵内数太，1981，「高田先生と私」高田保馬博士追想録刊行会編『高田保馬博士の生涯と学説』創文社，202-208.
国立社会保障・人口問題研究所編，2003，『日本の市区町村別将来推計人口』厚生統計協会.
────，2007，『人口の動向　日本と世界 2007』厚生統計協会.
────，2008，『人口の動向　日本と世界 2008』厚生統計協会.
小室直樹，1976，『危機の構造』中央公論社.
小西誠一，1994，『地球の破産』講談社.
今野裕昭，2001，『インナーシティのコミュニティ形成』東信堂.
小山隆編，1960，『現代家族の研究』弘文堂.
Lipset, S. M., 1959, *Political Man*, Doubleday & Co.（= 1963，内山秀夫訳『政治のなかの人間』東京創元新社.）
Lipset, S. M. & Bendix, R., 1959, *Social Mobility in Industrial Society*, University of California Press.（= 1969，鈴木広訳『産業社会の構造』サイマル出版会.）
Lofland, J. & Lofland, L. H., 1995, *Analyzing Social Setting*, WadsWorth Publishing Company.（進藤雄三・宝月誠訳『社会状況の分析』恒星社厚生閣，1997.）
Lomborg, B., 2001, *The Skeptical Environmentalist : Measuring the Real State of the World*, Cambridge University Press.（= 2003，山形浩生訳『環境危機をあおってはいけない』文藝春秋.）
────, 2007, *The Skeptical Environmentalist's Guide to Global Warming*, Cyan.（= 2008，山形浩生訳『地球と一緒に頭も冷やせ』ソ

フトバンククリエイティブ社.）

Lynd, R. S. & Lynd, H. M., 1929, 1937, *Middletown: a Study in Contemporary American Culture. Middletown in Transition : a Study in Cultural Conflicts*, Harcourt, Brace & World, Inc.（＝1990，中村八朗訳『ミドゥルタウン』青木書店.）

町村敬志，1994，『「世界都市」東京の構造転換』東京大学出版会.

MacIver, R. M., 1917, *Community*, Macmillan and Co., Limited.（＝1975，中久郎・松本道晴監訳『コミュニティ』ミネルヴァ書房.）

MacIver, R. M., 1949, *The Elements of Social Science,* Methuen & Co. Ltd.（＝1957，菊池綾子訳『社会学講義』社会思想研究会出版部.）

MacIver, R. M. & Page, C. H., 1950, *Society : An Introductory Analysis,* Macmillan.

Mannheim, K., 1931,"Wissenssoziologie,"Vierkandt, A., (ed.) *Handwörterbuch der Soziologie*, Stuttgart.（＝1973，秋元律郎訳「知識社会学」秋元律郎・田中清助訳『マンハイム　シェーラー　知識社会学』青木書店，151-204.）

丸山眞男，1964，『現代政治の思想と行動』（増補版）未來社.

丸山茂徳，2008，『「地球温暖化」論に騙されるな！』講談社.

増田悦佐，2004，『高度経済成長は復活できる』文藝春秋.

松本康編，1995，『増殖するネットワーク』勁草書房.

松島静雄・中野卓，1958，『日本社会要論』東京大学出版会.

松下圭一，1971，『シビル・ミニマムの思想』東京大学出版会.

松谷明彦，2007，「人口減少時代到来で日本衰亡という俗説の迷妄を断つ」『SAPIO』第19巻第1号，小学館：26-28.

マッツァリーノ，P.，2007，『反社会学講座』筑摩書房.

Merton, R. K, 1957, *Social Theory and Social Structure*, The Free Press.（＝1961，森東吾ほか訳『社会理論と社会構造』みすず書房.）

Mills, C. W., 1956, *The Power Elite*, Oxford University Press.（＝1969，鵜

飼信成・綿貫譲治訳『パワー・エリート』（上・下）東京大学出版会.）
Mills, C. W., 1959, *The Sociological Imagination*, Oxford University Press.（= 1965，鈴木広訳『社会学的想像力』紀伊國屋書店.）
Ministry of the Environment, 2006, *Annual Report on the Environment in Japan 2006*, Ministry of the Environment.
————, 2007, *Annual Report on the Environment and the Sound Material-Cycle Society in Japan 2007*, Ministry of the Environment.
三浦典子，1991，『流動型社会の研究』恒星社厚生閣.
宮本憲一，1967，『社会資本論』有斐閣.
Montoussé, M. & Renouard, G., 2006, *100 fiches pour comprendre la sociologie*, Bréal.
森岡清志編，2000，『都市社会のパーソナルネットワーク』東京大学出版会.
森嶋通夫，1981，「誠実の証としての学問」高田保馬博士追想録刊行会編『高田保馬博士の生涯と学説』創文社，172-192.
————，1994，『思想としての近代経済学』岩波書店.
————，1999，『なぜ日本は没落するか』岩波書店.
見田宗介，1978，『近代日本の心情の歴史』講談社.
向井利昌，1972，「高田保馬の理論」新明正道監修『現代社会学のエッセンス』ぺりかん社，169-185.
Myers, N. & Kent, J.,（eds），2005, *The New Gaia Atlas of Planet Management*, Gaia Books Ltd.（= 2006，竹田悦子ほか訳『65億人の地球環境』産調出版.）
内藤莞爾，1978，『末子相続の研究』弘文堂.
中村八朗，1973，『都市コミュニティの社会学』有斐閣.
中根光敏，1999，「現代日本における都市下層の変貌」日本都市社会学会編『大都市の階層問題』No. 17，同学会：39-54.
中野卓・作田啓一・濱島朗編，1968，『教材社会学』有斐閣.

中野渡拓也, 2008,「地球温暖化のカナリヤ、オホーツク海」『北海道からみる地球温暖化』岩波書店, 4-10
根本順吉, 1981,『冷えていく地球』角川書店.
————, 1989,『暑くなる地球』ネスコ.
ニューズウイーク編集部, 2008,『地球白書 2008』阪急コミュニケーションズ.
ニュートン編集部, 2008,『地球温暖化』ニュートンプレス.
日本人文科学会編, 1951,『封建遺制』有斐閣.
日本総合研究所, 2008,『地球温暖化で伸びるビジネス』東洋経済新報社.
Nisbet, R. A., 1970, *The Social Bond*, Alfred A.Knopf.（= 1977, 南博訳『現代社会学入門』(1, 2, 3, 4) 講談社.）
日経 BP クリエイティブ, 2008,『見てわかる地球環境』日経ナショナル・ジオグラフィック社.
OECD, 2006, *The Political Economy of Environmental Related Taxes*,（= 2006, 環境省環境関連税制研究会訳『環境税の政治経済学』中央法規.）
小笠原真, 2000,『日本社会学史への誘い』世界思想社.
Ogburn, W. F., 1923, *Social Change : with Respect to Culture and Original Nature*, London.（= 1944, 雨宮庸蔵・伊藤安二訳『社会変化論』育英書院.）
尾高邦雄, 1953,『産業における人間関係の科学』有斐閣
————, 1981,『産業社会学講義』岩波書店.
————, 1984,『日本的経営』中央公論社.
大野晃, 2005,『山村環境社会学序説』農文協.
奥田道大, 1971,「コミュニティ形成の論理と住民意識」磯村英一ほか編『都市形成の論理と住民』東京大学出版会, 135-177.
————, 1998,「同時代と未来の都市への未完の問い」日本都市社会学会編『磯村都市社会学の今日的意義』, No. 16, 同学会：3-11.
————, 1983,『都市コミュニティの理論』東京大学出版会.

―――――編, 1993,『都市と地域の文脈を求めて』有信堂.
―――――編, 1997,『都市エスニシティの社会学』ミネルヴァ書房.
奥田道大・田嶋淳子編, 1991,『池袋のアジア系外国人』めこん.
奥田道大・田嶋淳子編, 1993,『新宿のアジア系外国人』めこん.
奥田道大・有里典三編, 2002,『ホワイト「ストリート・コーナー・ソサイエティ」を読む』ハーベスト社.
奥井復太郎, 1940,『現代大都市論』有斐閣.
奥井復太郎・日本都市学会編, 1975,『都市の精神』日本放送出版協会.
大林ミカ, 2008,「サミットは持続可能な社会を実現できるか」『世界』No. 781, 岩波書店：126-130.
大村昭人, 2008,『医療立国論Ⅱ』日刊工業新聞社.
太田薫, 1981,「私の 60 年代」『朝日ジャーナル』Vol. 23, No. 39, 朝日新聞社：37.
大谷信介, 1995,『現代都市住民のパーソナル・ネットワーク』ミネルヴァ書房.
大藪寿一, 1982,『現代社会病理学』幻想社.
Parsons, T., 1951, *The Social System*, The Free Press.（= 1974, 佐藤勉訳『社会体系論』青木書店.）
PHP 研究所, 1995,『数字で見る戦後 50 年　日本のあゆみ』, PHP 研究所.
Poincaré, H., 1905, *La Valeur de la science*.（= 1977, 吉田洋一訳『科学の価値』岩波書店.）
―――――, 1908, *Science et Méthode*.（= 1953, 吉田洋一訳『科学と方法』岩波書店.）
Ponthieux, S., 2006, *Le capital social*, éditions la découverte.
Putnam, R. D, 2000, *Bowling alone：The collapse and revival of American community*, Simon & Schuster.（= 2006, 柴内康文訳『孤独なボウリング』柏書房.）

Queralt, M., 1996, *The Social Environment and Human Behavior*, Allyn & Bacon.

Reissman, L., 1964, *The Urban Process*, The Macmillan Company.（= 1968, 星野郁美訳『新しい都市理論』鹿島研究所出版会.）

Roehner, B., 2004, *Cohésion sociale*, Odile Jacob.

Rogers, E. M., 1962, *Diffusion of Innovations*, The Free Press.（= 1966, 藤竹暁訳『技術革新の普及過程』培風館.）

Rostow, W. W., 1960, *The Stages of Economic Growth*, Cambridge University press.（= 1961, 木村健康ほか訳『経済成長の諸段階』ダイヤモンド社.）

札幌市社会福祉審議会, 2007,「札幌市における子育て家庭に対する新たな支援や保育所等の利用者負担の在り方」.

佐々木毅・金泰昌編, 2002,『中間集団が開く公共性』東京大学出版会.

笹森秀雄, 1955,「都市における社会関係に関する実証的研究」『社会学評論』22, 日本社会学会：58–83.

佐和隆光, 1997,『地球温暖化を防ぐ』岩波書店.

千石好郎, 2009,『マルクス主義の解縛』ロゴス.

清水幾太郎, 1954,『社会学ノート』河出書房.

――――, 1966,『現代思想』（上・下）岩波書店.

――――, 1972,『倫理学ノート』岩波書店.

――――, 1978,『オーギュスト・コント』岩波書店.

――――, 1993,『清水幾太郎著作集 15』講談社.

――――, 1993,『清水幾太郎著作集 18』講談社.

清水盛光, 1953,『家族』岩波書店.

宍戸寿雄, 1993,「高度成長をもたらした秘密は何か」『エコノミスト』(創刊 70 周年臨時増刊号）毎日新聞社：110–115.

Simmel, G., 1917, *Grundfragen der Soziologie*,（= 1979, 清水幾太郎訳『社会学の根本問題』岩波書店, 1979.）

Singer, S. F., & Avery, D. T., 2007, *Unstoppable Global Warming: Every 1,500Years*, Rowman & Littelfield Publishing Group Inc.（= 2008，山形浩生・守岡桜訳『地球温暖化は止まらない』東洋経済新報社.）
Sjoberg, G., 1960, *The Preindustrial City*, The Free Press.（= 1968，倉沢進訳『前産業型都市』鹿島研究所出版会.）
袖井孝子，2003，「日本的『家族観』と訣別しよう」『Adovocacy』no. 3, 国際長寿センター：1-3.
園部雅久，2001a.「21世紀の都市」金子勇・森岡清志編『都市化とコミュニティの社会学』ミネルヴァ書房，32-47.
――――，2001b，『現代大都市社会論』東信堂.
――――，2008，『ロバート・リンド』東信堂.
Sorokin, P. A. and Zimmerman, C. C., 1929, *Principle of Rural Urban Sociology*, Hort.（= 1940，京野正樹訳『都市と農村』厳南堂書店，94-96.）
総務省統計局，2009，『社会生活統計指標　2009』同局.
住明正，2007，『さらに進む地球温暖化』ウェッジ.
Sutton, P. W., 2007, *The Environment : A Sociological Introduction*, Polity Press,
鈴木敦秋，2005，『小児救急』講談社.
鈴木栄太郎，1940，『日本農村社会学原理』時潮社.
――――，1957 = 1969，『都市社会学原理』（増補版）未來社.
――――，1968，『日本農村社会学原理』（上・下）未來社.
――――，1975，『国民社会学原理ノート』未來社.
鈴木広，1970，『都市的世界』誠信書房.
――――，1973，「比較都市類型論」倉沢進編『都市社会学』東京大学出版会，9-46.
――――，1984，「都市社会学の問題意識」鈴木広・倉沢進編『都市社会学』アカデミア出版会，9-33.

――――, 1985,「理論と方法　解説」鈴木広・高橋勇悦・篠原隆弘編『都市』東京大学出版会, 19-21.
――――, 1986,『都市化の研究』恒星社厚生閣.
――――, 2001a,「アーバニズム論の現代的位相」金子勇・森岡清志編『都市化とコミュニティの社会学』ミネルヴァ書房, 1-15.
――――, 2001b,「家族社会学の現代的課題」鈴木広監修『家族・福祉社会学の現在』ミネルヴァ書房, 3-14.
――――編, 1965＝1978,『都市化の社会学』［増補］誠信書房.
――――編, 1978,『コミュニティ・モラールと社会移動の研究』アカデミア出版会.
鈴木広・倉沢進編, 1984,『都市社会学』アカデミア出版会.
鈴木広・倉沢進・秋元律郎編著, 1987,『都市化の社会学理論』ミネルヴァ書房.
鈴木広先生古稀記念論集刊行委員会編, 2001,『都市化とコミュニティの社会学』ミネルヴァ書房.
舘稔・濱英彦・岡崎陽一, 1970,『未来の日本人口』日本放送出版協会.
田嶋淳子, 1998,『世界都市・東京のアジア系移住者』学文社.
高橋浩一郎・岡本和人, 1987,『21世紀の地球環境』日本放送出版協会.
高橋勇悦, 1993,『都市社会論の展開』学文社.
――――, 1995,『東京人の研究』恒星社厚生閣.
――――, 1996,「都市的生活様式とボランティア社会」高橋勇悦・高萩盾男編『高齢化とボランティア社会』弘文堂, 200-224.
――――編, 1999,『都市社会学研究文献目録』東京都立大学都市研究所.
宝島編集部編, 2000,『地球がわかる139問』宝島社.
――――, 2008,『別冊宝島1507　「温暖化」を食いものにする人々』宝島社.
Takata, Y, 1989, *Principles of Sociology*, University of Tokyo Press.
高田保馬, 1918,『社会学的研究』東京寶文館.

――――，1920，『現代社会の諸研究』岩波書店.
――――，1925，『階級及第三史観』改造社.
――――，1927，『人口と貧乏』日本評論社.
――――，1931，『経済学新講第 4 巻　分配の理論』岩波書店.
――――，1932，『経済学新講第 5 巻　変動の理論』岩波書店.
――――，1934，『マルクス経済学論評』改造社.
――――，1938，『回想記』改造社.
――――，1948，『階級及第三史観　改訂版』関書院.
――――，1959，「力の欲望と唯物史観」新明正道博士還暦記念論文集刊行会編『社会学の問題と方法』有斐閣，407-421
――――，1960，「社会変動について」『社会学評論』39･40 号：2-10.
――――，2003，『社会学概論』（新版）ミネルヴァ書房.
――――，2003，『階級及第三史観』（新版）ミネルヴァ書房.
――――，2003，『勢力論』（新版）ミネルヴァ書房.
高田保馬・新明正道・尾高邦雄，1951，「社会学に対する私の立場」『社会学評論』4：79-104.
高山憲之，1998，「出生率低下の経済学的要因と出産・子育て支援策」総合研究開発機構編『少子化・高齢化の経済効果と経済から人口動態への影響』，236-240.
――――，2002，「少子化対策における第 3 の切り札」金子勇編『高齢化と少子社会』ミネルヴァ書房，99-103.
武田邦彦，2000，『環境にやさしい生活をするために「リサイクル」してはいけない』青春出版社.
――――，2007，「『家電リサイクル』百害あって一利なし」武田邦彦ほか『暴走する「地球温暖化」論』文藝春秋，237-261.
武田邦彦ほか，2007，『暴走する「地球温暖化」論』文藝春秋.
竹内啓，1990，「地球環境問題の盲点を突く」『科学論争を愉しむ本』JICC 出版局，146-157.

田中正之，1987，「二酸化炭素の循環」高橋浩一郎・岡本和人，『21 世紀の地球環境』日本放送出版協会，25-44.

谷富夫，2001，「都市の民族関係に関する中範囲の理論化」金子勇・森岡清志編『都市化とコミュニティの社会学』ミネルヴァ書房，271-288.

The Impact Team,1977, *The Weather Conspiracy*, Herson House Publishing Limited.（= 1983，日下実男訳『気象の陰謀』早川書房.）

Toffler, A., 1980, *The Third Wave*, William Morrow & Company.（= 1982，徳岡孝夫監訳『第三の波』中央公論社.）

東京都市社会学研究会，1970，『都市社会学に関する文献総合目録』学術出版.

富永健一，1965，『社会変動の理論』岩波書店.

————，1971，「高田保馬の社会学理論」高田保馬『社会学概論』岩波書店，365-413.

————，1972，「高田保馬の勢力理論」『社会学評論』vol. 23，No. 2：28-46.

————，1981，「理論における普遍性の側面と時代制約的側面」高田保馬博士追想録刊行会編『高田保馬博士の生涯と学説』創文社，95-111.

————，1993，「戦後日本社会学の発展とその問題」日本社会学史学会編『社会学史研究』第 15 号，いなほ書房：35-52.

————，1997a，『経済と組織の社会学理論』東京大学出版会.

————，1997b，『環境と情報の社会学』日科技連.

————，2000，「高田保馬・戸田貞三・鈴木栄太郎と二〇世紀社会学」日本社会学史学会編『社会学史研究』第 22 号，いなほ書房：49-66.

————，2002，「訳者解説　パーソンズの社会学理論」Parsons, T, 1978, *Action Theory and the Human Condition*, the Free Press.（富永健一ほか訳『人間の条件パラダイム』勁草書房，217-276.）

————，2004，『戦後日本の社会学』東京大学出版会.

————，2008，『思想としての社会学』新曜社.

――――, 2007,「巻頭言」『社会政策研究』第 7 号, 東信堂：3-6.
――――編, 1979,『日本の階層構造』東京大学出版会.
――――編, 2006,『理論社会学の可能性』新曜社.
東洋経済新報編集部, 2008,『地球温暖化防止日本企業の挑戦』東洋経済新報社.
槌田敦, 2007,『環境保護運動はどこが間違っているのか？』宝島社.
土屋京輔, 2008,「ゴアの『都合のよい真実』」『別冊宝島 1507 「温暖化」を食いものにする人々』, 66-69.
The US Gov., 1980, *The Global 2000 Report to the President-Entering the Twenty-First Century*（= 1980, 逸見謙三ほか訳『西暦 2000 年の地球 1 人口・資源・食糧編』家の光協会.）
The US Gov., 1980, *The Global 2000 Report to the President-Entering the Twenty-First Century*（= 1981, 逸見謙三ほか訳『西暦 2000 年の地球 2 環境編』家の光協会.）
臼井二尚, 1981,「高田保馬博士の生涯と社会学」高田保馬博士追想録刊行会編『高田保馬博士の生涯と学説』創文社, 3-88.
宇沢弘文, 1977,『近代経済学の再検討』岩波書店.
――――, 1989,『経済学の考え方』岩波書店.
――――, 1995,『地球温暖化を考える』岩波書店.
――――, 2008,「地球温暖化と持続可能な経済発展」『環境経済・政策研究』Vol. 1, No. 1, 岩波書店：3-14.
Veblen, T. B., 1899, *The Theory of Leisure Class.*（= 1998, 高哲男訳『有閑階級の理論』筑摩書房.）
Warren, R. L., 1972, *The Community in America*（2nd.）,Rand McNally & Company.
渡辺正・山形浩生, 2007,「“木を見て森を見ず”の環境危機論」武田邦彦ほか『暴走する「地球温暖化」論』文藝春秋, 153-178.
Weart, S. R., 2003, *The Discovery of Global Warming*, Harvard University

Press.（= 2005，増田耕一・熊井ひろみ共訳『温暖化の〈発見〉とは何か』みすず書房.）

Weber, M., 1904, *Die* »Objektivität« Sozial Wissenchaftlicher und Sozialpolitischer Erkenntnis.（= 1998，富永祐治・立野保男訳　折原浩補訳『社会科学と社会政策にかかわる認識の「客観性」』岩波書店.）

———，1904-05, *Die protestantische Ethik und der* »Geist« *des Kapitalismus.*（= 1989，大塚久雄訳『プロテスタンティズムの倫理と資本主義の精神』岩波書店.）

———，1921, *Polotik als Beruf.*（= 1962，清水幾太郎・清水礼子訳「職業としての政治」『世界思想教養全集 18　ウェーバーの思想』河出書房新社，171-227.）

Wellman, B., 1979, "The Community Question" *American Journal of Sociology*, 84 : 1201-1231.（= 2006，野沢慎司・立山徳子訳「コミュニティ問題」野沢慎司編・監訳『リーディングス　ネットワーク論』勁草書房，159-204.）

White, W. F., 1955, *Street Corner Society*, The University of Chicago Press.（= 1974，寺谷弘壬訳『ストリート・コーナー・ソサイエティ』垣内出版.）

———，1993, *Street Corner Society*, The University of Chicago Press.（= 2000，奥田道大・有里典三訳『ストリート・コーナー・ソサエティ』有斐閣.）

Wirth, L, 1938, "Urbanism as a Way of Life" *AJS*, Vol 44.（= 1978，高橋勇悦訳「生活様式としてのアーバニズム」鈴木広編『都市化の社会学』〔増補〕誠信書房，127-147.）

———，1964, A. J. Reiss, JR（ed.）, *On Cities and Social Life.* The University of Chicago Press.

安田三郎，1971，『社会移動の研究』東京大学出版会.

薬師院仁志，2002，『地球温暖化論への挑戦』八千代出版.

――――，2007，「科学を悪魔祓いする恐怖政治」武田邦彦ほか『暴走する「地球温暖化」論』文藝春秋，73-79.
Young, J., 1999, *The Exclusive Society*, Sage Publications.（＝2007，青木秀男ほか訳『排除型社会』洛北出版.）
山岸健，1975，「生活論としての都市論」奥井復太郎・日本都市学会編，『都市の精神』日本放送出版協会，481-503.
山口恵子，1998，「新宿における野宿者の生きぬき戦略」日本都市社会学会編『磯村都市社会学の今日的意義』No. 16，同学会：119-134.
山元龍三郎，1987，「火山大噴火が気候に及ぼす影響」高橋浩一郎・岡本和人，『21 世紀の地球環境』日本放送出版協会，179-196.
山中康裕，2008，「地球温暖化を防ぐために何ができるのか」『北海道からみる地球温暖化』岩波書店，44-65.
山崎朋子，1972=1975，『サンダカン八番娼館』文藝春秋.
柳田國男，1991，「都市と農村」『柳田國男全集 29』筑摩書房，333-541.
矢野恒太記念会編，1999，『日本国勢図会 1999/2000』（第 57 版）同会.
――――，2000，『日本国勢図会 2000/2001』（第 58 版）同会.
――――，2005，『日本国勢図会 2005/2006』（第 63 版）同会.
――――，2007，『世界国勢図会 2007/2008』（第 18 版）同会.
――――，2006，『数字でみる日本の 100 年　改訂第 5 版』同会.
――――，2008，『日本国勢図会 2008/2009』（第 66 版）同会.
矢崎武夫，1962，『日本都市の社会理論』学陽書房.
矢崎武夫，1963，『日本都市の発展過程』弘文堂.
矢崎武夫先生古稀記念出版会編，1987，『都市・社会学と人類学からの接近』ミネルヴァ書房.
米本昌平，1994，『地球環境問題とは何か』岩波書店.
吉見俊哉，1996，「overview都市と都市化の社会学」井上俊ほか編『都市と都市化の社会学』岩波書店，213-248.
吉原直樹，1998，「20世紀・東京・磯村都市社会学――一つの覚書」日本都

市社会学会編『磯村都市社会学の今日的意義』No. 16，同学会：13-28.
Zehner, R. B., 1977, *Indicators of the Quality of Life in New Communities*, Ballinger Publishing Company.
Zorbaugh, H. W., 1929, *The Gold Coast and the Slum*, The University of Chicago Press.（= 1997，吉原直樹ほか訳『ゴールド・コーストとスラム』ハーベスト社.）